玛珈山法政文丛

主编：汪全胜　张　铭

17

道德之重：

社会群体刻板印象内容的维度变化

程婕婷 / 著

Morality and Compensation of Stereotype Content
Based on Chinese Social Groups

知识产权出版社

全国百佳图书出版单位

图书在版编目（CIP）数据

道德之重：社会群体刻板印象内容的维度变化/程婕婷著. —北京：
知识产权出版社，2017.12

（玛珈山法政文丛/汪全胜，张铭主编）

ISBN 978 - 7 - 5130 - 5345 - 7

Ⅰ.①道… Ⅱ.①程… Ⅲ.①社会调查—调查报告—中国 Ⅳ.①D668

中国版本图书馆 CIP 数据核字（2017）第 314216 号

责任编辑：李学军　　　　　　　　　　　　　责任出版：刘译文

装帧设计：刘　伟

道德之重：社会群体刻板印象内容的维度变化

程婕婷　著

出版发行：	知识产权出版社 有限责任公司	网　　址：	http：//www.ipph.cn
社　　址：	北京市海淀区气象路 50 号院	邮　　编：	100081
责编电话：	15611868862	责编邮箱：	752606025@qq.com
发行电话：	010 – 82000860 转 8101/8102	发行传真：	010 – 82000893/82005070/82000270
印　　刷：	北京中献拓方科技发展有限公司	经　　销：	各大网上书店、新华书店及相关专业书店
开　　本：	787mm × 1092mm　1/16	印　　张：	14.25
版　　次：	2017 年 12 月第 1 版	印　　次：	2017 年 12 月第 1 次印刷
字　　数：	235 千字	定　　价：	65.00 元

ISBN 978-7-5130-5345-7

总　序

　　山东大学（威海）法学院是年轻的法学院。说它年轻，一是成立的时间很短，比不上动辄百年或者少说几十年历史的法学院，如果从 1994 年山东大学威海校区筹建法律系招收经济法专科起算，2014 年才迎来它的 20 年诞辰。如果说有"法学院"名称，那也就是不到 10 年的时间。2004 年，威海校区院系整合，设"法学院"，将原马列部的行政管理专业、社会工作专业并到法律系，建法学院，由谢晖教授出任法学院首任院长。二是师资队伍年轻，平均年龄据我估算，可能也就是 40 岁左右吧。目前，法学院教职员工 70 余人，除原有师资以外，对学院师资引进作出贡献的有两位人物：一位是从河南大学来山东大学威海校区任法律系主任的陈金钊教授，学科初建、专业方兴，陈金钊教授引进了不少人才；另一位就是谢晖教授，2004 年及其后几年，其广纳国内高校的青年才俊。法学院的人才引进不仅引起了国内的注目，更是成效显著。自 2004 年始，科研产出占整个威海校区文科学科的一半甚至还多，是山东大学威海校区乃至山东大学的增长点。年轻，不等于没有资历。在这 20 年的发展过程中，一些学科、一些学者在国内渐有声望，法律方法论研究中心 2006 年被批准为山东省人文社会科学重点基地，逐渐形成了一支职称结构、年龄结构、学历结构、学缘结构都比较合理的学术团队；陈金钊、谢晖、焦宝乾、桑本谦等学者在国内学术界的影响日显，陈金钊、谢晖被称为著名法学家也不为过。山东大学（威海）法学院的声誉、影响力并不比那些有一定历史的法学院低或小，说起山东大学（威海），至少在法学界，会让人联想到山东大学（威海）法学院吧。

学院的发展离不开人才，学科的发展也离不开人才，没有人才或者没有很好的人才成长平台，发展从何谈起?! 山东大学（威海）法学院一方面继续延揽人才，为他们创造良好的成长环境，另一方面对于现有人才也想方设法给他们成长的空间，让他们在威海生活得开心、舒心、放心。威海是最适宜人居的城市，但是仅有这样的自然环境还是远远不够的。这几年，一些人追求更高的平台、更大的发展空间，离开威海。先有主张"华夏多元学术文化格局"，不赞成"大家者流，争聚京华皇城脚下"的谢晖教授北上京城；再有为法律系初建、迎着重重困难顶着种种阻力而发展学科、提升层次的陈金钊教授南下华政；还有如罗洪洋教授、桑本谦教授、谢维雁教授、董学立教授、苗金春教授诸君，或东奔，或西走。诚然，人才流动是一种正常现象，但是对我们山东大学（威海）法学院来说未尝不是一种损失，甚至是巨大的损失。

人才、学科是山东大学（威海）法学院发展的着力点。法学院现已形成了法律方法论重点学科、刑法学科、国际法学科、政治学科、立法学科、行政管理学科等学群，一些青年才俊也迅速成长。2013 年，山东大学威海校区启动学科建设资金，对法律方法论学科给予重点扶持。自 2014 年始，法律方法论作为一个专业，将独立招收博士研究生，这是一个很好的发展机遇，也是我院学科发展的良好平台。法律方法论学科（基地）有了学校的支持，有了该学术团队的精诚合作，我相信，该学科还有更大的发展空间。学校学科政策扶强不扶弱，但对于学院来讲，除了重点学科之外，还有更多其他的学科，也需要有一定的政策与经费支持，不能发展一个学科，其他学科就不再考虑了。目前，除了法律方法论学术团队以外，我院其他各专业、各学科人才成长也很快，每年都有教师博士毕业，或主持省部级以上课题。随之，博士论文或课题成果的出版也面临问题。如何扶植这些成长的学科，如何扶持这些年轻才俊，让他们尽快成长，更重要的是，将这些成果推向社会，扩大法学院的影响，这些问题亟须规划与考虑。在这样的背景下，法学院学术委员会经过商议，决定设立"玛珈山法政文丛"，资助年轻教师学术著作的出版，以振兴法学院的学术，继续保持或扩大法学院的发展强势。

这里我首先要感谢知识产权出版社的李学军编辑，因为他的促成与努力，我们才能够将出版文丛的想法付诸实施。法学院与知识产权出版社共同策划、出版"玛珈山法政文丛"，每年计划出版 3~5 本，为我院青年才俊提供成果展示的平台。我相信，"玛珈山法政文丛"的出版，一方面会为我国学术研究增加些许色彩，另一方面也为学界同仁了解山东大学（威海）法学院、山东大学（威海）的学人，提供一个很好的窗口。

本文丛的出版，得到了知识产权出版社特别是李学军编辑的大力支持与帮助，也得到了山东大学（威海）学科发展经费的资助，在此，特表示诚挚的谢意！

汪全胜

于威海玛珈山下枕涛书斋

2013 年 11 月 17 日

目　录

第一章　前　言

　　"刻板印象"一词是西方心理学的舶来品，其英文表述"stereo-type"源自"stereos"和"typos"两个希腊词语的结合，"stereo"意指坚硬的、稳定的、坚固的，"typos"则表示一种标识、记号，或一种模型，所以，"stereotype"的中文直译为稳定的模型或坚固的记号。本土心理学界将"刻板"和"印象"组合为对应的学术名词，前者兼具印刷模版的明意和呆板无变化的隐喻，体现难以改变的含义，后者表示客观事物落迹于人脑的映像，指出主体对客体的反应效果。从这一概念的中文释义不难看出，刻板印象的内涵包括三个方面：一是刻板印象的稳定性，刻板印象一旦形成难以改变，但未必不能变化；二是刻板印象的主观性，刻板印象是主体对客体的认知，个体多以自身的观念或期望为基础，认识外界的人或事，即使存在认知偏差和错误，恐怕也是"知错难改"；三是刻板印象的互动性，刻板印象是一种静态的社会认知图式，也是个体与个体、个体与群体、群体与群体之间通过语言、非语言、信息等各类符号互动后的结果之一，由此从互动中研究刻板印象亦有可行之处。刻板印象一词的使用最早可追溯到1824年，直至1922年Lippmann的《公众舆论》（*Public Opinion*）问世，学术界才正式认可刻板印象的相关研究。

　　刻板印象是人们有关某一群体成员的相对固定的观念或期望所构成的认知结构以及特定的社会认知图式，它对人们的社会认知和行为有着重要的指导作用。❶❷❸ 比如，个体可能因某些国家对枪支管理的

---

❶ Gilbert D T, Fiske S. T. , Lindzey G. （Eds. ） Handbook of Social Psychology. Boston：McGraw - Hill, 1998, 2：357 - 411.

❷ Fiske S. T. Social Beings：A Core Motives Approach to Social Psychology. John Wiley Sons, 2004, 398 - 400.

❸ 管健："刻板印象从内容模型到系统模型的发展与应用"，载《心理科学进展》2009年第4期，第845~851页。

规定而提升对该国的危险性评价，也可能对女性群体存在数学能力低于男性群体的印象而预判个别女性的相关能力，此二者分别是地域刻板印象和性别刻板印象的一种表现。此外，人们还普遍存在职业、年龄、种族、文化等多种刻板印象的类别。针对一系列的刻板印象，纵观该领域的研究历程，大致分为四个阶段：（1）刻板印象的概念界定以及不同群体刻板印象的描述，刻板印象一般被归入观念的范畴，比如，Katz 和 Braly 研究种族刻板印象时认为，刻板印象主要是个体主观认定和观察的结果，客观事实多被忽略❶。Vinacke 界定刻板印象为个体感知特定对象或人的经验性总结❷。（2）刻板印象的作用，如何参与并影响个体其他心理现象和活动。比如，使偏见态度合理化的功能，影响注意、行为、决策、知觉等社会信息加工过程，并以简化作用为主。（3）刻板印象的产生和加工机制，包括社会认同理论、社会认知理论和社会环境理论的理论解释，纯抽象模型（Pure Abstraction Models of Stereotypes）、纯样例模型（Pure Exemplar Models of Stereotypes）、混合模型（A Mixed Model of Stereotypes）和联结模型（Pattems that Connect the Connectionist Perspective）的表征组织结构模型，以及来自 ERP 和 fMRI 脑成像研究体现刻板印象的抑制、注意偏向、语意表征等认知成分和前扣带回—背外侧前额皮层、杏仁核、内侧前额皮层及颞顶联结区等脑区参与的认知加工。（4）刻板印象的内容，对社会群体的刻板印象内涵实现结构化，建立刻板印象内容模型的同时，对不同群体的情绪和行为、社会框架进行预测。

对于上述研究，如果仅以弄清刻板印象的来龙去脉为目标，恐怕有损刻板印象的社会价值体现。种族、性别、地域、年龄等多种类别的刻板印象存在也好，个体情绪、行为和社会互动受刻板印象影响也罢，刻板印象究竟以怎样的情形根植于个体的心理和行为之中？又能以怎样的可操作性面孔被社会大众所接受并应用于日常生活之中？这些应该成为刻板印象领域实现"接地气"的部分研究目标。一直以来，心理学者普遍面临的尴尬是用晦涩难懂的学术语言解释个体习以

❶ Katz D., Braly K. W., Racial Prejudice and Racial Stereotypes. The Journal of Abnormal and Social Psychology, 1935, 30 (2): 175.

❷ Vinacke W. E., Stereotypes as Social Concepts. The Journal of Social Psychology, 1957, 46 (2): 229 - 243.

为常的生活现象，加之专业的学术研究成果超出个体对自身行为层面的理解，心理学逐渐成为既与人类密切相关，又令人类倍感神秘的学科之一。所以，本书试图回归刻板印象研究的最表层内容——刻板印象是什么，从刻板印象内容表征的变化规律着手，结合已有研究发现的认知补偿现象，分析群体处于不利于自身的社会环境下，刻板印象调节个体心理和行为的作用。

第一节　理论依据

刻板印象最初被认为是个体认同，即个体依据周围环境而对某社会群体形成初步信念，继而影响个体与该群体成员的互动。例如，Lippmann 认为刻板印象是个体看待社会世界时，在头脑中所形成的图像（picture in our heads）❶，反映个体在社会化过程中习得的文化、语言和思考方式；Ashmore 和 Del Boca 将刻板印象定义为关于某一群体的个人属性的观念的结构性集合❷；Mackie 认为刻板印象是人们刻画一种社会类别是否具有高度一致属性的观念❸。这种个体认同论的刻板印象定义往往都以认知图式（cognitive schema）为理论基础，因为图式作为界定概念的特征与性质的概括性知识结构，它既能将社会信息意义化，并进一步加工处理过于简化的重要信息❹❺，还可以在个体记忆层面说明刻板印象的保持与实际应用的机制。

伴随着主流社会心理学的个体取向受到抨击，学者普遍认为社会心理学的研究不能忽略和遗忘人类思想中的社会的、集体的、意义的特性，应关注社会中的个体以及个体与社会之间的互动。因此，一种

❶ Lippmann W. Public Opinion. Transaction Publishers, 1932.

❷ Ashmore R. D., Del Boca F. K. Sex Stereotypes and Implicit Personality Theory: Toward a Cognitive—Social Psychological Conceptualization. Sex Roles, 1979, 5 (2): 219–248.

❸ Mackie M. Arriving at "Truth" by Definition: The Case of Stereotype Inaccuracy. Social Problems, 1973, 20: 431–447.

❹ Fiske S. T., Taylor S. E. Social Cognition, 1991. Social Cognition (2nd Ed.). Xviii, 717 Pp. New York, NY, England: Mcgraw–Hill Book Company, 1991.

❺ Markus H., Zajonc R. B. The Cognitive Perspective in Social Psychology. Handbook of Social Psychology, 1985, 1: 137–230.

有别于个体认同论的社会认同论（Social Identity Theory）❶ 开始建构，刻板印象则作为群际过程和群体过程现象而被置于一种非还原主义的研究策略之中。尽管刻板印象依然被视为个体信念，但这些信念不再是独立于个体，而是关于他（她）从属于某一社会群体，以及对作为社会成员的他（她）而言具有显著感情和价值的东西。这一点既能解释群体成员持有相同或近似的刻板印象，又表明了个体附属并投身于他们所属特定社会群体之中的过程。社会认同的意义就在于此。

一、刻板印象内容模型

刻板印象内容模型（Stereotype Content Model，SCM）由 Fiske，Cuddy，Glick 和 Xu 于 2002 年提出，是以热情（warmth）和能力（competence）为基础界定二维模型的两个维度，进而假设它们对外群体分布的决定作用。根据社会认知领域的研究，热情（warmth）维度的提出意图对群体的敌友性（friend – foe）进行分辨，明确其帮助或伤害他人的程度，并通过能力（competence）维度判断该群体是否具备实践这种帮助或伤害的相关条件。具体来讲，热情维度涵盖友善、乐于助人、真诚、诚信和道德等方面，能力维度则涉及智力、技能、创造力和效能等领域❷。

刻板印象内容模型先后得到德国、法国、英国、意大利、荷兰、保加利亚、美国、挪威、西班牙、比利时、墨西哥、中国香港、韩国、日本、多米尼亚、哥斯达黎加、犹太和穆斯林的以色列地区等十余个国家和地区的跨文化研究验证。此外，该模型还在不同的群体，如亚裔美国人群体、女性群体、精神疾病群体、种族群体、移民群体、老年群体、同性恋群体以及黑人群体中得到了验证。可见，刻板印象内容模型的跨文化稳定性及其影响力不容忽视。

（一）刻板印象内容模型与偏差地图

刻板印象内容模型主要提出了如下四个前提假设：

第一，大多数刻板印象是混合的，即群体在热情和能力两个维度

---

❶ Tajfel H. , Turner J. C. The Social Identity Theory of Inter – group Behavior. In S. Worchel L. W. Austin（Eds. ），Psychology of Intergroup Relations. Chigago：Nelson – Hall, 1986.

❷ Fiske S. T. , Cuddy A. J. , Glick P. Universal Dimensions of Social Cognition：Warmth and Competence. Trends in Cognitive Sciences, 2007, 11（2）：77 – 83.

的评价上存在显著差异，呈现"此高彼低"的混合印象。

第二，群体的社会处境可以预测刻板印象，表现为不同群体的社会处境与其刻板印象内容保持稳定的关联性，即群体的社会地位可以显著预测其能力值，群体的竞争性可以显著预测其热情度。而这种地位和竞争性主要体现为群际之间的相对差异，并不强调某一群体在社会生活中所获得的绝对社会地位和竞争性。

第三，评价者倾向给予自身所属群体较高的评价，即参照群体偏好，包括对内群体和社会原型群体，表现为能力与热情的评价分值普遍高于其他群体。

第四，评价者倾向给予自身所属群体之外的群体较低的评价，即外群体贬抑，表现为能力与热情中至少有一个维度的评价分值会明显低于参照群体。

刻板印象内容模型的基本框架结构为依据热情和能力将社会群体归类于四个群体丛：高热情—高能力群体丛（High Warmth – High Competence，HW – HC）、高热情—低能力群体丛（High Warmth – Low Competence，HW – LC）、低热情—高能力群体丛（Low Warmth – High Competence，LW – HC）和低热情—低能力群体丛（Low Warmth – Low Competence，LW – LC）。群体成员的偏见类型在这四种独特的群体位置认知过程中得以体现。例如，Fiske 等人通过大量的实证研究发现，美国中产阶级等是高热情—高能力的代表群体；犹太人、富人和亚裔美国人是低热情—高能力的代表群体；残疾人、老人等是高热情—低能力的代表群体；流浪汉、吸毒者和乞丐等是低热情—低能力的代表群体[1]。Carlsson 等人采用传统的内隐联想法同样证实大学生被试对幼儿园教师和律师两个群体的混合刻板印象，以及内群体偏好[2]。

偏差地图可谓是刻板印象内容模型的扩展与丰富。尽管刻板印象内容模型对于刻板印象的研究起到了深化作用，并将其引入实践应用之中，但刻板印象作为个人内部心理活动的表征，必然脱离不开外在

---

[1] Fiske S. T. , Cuddy A. J. C. , Glick P. S. , Xu J. A Model of (often mixed) Stereotype Content：Competence and Warmth Respectively follow from Perceived Status and Competition. Journal of Personality and Social Psychology, 2002, 82：878 – 902.

[2] Carlsson R, Björklund F. Implicit Stereotype Content：Mixed Stereotypes Can Be Measured with the Implicit Association Test. Social Psychology, 2010, 41 (4)：213.

情绪及行为的体现，而刻板印象内容模型却只能停留于内部表征的层面。基于此，Cuddy，Fiske 和 Glick 集刻板印象内容模型、群际情绪、行为反应为一体，开创性地建立了刻板印象的偏差地图：群际情绪—刻板印象—行为趋向系统模型（Behaviors from Intergroup Affect and Stereotypes Map，BIAS Map），以弥补刻板印象内容模型在解释矛盾行为方面的不足❶。因为 SCM 认为人们存在矛盾的刻板印象，他们针对四个群体丛会产生四种不同的群体情绪，依次表现为：高热情—高能力群体唤醒的钦佩情绪（Admiration），如自豪和赞美；低热情—高能力群体唤醒的嫉妒情绪（Envy），如忌妒和羡慕；高热情—低能力群体唤醒的怜悯情绪（Pity），如可怜和同情以及低热情—低能力群体唤醒的轻视情绪（Contempt），如嫌弃和贬低❷。尤其是对于高热情—低能力群体丛，老人、残疾人等会被喜欢但却不值得敬佩，与此相反，引发嫉妒情绪的低热情—高能力群体丛，如富人、亚裔美国人等虽然能干却不讨人喜欢。而矛盾刻板印象必然与更为复杂的行为系统相联结。这一点上，刻板印象内容模型对此解释的空白恰好被偏差地图所弥补，即不同的偏见被认为均包含二元因素——否定层面和肯定层面，二者均根植于群体对社会结构的评价。认知维度（刻板印象）、情感维度（情感偏见）和行为维度（歧视）三者同样具有系统性、功能性和预测性。情绪比行为更能有效地预测刻板印象❸。

尽管偏差地图基于刻板印象内容模型而建立，但它却假定热情为首要维度，能力居于次要地位。具体表现为首先由热情的高低确定行为的积极性与否，如果群体被判定为热情的，则引发主动助长行为，即帮助或保护，明显体现让该群体从中获益的意向，否则便导致主动伤害行为，即攻击或反抗，以损害其利益为目的。随后才是在能力维度上，高能力群体唤起被动助长行为，如合作或联系；低能力群体引发被动伤害行为，如忽略与漠视。图 1.1 详细展现了在刻板印象内容基础上进一步细化的偏差地图。

---

❶ Cuddy A. J. C., Fiske S. T., Glick P. The BIAS Map: Behaviors from Intergroup Affect and Stereotypes. Journal of Personality and Social Psychology, 2007, 92: 631 – 648.

❷ 管健："刻板印象从内容模型到系统模型的发展与应用"，载《心理科学进展》2009 年第 4 期，第 845～851 页。

❸ 同上。

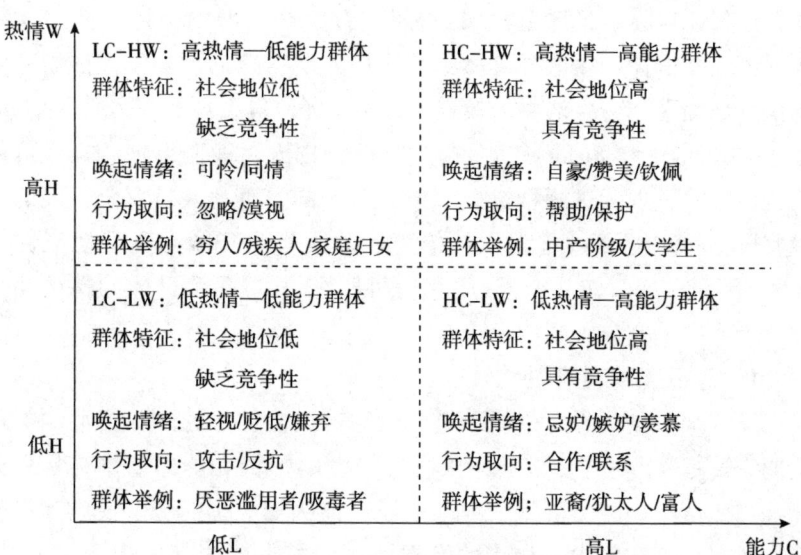

图 1.1 刻板印象内容模型与偏差地图的示意图

(引自：管健，2009)

值得注意的是，偏差地图中的四种行为方式暗含着两个基本维度——主动—被动与助长—伤害。主动与被动的区别具体表现为直接与间接、外在与隐蔽、强烈与不强烈、公然与回避，如歧视领域中的鄙视、公然反对与抵抗就是主动行为体现，而委婉地拒绝提供帮助和给予雇佣机会则是被动且隐蔽式的偏见。在第二个维度上，助长引发表面的赞同行为，伤害则顾名思义会对群体产生有害结果。具体来说，主动助长是积极性情感主义取向，合作、支持、帮助等行为都是基于有意的目标；主动伤害却促使偏见合法化，伤害目标；被动助长行为是典型的工具主义取向，为了谋求长远的共同利益而不得不进行合作；被动伤害是不作为的消极应对。

偏差地图已经在不同群体，甚至经过不同方法进行了验证性研究。如 Maddux，Galinsky 和 Cuddy 等人利用偏差地图研究亚裔群体刻板印象中较为负面或否定的态度、情感和行为之间的关系，发现现实主义威胁在其中具有重要机制。结果显示，亚裔美国人在美国白人眼中是积极与消极的混合体，积极表现为聪明、努力、勤奋和自律，消极表现为狡猾、自私、排斥公共事务等❶。在解释消极表现时，Maddux 等人强调亚裔群体所属的外群体给美国白人所带来的现实主义威胁，使其认为增强了社会生活中的教育、工作、经济等资源的竞争性❷。Lin，Kwan、Cheung 和 Fiske 等人通过比较美国白人对亚裔群体和黑人群体的刻板印象发现，这两种刻板印象完全不同，对黑人是完全轻蔑的人种偏见，而对亚裔则是矛盾性偏见，即认为亚裔能力高但社交性很弱❸。因而，基于偏差地图的研究表明，被试对两个群体的情绪唤醒和行为反应是完全不同的。

（二）认知神经机制

从认知机制上看，刻板印象是大脑对社会信息的一种自动的类别化加工过程❹。对此，刻板印象内容模型的热情和能力二维结构划分社会群体框架，四类群体丛刺激刻板印象认知加工的脑区反应存在差异。尽管刻板印象内容模型的发展特点为探究认知（刻板印象）、情感（情感偏见）和行为（歧视与污名）元素的三维整体化，但近期研究主要集中在刻板印象内容和情感偏见两者间的关系上，发现前额皮层（prefrontal cortex，PFC）、岛叶（insula）、前扣带回（anterior cingulate cortex，ACC）、杏仁核（amygdala）等涉及刻板印象认知加工或情绪加工的脑区，对于不同群体丛成员存在激活差异。

内侧前额皮层（medial prefrontal cortex，mPFC）是参与社会互动和社会认知的重要脑区，与刻板印象表征的关系密切，一般伴随两种认知过程产生激活状态与差异，一种是个体对自我或他人进行认知判断，另一种是个体对人与物的区别感知。前者是研究 mPFC 与社会认知关系的主要方法，涉及心理理论、社会推断与决策、情绪认知、道德判断、自我认知等多种社会认知研究。后者是在前者基础上，将非

---

❶ Maddux W. W., Galinsky A., Cuddy A. J. C., Polifroni M. When Being a Model Minority Is Good… and Bad：Realistic Threat Explains Negativity toward Asian Americans. Personality and Social Psychology Bulletin, 2008, 34：74 – 89.

❷ 同上。

❸ Lin M. H., Kwan V. S., Cheung A., Fiske S. T. Stereotype Content Model Explains Prejudice for an Envied Outgroup：Scale of Anti – Asian American Stereotypes. Personality and Social Psychology Bulletin, 2005, 31（1）：34 – 47.

❹ 贾磊、罗俊龙、肖宵、张庆林："刻板印象的认知神经机制"，载《心理科学进展》2010 年第 12 期，第 1909 ~ 1918 页。

生命力的物品引入个体的判断对象范畴，发现某些 mPFC 激活差异仅存在于个体对人的认知过程中。

Harris 和 Fiske 按照刻板印象内容模型划分的四类社会群体丛所引发的主要情绪反应标准，选取有代表性的群体和物体照片，分别由两组被试观看。实验过程中，所有被试每看完一张照片，便判断同情、钦佩、嫉妒和厌恶四类情绪中，哪一种更接近自己的真实感受。fMRI 的结果显示，令被试作出同情、钦佩和嫉妒情绪判断的群体照片明显激活 mPFC，并存在两种未显著激活 mPFC 的情形，一种是所有物体照片，一种是引发被试厌恶情绪的群体照片❶。个体这种对不同社会群体的情绪认知存在 mPFC 激活差异，证实了刻板印象内容模型划分社会群体的有效性。与其他三类群体相比，未显著激活 mPFC 的低热情—低能力群体，如同缺乏人性特征的物体一样，难以唤醒个体感知其作为"人"的属性，具有去人性化（dehumanizing）特征。

Cikara 等人设置道德两难困境（moral dilemmas），利用 fMRI 技术研究个体拯救或牺牲不同刻板印象内容群体的神经机制，发现 mPFC 的激活主要与高热情—高能力群体有关。困境假设一辆失控的有轨电车即将冲向五个人，主人公将身旁一名围观者推入轨道阻挡电车，以牺牲一人的代价拯救这五个人。被试的自我报告指出，更易接受牺牲低热情或能力的群体成员，而拯救高热情或能力者的主人公行为。实验过程中，代表四类群体丛的人物图片随机按照一人、五人的形式先后呈现在被试面前 2 秒钟，依次代表被牺牲者和被拯救者，随后，被试有 4 秒钟时间对主人公行为作出接受程度的判断❷。fMRI 结果基本与自我报告吻合，伴随复杂的脑区激活现象，被试只有接受拯救高热情—高能力者的行为时激活 mPFC，体现个体对外群体缺乏一视同仁的平等认知。Greene 等人研究证明 mPFC 的激活与道德判断中的理智和情绪有关❸，那么刻板印象内容模型划分下的高热情—高能力群体

❶ Harris L. T., Fiske S. T. Dehumanizing the Lowest of the Low Neuroimaging Responses to Extreme Out-groups. Psychological Science, 2006, 17 (10): 847-853.

❷ Cikara M., Botvinick M. M., Fiske S. T. Us versus Them Social Identity Shapes Neural Responses to Intergroup Competition and Harm. Psychological Science, 2011, 22 (3): 306-313.

❸ Greene J. D., Sommerville R. B., Nystrom L. E., Darley J. M., Cohen J. D. An fMRI Investigation of Emotional Engagement in Moral Judgment. Science, 2001, 293 (5537): 2105-2108.

丛，与其他三类群体丛相比，确实令被试产生了不同的社会认知决策。

岛叶（insula）参与的过程和体验主要包括疼痛、心率等内感受（interoception）、注意外感受（exteroception）和认知控制，并具有整合多种过程的可能性，尤其是岛叶前部涉及移情、自我认识、情绪唤醒、时间感知等认知和情绪加工的需求，以及调节情绪、认知和动机的整合过程，使得岛叶与人类认知的关系趋于紧密。

Cikara 和 Fiske 利用 fMRI 技术，研究五类群体丛遭受不幸或幸运事件时，个体产生移情的神经反应机制。结合被试的自我报告内容发现，同样作为遭遇不幸的外群体，引发嫉妒情绪的低热情—高能力群体成员使被试移情的程度最低，岛叶和额中回（middle frontal gyrus）的激活程度最高。在群体丛享受幸运事件的背景下，被试伤害嫉妒群体成员的意愿增加和伤害内群体成员的意愿降低，同样激活双侧前岛叶（bilateral anterior insula），前者缺乏明显的移情作用。即使被试的自我报告指出，最不愿意伤害令人同情的高热情—低能力群体成员，但当他们享受幸运事件时，若被试表现出对该幸运事件的消极态度或者伤害他们的意愿，岛叶和额中回的激活程度则被增强，反之，产生积极态度和降低伤害意愿的移情作用才能减弱两部分脑区的活动❶。另外，Cikara 等人选取美国职业棒球大联盟波士顿红袜队（Red Sox）和纽约洋基队（Yankees）的忠实粉丝为被试，发现两队粉丝被试对对方球队成员的整体评价均为低热情和高能力，当己方失败或对方成功时，fMRI 的监测结果表明被试显著激活岛叶和前扣带回（anterior cingulate cortex，ACC）❷。这些研究表明岛叶参与移情过程的同时，刻板印象内容模型所划分的四类群体丛引发个体不同程度的移情作用，尤其是低热情—高能力群体丛难以唤醒个体的移情。

针对上述现象，在 Cikara 和 Fiske 的系列研究中，采用面部肌电描技术（facial electromyography，facial EMG）发现，与人类微笑表情有关的颧大肌（zygomaticus major，ZM），应在个体感受积极事件时明

---

❶ Cikara M., Fiske S. T. Bounded Empathy: Neural Responses to Outgroup Targets' (mis) Fortunes. Journal of Cognitive Neuroscience, 2011, 23 (12): 3791 – 3803.

❷ Cikara M., Botvinick M. M., Fiske S. T. Us versus Them Social Identity Shapes Neural Responses to Intergroup Competition and Harm. Psychological Science, 2011, 22 (3): 306 – 313.

显活动而呈现的微笑状态❶，同样出现在被试获知低热情—高能力群体成员遭受不幸事件的情形下，其他三类群体丛则无此现象。Cikara等人由此推断嫉妒情绪具有预测幸灾乐祸（Schadenfreude）心态的作用，fMRI 的脑区反应和肌体生理表现说明被刻板印象内容模型归入低热情—高能力群体丛的外群体（如富人、竞争对手）与其他三类相比，成为幸灾乐祸对象的可能性最高，唤醒移情的可能性最低❷。

前扣带回（ACC）是大脑边缘系统的组成部分，具有分别处理感觉、认知和情绪等信息的功能模块，又能从总体上对这些资源进行整合，以影响其他脑区活动和调节认知、激素、内脏反应为激活特征，使个体行为发生由小及大的渐进式变化，可能负责评估刺激信号并监控其冲突。Cikara 等人的研究中均发现 ACC 与其他脑区共同激活：被试感知低热情—高能力的竞争对手获胜时激活 ACC 和岛叶❸；经典道德两难困境下，被试接受拯救内群体者而牺牲低热情—低能力群体成员时激活 mPFC、ACC、左侧眶额叶（left lateral orbitalfrontal crtex，left lateral OFC）和左外侧前额叶（left dorsolateral PFC，DLPFC）❹。涉及整合情绪认知和自我监控功能的眶额叶（orbitalfrontal crtex，OFC）❺，与 mPFC、DLPFC 同为前额叶（prefrontal cortex，PFC）的组成部分，它们共同完成整合多种信息以制定满足个体期望的行为决策的过程❻。结果也说明，这些脑区可能参与被试整合刻板印象认知和情绪唤醒等信息而作出行为选择的过程中，刻板印象内容模型确实起到划分社会群体并引发被试不同（冲突）反应的作用。

---

❶ Brown S. L., Schwartz G. E. Relationships between Facial Electromyography and Subjective Experience during Affective Imagery. Biological Psychology, 1980, 11 (1): 49-62.

❷ Cikara M., Fiske S. T. Stereotypes and Schadenfreude Affective and Physiological Markers of Pleasure at Outgroup Misfortunes. Social Psychological and Personality Science, 2012, 3 (1): 63-71.

❸ Cikara M., Botvinick M. M., Fiske S. T. Us versus them Social Identity Shapes Neural Responses to Intergroup Competition and Harm. Psychological Science, 2011, 22 (3): 306-313.

❹ Cikara M., Fiske S T. Bounded Empathy: Neural Responses to Outgroup Targets' (mis) Fortunes. Journal of Cognitive Neuroscience, 2011, 23 (12): 3791-3803.

❺ Beer J. S., John O. P., Scabini D., Knight R. T. Orbitofrontal Cortex and Social Behavior: Integrating Self-monitoring and Emotion-cognition Interactions. Journal of Cognitive Neuroscience, 2006, 18 (6): 871-879.

❻ Wallis J. D. Orbitofrontal Cortex and Its Contribution to Decision-making. Annual Review of Neuroscience, 2007, 30: 31-56.

杏仁核（amygdala）以参与刻板印象认知加工过程的情绪环节为主，Schäfer 等人发现厌恶情绪主要激活杏仁核、岛叶和 OFC❶，一些易带有歧视特征的刻板印象，如种族刻板印象、性别刻板印象、内外群体刻板印象普遍伴有杏仁核的参与。刻板印象内容模型假设低热情—低能力群体引发厌恶情绪、攻击等歧视行为，Harris 等人利用 fMRI 技术发现仅有低热情—低能力群体具有去人性化特征的脑区反应，被试激活左侧岛叶和右侧杏仁核以替代其他群体引发的 mPFC 活动，与模型假设和已有研究结果相吻合❷。

（三）优势与不足

刻板印象内容模型和偏差地图的提出，为当下不断发生的群体冲突与融合提供了全新的研究视野，也为刻板印象研究的可操作化和面向社会大众的普及化奠定了理论基础。科技发展与人类文明的推进，令越来越多的群体携带其固有的社会类别属性同其他群体进行互动，甚至是相互融合，但"与生俱来"的类别属性和范畴必然导致群体间的边界化状态，易引发群体间的互动摩擦，从而产生形式多样的刻板印象、互动特征，甚至是歧视和偏见，以及导致个体自我的认知偏差，乃至出现负向性较为明显的消极认知，进一步影响个体在特定情境中的情绪和行为表现，比如刻板印象威胁（stereotype threat）现象。早期的研究过多关注于单一化的偏见与歧视，即认为偏见必定是消极与负面的，所引发的行为则是排斥、贬低和歧视。刻板印象内容模型和偏差地图则以双向的态度和行为框架杜绝了单一式刻板印象和偏见的模式，有利于研究不同形态的歧视和偏见，并提出有效解决策略。与此同时，刻板印象内容模型和偏差地图关注不同群体间的正性刻板印象及其引发的情绪和行为，弥补单一化的负性视角，充分挖掘并统合刻板印象的积极作用。刻板印象内容模型通过对多个群体的进一步归类，简化群体类别的划分依据，同时淡化特定因素，尤其是与生俱来或者客观环境所致的性别、年龄、地域、种族等差异对个体感知群体

❶ Schäfer A., Schienle A., Vaitl D. Stimulus Type and Design Influence Hemodynamic Responses towards Visual Disgust and Fear Elicitors. International Journal of Psychophysiology, 2005, 57（1）：53 – 59.

❷ Harris L. T., Fiske S. T. Dehumanizing the Lowest of the Low Neuroimaging Responses to Extreme Out – groups. Psychological Science, 2006, 17（10）：847 – 853.

边界的影响。

刻板印象内容模型和偏差地图的另一重要贡献在于将刻板印象功能化，即群体刻板印象不再被视为单纯的心理活动，而是进行社会判断的标准。源于社会结构的热情和能力作为统一维度，对不同的目标、知觉者和文化都可以进行社会判断，当然，这一判断的对象同样包括作出判断的个体自身，进而引发情绪和行为的产生，不再关注群体间的合作或对立的立场，只关注群体自身利益是否能实现最大化，这将有助于我们了解内群体和群体互动中的内隐认知。

当传统的偏见被归为单一维度的厌恶和反感时，解决策略往往是削减或消除偏见。而偏差地图则发现，偏见会因群体之间相对的社会地位改变而改变。比如，受歧视的群体地位达到甚至超过自身群体时，偏见就会发生改变。可见，偏见不具有稳定的客观性，它与群体知觉有关。减少群体的负面特性并不是消减偏见的唯一途径，我们也可以通过强化群体对于其他群体的重要意义，甚至是贡献，来实现这一目的。这对于在实践中消减偏见、弱化歧视、干预污名等提供了具体的指导策略❶。刻板印象内容模型和偏差地图不仅联结了刻板印象内容、情绪与行为，还有助于在不同地域和观念的架构中进行跨文化研究，并为偏见的消除与减少、改变个体认知提供了有效的可操作性参考。

另外，从认知机制的研究结果看，属于不同刻板印象内容群体丛的群体所激活脑区普遍具有参与个体认知和情绪加工过程的功能，一些参与信息整合或调节的脑区（如岛叶、前扣带回、眶额叶）激活，也可能与被试需要完成一定的选择或判断任务有关。整体研究表明，刻板印象内容（热情和能力）的认知和情绪（同情、钦佩、嫉妒和厌恶）的唤醒确实存在一定联结关系，尤其是低热情—低能力群体丛激活与厌恶情绪有关的杏仁核、高热情—低能力群体丛和低热情—高能力群体丛获得移情与否同岛叶的激活程度相关，这些指向具体情绪的脑区激活结果，为刻板印象内容模型提供了直接的认知神经证据。

---

❶ 管健：“刻板印象从内容模型到系统模型的发展与应用”，载《心理科学进展》2009 年第 4 期，第 845~851 页。

　　然而，刻板印象内容模型以维度界定刻板印象内容，能力与热情的划分结构受到了研究者的普遍认同，只是道德维度在社会实践中的凸显，甚至高于能力和热情的重要性，有必要对刻板印象内容模型的结构进行探索以完善或修订。此外，两个维度虽然在结构内涵上不存在交集，却无法保证不存在群体感知上的相互影响，即某一维度得以强化，有可能造成另一维度上评价移动。这就表明刻板印象内容和偏差未必是固定不变的，而是存在运动平移的可能性。而模型选择简单维度分析复杂问题的优势也往往成为其引发讨论的焦点之一，如 Oldmeadow 和 Fiske 研究证实，地位和能力之间的强关系无法体现在地位和热情之间，是因为不平等的意识形态和观念态度在其中所起到的中介调节作用❶。这就意味着模型的完善必须考虑将潜在的中介变量穷尽。

　　另一方面，刻板印象内容模型和偏差过于强调群体层面的整体性感知，却忽略了组成群体的个体因素也有可能对刻板印象的形成产生一定作用，比如个体的人格。因为个体对于现实生活的身份或地位是否可以更改的信念与态度会影响刻板印象的认知。所以，知觉者的个体内部心理机制和人格特质等都应逐渐纳入模型的范畴。

　　以上是模型自身所存在的问题，当论及与中国社会具体情境相结合的时候，不免存在着本土适应性的问题。比如，中国文化历来重视道德修养对个体人格特质和群体认知的作用，既然刻板印象内容模型和偏差地图已经凸显了道德维度的重要性，则在中国的文化背景中，就不能忽视道德维度。在认知神经的研究结果中同样体现道德因素的困扰。还有，香港样本代表中国被纳入了模型跨文化验证的 17 个国家与地区之中❷，但从实际情况看，中国内地与香港因为历史原因而存在着明显的群体类型差异，香港地区普遍存在的"菲律宾佣人"和"教会人员"群体在中国内地并不具有典型性，相反，中国内地的

---

❶ Oldmeadow J., Fiske S. T. System – justifying Ideologies Moderate Status Competence Stereotypes: Roles for Belief in a Just World and Social Dominance Orientation. European Journal of Social Psychology, 2007, 37 (6): 1135 – 1148.

❷ Schäfer A., Schienle A., Vaitl D. Stimulus Type and Design Influence Hemodynamic Responses towards Visual Disgust and Fear Elicitors. International Journal of Psychophysiology, 2005, 57 (1): 53 – 59.

"农民工"和"农民"也不是香港地区的典型群体。所以，中国内地特有的群体刻板印象需要进一步的研究与考证。

可能由于刻板印象作为一种类别化加工社会信息的复杂认知过程，其认知神经框架的建构尚处于模糊阶段，使得刻板印象内容模型由认知关联情绪和行为的过程中，存在未能清晰化的神经途径。也有可能源于模型自身的完善性、情境因素控制等方面的不足，综合分析已有研究结果，发现刻板印象内容模型获得脑区激活结果支持的同时，仍存在一定的问题和局限。比如，同一情境假设下，脑区激活差异呈现一定的归类现象，即个体对四类群体丛的反应可以按照脑区激活的异同进一步组合，具有组合内的脑区激活同一性和组合间的脑区激活差异性特征。并且，这种脑区激活差异的归类现象并非稳定存在，当情境变化时，根据脑区激活异同的归类组合可能随之改变。这说明受情境因素影响，刻板印象内容模型对社会群体的框架预测作用被削减，热情或能力的维度划分意义从而难以体现。而情境作为社会群体互动行为发生的必备条件，其影响作用自然不容忽视，这预示刻板印象内容模型的研究应该结合情境因素，通过行为反应和认知神经证据挖掘个体对四类群体丛的情境性反应规律，并不仅仅是简单地将刻板印象内容模型应用于各种情境之中。

二、社会认同理论

社会认同理论（social identity theory）关注个体眼中的群体，群体行为的基础是个体对群体的认同，个体自我概念的形成与其所属群体息息相关，具体表现为群际过程对个体认知和行为的影响，尤其是群体团结等内群体偏好和歧视外群体等外群体贬抑的群体性行为均被视为社会认同的表现，个体通过对群体的归属而实现自尊和自强❶，Tajfel 和 Turner 认为人们首先将自身和他人归类为不同的社会群体，随后以群体为单位完成个体的认知活动❷。内群体偏好和外群体贬抑是群体间行为中典型的种族中心主义（ethnoentrism）表现，对此，Sherif

---

❶　Abrams D. , Hogg M. A. Comments on the Motivational Status of Self – esteem in Social Identity and Intergroup Discrimination. European Journal of Social Psychology, 1988, 18（4）: 317 – 334.

❷　Tajfel H. , Turner J. C. An Integrative Theory of Intergroup Conflict. The Social Psychology of Intergroup Relations, 1979, 33: 47.

用现实冲突理论（realistic conflict theory）解释，认为群体间态度和行为是一个群体同其他群体间客观利益的体现，一旦群体间因利益而发生竞争，歧视、敌对的态度和行为明显增强，相反，为实现一致的群体目标，群体间通过建立友好的合作关系而共同努力❶。受社会环境和社会群体研究的启发，Tajfel 以最简群体范式（minimal group paradigm）验证内群体偏好和外群体贬抑的现象，即使在群体成员从未有过面对面的互动和群体完全自由归类的情况下，仅仅通过启动个体的社会归类，就可以导致为"内"群体分配更多的资源和积极评价❷。

　　社会认同理论从趋同的社会事实出发，基于个体所扮演的多元群体角色来研究群际关系和群体过程。追溯"认同"的拉丁文词源 idem 为相同之意，以及哲学对 identity 词意的"同一性"界定，认同所包含的相同、同一、稳定、一致等含义不言而喻。从社会学视角出发，认同被描述为一种包括群体特性和群体意识的集体现象，强调诸如家庭纽带、个人社交圈、同业团体成员资格、阶层忠诚、社会地位，以及个人的行为思想与社会规范或社会期待趋于一致，或者是对自我特性的一致性认可、对周围社会的信任与归属、对有关权威和权力的遵从等。从心理学视角出发，认同被认为是人之本性，是深刻的、基础的、持久的和根本的过程，Erikson 用"自我同一性"（self identity）解释认同，认为认同是一种发展的结构，是一个人对其个体身份的自觉意识，是个体对其性格连续统一体的无意识追求以及对某个群体的理想和特征的内心趋同❸，Whetten 和 Godfrey 将认同看做"我是谁"或者"我们是谁"等人们用来确定身份的问题❹，Taylor 强调，回答认同这个问题就是要知道我是谁，知道我站在何处，认同是由承诺和身份所规定的❺。两种视角都在殊途同归地寻找人类认同的需要，即通

❶ Sherif M. The Robbers Cave Experiment: Intergroup Conflict and Cooperation. Wesleyan University Press. 1961.

❷ Tajfel H. Cognitive Aspects of Prejudice. Journal of Social Issues, 1969, 25: 79 – 97.

❸ ［美］埃里克·H. 埃里克森:《同一性: 青少年与危机》, 孙名之译, 浙江教育出版社 2000 年版, 第 79 ~ 127 页。

❹ Whetten D. A., Godfrey P. C. (Eds.). Identity in Organizations: Building Theory through Conversations. Sage. 1998.

❺ ［加］查尔斯·泰勒:《自我的根源: 现代人认同的形成》, 韩震译, 译林出版社 2001 年版, 第 37 页。

过"我"和"我们"的差异寻求自我认同，以及通过"我们"和"他们"的差异寻求社会认同❶。

社会认同理论认为个体通过社会分类，对自己的群体产生认同，并产生内群体偏好和外群体贬抑。个体通过实现或维持积极的社会认同（social identity）来提高自尊，内群体之于外群体的有利比较则是积极的自尊的来源，个体则采用各种策略提高自尊以应对社会认同受到的威胁。所属群体优于其他群体是个体对自己群体产生强烈热衷感的结果，与此同时，个体若在寻求积极的社会认同和自尊过程中体会到群体间差异，群体间的偏见和冲突容易由此产生。❷

社会认同理论的重要组成部分，也是社会认同的基本过程，主要包括社会分类（也称社会范畴化，social categorization）、社会比较（social comparison）和积极区分原则（positive distinctiveness）三个环节。社会分类是个体倾向于将判断对象作出明确的类别划分，比如，Secord等人研究发现，从纯种的高加索人到纯种的黑人，一系列照片组成肤色由浅到黑的连续性效果，要求被试看完后评价相貌和心理感知的黑色程度，被试将图片分为黑白两组的同时，倾向于夸大同一组内的相似性和两组间的差异性；社会比较以积极区分的原则彰显社会分类过程的意义，群体间的差异来自比较，造成内群体和外群体的不对称比较，将积极的评价偏向所属群体，从而实现认知、情感和行为上的内群体偏好；积极区分原则是指向群体中的个体行为，当群体间通过社会分类而进行比较后，内群体的哪些特质优于外群体，个体作为内群体成员就从这些特质中寻求积极的自尊。在积极区分原则的指导下，个体对自我的认知是建立在群体的基础上，是一种"内群体好，我就好；内群体优于外群体，我就优于外群体成员"的逻辑❸。

三、系统公正理论

Martin在《不公正的承受力》（*The Tolerance of Injustice*）中指出，

---

❶ 管健："社会认同复杂性与认同管理策略探析"，载《南京师大学报：社会科学版》2011年第2期，第96~102页。

❷ 张莹瑞、佐斌："社会认同理论及其发展"，载《心理科学进展》2006年第3期，第475~480页。

❸ Secord P. F., Bevan W., Katz B. The Negro Stereotype and Perceptual Accentuation. The Journal of Abnormal and Social Psychology, 1956, 53 (1): 78.

在社会生活中有许多低收入者、穷人等受歧视者，其群体明显处于劣势地位，但这些群体本身却能容忍这种不公平的存在。人们处于社会生活中，对自身和他人的情感、行为、身份、地位以及社会事实，存在一种试图合理化的倾向，尤其是面对不公正的现象时，这种倾向更加引人注目。

刻板印象领域对合理化现象的研究成为系统公正理论诞生的温床，Jost 和 Banaji 梳理刻板印象公正现象时，以自我公正（ego justification）和组织公正（group justification）总结先前的研究，以系统公正（system justification）阐述全新的观点❶。三种公正倾向或动机是针对低地位群体成员内部的冲突和矛盾而提出，自我公正是首要动机，个体追求和保持良好自我形象的意愿，是通过对个体行为认知的逻辑化、合理化和合法化而实现，主要受弗洛伊德的精神分析理论影响，完全忽视社会环境对个体的作用，当发生弱势群体成员对自身及其群体产生消极刻板印象、刻板印象丧失合理化个体行为或地位的能力、刻板印象被广泛认同这三种现象时，自我公正的解释力度会黯然失色。组织公正是社会认同理论的重要思想，个体维系良好的其所属群体的群体形象，进而对内群体成员的行为作出公正化和合理化定义与解释。组织公正解释指向自身和所属群体的消极刻板印象和刻板印象的广泛认同现象，同样无能为力。系统公正则将合理化置于社会和心理的双重需要之下，视其为良好的、公平的、自然而然的、可取的，甚至是不可避免的。系统公正居于统治地位，只有自我公正动机和组织公正动机撼动系统公正的前提下，弱势群体成员的社会改变才随之产生。

从社会和心理层面，以低地位群体为研究对象剖析社会现状的理论中，系统公正理论因清晰地界定自我、组织和系统三种动机而占据优势地位。相比之下，社会认同理论视社会行为为"人际—群际"的连续体❷❸，详细地诠释自我动机和群体动机及两者间的关系，却忽视

---

❶ Jost J. T., Banaji M. R. The Role of Stereotyping in System – justification and the Production of False Consciousness. British Journal of Social Psychology, 1994, 33（1）: 1 – 27.

❷ Tajfel H. Human Groups and Social Categories: Studies in Social Psychology. CUP Archive. 1981.

❸ Tajfel H., Turner J. C. The Social Identity Theory of Inter – group Behavior. In S. Worchel L. W. Austin（Eds.）, Psychology of Intergroup Relations. Chigago: Nelson – Hall, 1986.

了社会属性对个体或群体的影响。

系统公正理论认为主流社会体统之所以得以稳定，离不开刻板印象等一些社会判断对不公平、不平等现象的合理化。其中，刻板印象的互补性特征是维持系统公正的途径之一❶，不同的群体地位归因、男女性别差异等群体因此而呈现稳定存在的格局。比如，男性和女性两个群体的刻板印象受人格理论的个体性（agency）和社群性（communion）特质影响❷，男性刻板印象特征以能力强、自信、独立、成功为导向，女性则着重表现为温暖、友善、依赖❸❹❺，各自的优势特质成为对方的弱势，刚柔互补的格局是两个社会性群体平衡的体现。Jost 和 Kay 研究发现，向女性被试呈现的刻板印象包含符合其群体特质的信息，比如，社群性和友善性，女性支持性别系统现状的程度增加，即使个体性或敌对性与上述两类信息同时呈现，结果亦是如此❻。回归内群体矛盾、外群体偏好的客观事实，Kay 和 Jost 二人从互补刻板印象角度证明系统公正的影响❼。选取社会生活中地位悬殊程度较为明显的富人和穷人群体为研究对象，被试均为在校大学生，当他们看到"贫穷但快乐"、"富有但痛苦"、"贫穷但诚实"、"富有但虚伪"的互补性信息后，系统公正化测量分数明显高于看到非互补性信息的

---

❶ Kay A. C., Jost J. T. Complementary Justice: Effects of "Poor but Happy" and "Poor but Honest" Stereotype Exemplars on System Justification and Implicit Activation of the Justice Motive. Journal of Personality and Social Psychology, 2003, 85 (5): 823.

❷ Rosenberg S., Nelson C., Vivekananthan P. S. A Multidimensional Approach to the Structure of Personality Impressions. Journal of Personality and Social Psychology, 1968, 9 (4): 283 - 294.

❸ Deaux K Lewis, L. L. Components of Gender Stereotypes. Psychological Documents 1983, 13: 25.

❹ Eagly A. H., Steffen V. J. Gender Stereotypes Stem from the Distribution of Women and Men into Social Roles. Journal of Personality and Social Psychology, 1984, 46 (4): 735.

❺ Langford T., MacKinnon N. J. The Affective Bases for the Gendering of Traits: Comparing the United States and Canada. Social Psychology Quarterly. 2000.

❻ Jost J. T., Kay A. C. Exposure to Benevolent Sexism and Complementary Gender Stereotypes: Consequences for Specific and Diffuse Forms of System Justification. Journal of Personality and Social Psychology, 2005, 88 (3): 498.

❼ Kay A. C., Jost J. T. Complementary Justice: Effects of "Poor but Happy" and "Poor but Honest" Stereotype Exemplars on System Justification and Implicit Activation of the Justice Motive. Journal of Personality and Social Psychology, 2003, 85 (5): 823.

其他被试，说明他们支持现状维持得到了强化❶。

系统公正理论以刻板印象补偿的形式令人们相信没有十全十美的优势地位和群体，也没有一无可取的劣势地位和群体，优势与劣势公平地存在于各种地位和群体之中，系统才得以维持公正。富人拥有大量的财富却不及穷人快乐和诚实，女人不能像男人那样叱咤风云却以更友善的形象撑起半边天，这些支持系统公正理论的社会现实，也令我们看到刻板印象的补偿性，已然是个体和群体调节认知以实现协调的一种表征结果。反之，当个体或群体容忍不公现实、不得已维持现状的情形下，存在刻板印象补偿性调节的可能。

第二节　问题提出

从第一节对刻板印象内容模型和偏差地图的分析梳理可以看出，模型的未来研究发展基本遵循两个方向：结构完善和实际应用。在结构完善方面，能力和热情的双维度结构日益受到挑战，尤其是道德维度的呼声愈演愈烈。坦白地讲，不能说现有的刻板印象内容模型缺乏对道德因素的关注，Fiske，Cuddy 和 Glick 三人明确指出道德（morality）属于热情维度，同友善（friendliness）、乐于助人（helpfulness）、真诚（sincerity）、诚信（trustworthiness）一样，是热情的内涵之一❷。对于道德欲挣脱热情牢笼以期独立门户的蠢蠢欲动，问题根源就在于热情的代表性受到质疑。在实际应用方面，刻板印象内容模型和偏差地图的直观作用就是简化，将大量的既有社会群体依据能力和热情的二乘二结构简化为四类群体丛，将多种多样的刻板印象表征简化为热情和能力两类内容，将复杂的群际互动简化为同情、钦佩、嫉妒和厌恶四种主要情绪唤醒和主动助长（帮助与保护）、主动伤害（攻击与反抗）、被动助长（合作与关联）与被动伤害（忽略与漠视）四种基本行为反应。依托这种简化作用，群际互动、个体认知和行为、情境影响等方面的特征性研究寻觅到新的突破口。

---

❶ Fiske S. T., Cuddy A. J., Glick P. Universal Dimensions of Social Cognition: Warmth and Competence. Trends in Cognitive Sciences, 2007, 11 (2): 77-83.

❷ 同上。

一、刻板印象内容模型的再探讨

对刻板印象内容模型的质疑，主要是来自哲学家对"人"的认识，比如亚里士多德伦理学指出包括正义性愤怒（righteous indignation）、公正（the just）、真挚（sincerity）、智慧（wisdom）、友善（friendliness）在内的 14 项人类美德❶中并未过多关注道德，受到了MacIntyre❷和 Nietzsche❸的辩驳。中国古代思想家的观点也渗透着道德内涵和哲学，《管子》牧民篇解释礼义廉耻的"四维"为："礼不逾节，义不自进，廉不蔽恶，耻不从枉。故不逾节，则上位安。不自进，则民无巧诈。不蔽恶，则行自全。不从枉，则邪事不生。"以仁和义为根本道德元素的儒家学派，子曰："人而不仁，如礼何？人而不仁，如乐何？"孟子曰："大人者，言不必信，行不必果，唯义所在。"❹这都是通过对道德的不同界定在共同阐述道德之于人的重要性。刻板印象内容模型的能力和热情维度，在一定程度上贴近智商与情商的划分，影响前者高低的因素主要是个体自身及环境的影响，后者的形成则离不开个体与他人、个体与环境的互动过程，并从互动中得以体现。而"人"这一类独特的地球生物所具有的社会性特征，道德的凸显已然具有打破能力和热情二分之势。对此，已有学者提出了道德维度介入后的新刻板印象内容，Leach 等人用社交性（sociability）和道德替代热情，与能力构成刻板印象内容的三个新维度❺。道德维度一直在冲击热情的地位，而偏差地图又假定热情为首，能力其次的维度关系，以决定个体行为的积极性与否，所以热情维度若发生改变，偏差地图的构成基础将受到强烈的撼动。

另一方面，社会认同理论假设外群体贬抑，受到社会现实的挑战。

---

❶ Robinson D N. Aristotle's Psychology. Columbia University Press，1989.

❷ MacIntyre A. After Virtue：A Study in Moral Theory（2nd Edition）. Notre Dame：University of Notre Dame Press，1984.

❸ Nietzsche F. On the Genealogy of Morals（Translated by W. Kaufmann R. J. Hollingdale，originally published 1887）. New York：Random House，1967.

❹ 管曙光：《诸子集成（一）（二）》，长春出版社 1999 年版。

❺ Leach C. W. ，Ellemers N，Barreto M. Group Virtue：The Importance of Morality（vs. Competence and Sociability）in the Positive Evaluation of In‐groups. Journal of Personality and Social Psychology，2007，93（2）：234－249.

群体之间未必是永恒的敌意，一些矛盾的群际关系，甚至是外群体偏好现象的出现，成为刻板印象内容模型应运而生的前提。对此，刻板印象内容模型以社会地位和竞争性为社会结构变量，在预测社会群体框架的过程中，认为地位与能力呈正相关，高地位群体相对于低地位群体具有更强的能力，竞争性与热情呈负相关，与内群体有竞争性关系的外群体会被认为缺乏热情。可以说，刻板印象内容模型将群体之间的复杂关系建立在社会地位和竞争性之上，一来表明两者处在相对稳定的情形下，预示群际互动基本保持不变，二来忽视其他社会结构对群际互动的影响，所以，探讨社会结构的构成要素对刻板印象内容模型的作用，亦是完善模型的研究方向之一。

上一节探讨模型的优势与不足中指出，刻板印象内容模型存在运动平移和中介变量的可能性。能力和热情没有内容交集的两个维度，在群际认知中的相互作用已经得到初步证实，主要表现为两者"此消彼长"的互补关系，直接挑战了模型应用的稳定性，即群际感知的刻板印象内容以及由此建立的社会群体分类存在移动和变化的可能。加之社会现实是复杂的，刻板印象内容模型和偏差地图是简单的，简单模型解决复杂问题，伴随简化优势的是局限性的劣势，或许穷尽影响刻板印象内容的中介变量才是解决问题的有效途径。

二、刻板印象内容的本土化

同刻板印象等大多数心理学用语和理论一样，刻板印象内容模型依然是舶来品。在当今西方心理学领跑专业研究的现实面前，中国本土心理学研究现状基本采取紧跟战术，学者以"取其精华、去其糟粕"的态度逐渐缩短与西方距离的同时，剖析新近研究成果，逐渐实现解释中国现实问题和寻求专业突破的双重目标。中国特有的历史背景和社会发展进程，同样是众多西方心理学理论和研究成果被本土心理学重新验证的前提。

刻板印象内容模型提出后进行跨文化验证的过程中，各国家和地区的数据表明热情和能力划分社会群体的框架结构并非单一性，也不一定是高热情—高能力、高热情—低能力、低热情—高能力和低热情—低能力这种简单的结构形式。德国的社会群体框架在具有基本四类群体丛的基础上，东德人、同性恋、黑人、大男子主义者和土耳其人形成的群体丛处于二维平面的中心位置❶，可谓是"中等热情—中等能力"群体丛。中国香港的群体框架结构同样出现这一群体丛，与此同时，并未形成高热情—高能力群体丛❷。多种形式的社会群体框架反应不同文化、不同社会环境对群体认知影响的复杂性，所以，应用刻板印象内容模型确定当下的社会框架结构是应用研究之首要环节。

对于刻板印象内容模型的中国数据，Cuddy等人对比东西方的个人主义与集体主义时，已收集香港地区的样本，儿童、教会人员、老年人和精神疾病患者属于低能力—高热情群体丛，门卫、穷人、菲律宾女佣、失业人员、移民、内地人和巴基斯坦人属于低能力—低热情群体丛，专家和富人属于高能力—低热情群体丛，外国人、学生、女人、亚洲人、中国人、青年人、已婚人士、成年人、香港本地人、蓝领、单身者、男人、白领和大学毕业生则构成中等能力—中等热情群体丛❸。但基于中国历史和社会现状，中国内地和香港两个地区的差异不言而喻，中国内地普遍存在的农民和农民工群体，与香港地区的菲律宾女佣、巴基斯坦人、教会人员等群体，都是相应地区颇具代表性的群体之一。刻板印象内容模型和偏差地图应用于中国内地，应首先确定该模型预测社会框架结构的作用。

在刻板印象内容模型的本土化研究上，高明华❹采用重新搜集中国典型社会群体的方法，以检验刻板印象内容模型的跨文化稳定性的同时，完成既定社会群体框架的划分。具体涉及老年人、农民工、富人、知识分子、个体户、大学生、失业人员、明星艺人、残疾人、企业白领、政府官员，其实，社会生活中大多数群体难以进行明确的界定与称谓，而且社会大众也并不关注群体的详细划分。

在刻板印象内容模型的维度确定方面，正如本节第一部分对其再探讨的论述中所讲，刻板印象内容模型的双维度结构日益受到质疑，

❶ Eckes T. Paternalistic and Envious Gender Stereotypes: Testing Predictions from the Stereotype Content Model. Sex Roles, 2002, 47: 99-114.
❷ Cuddy A. J., Fiske S. T., Kwan V. S., Glick P., Demoulin S., Leyens J. P., et al. Stereotype content Model across Cultures: Towards Universal Similarities and some Differences. British Journal of Social Psychology, 2009, 48 (1): 1-33.
❸ 同上。
❹ 高明华："刻板印象内容模型的修正与发展——源于大学生群体样本的调查结果"，载《社会》2010年第5期，第195~216页。

以道德的存在与否及其地位为核心焦点，高明华利用探索性因子分析对刻板印象内容模型的 warmth（热情）维度提出质疑，认为 Fiske 等人忽略了道德内容的作用，并在此基础上分别以道德（诚实和可信）、道德和社会性（友好和热情）为指标进行聚类分析。这些研究基本通过证实道德与社交性的差异说明热情维度具有内部矛盾，以此质疑热情概括群体刻板印象特质的准确程度。其实，刻板印象内容模型的双维结构受到上述质疑具有必然性，因为热情维度可谓涵盖了人类能力范畴之外的大多数特质，其基于敌友性分辨群体的提出意图是对群际关系的过度简化，这种高度概括与归纳不仅易忽略具体特质间的差异，亦可能掩盖超越敌友之别而广泛存在的特质。但是，这样一来，便存在两个问题，一是基于高明华的探索性因子分析得知道德和社会性被归为同一因子，却又将两者分离，缺乏充足的依据；二是 Fiske 等人提出热情维度时并没有忽略道德内容，在他们对 warm 一词的哲学讨论中可以看出，道德方面已然被包含了。所以，道德究竟能否独立于刻板印象内容模型再一次为模型的完善提出要求。

对此，当前国外学者的研究主要集中于群际互动层面，通过对单一群体的印象描述加以定论，主要关注道德特质对群体的影响，忽略了刻板印象内容模型解读多个社会典型群体共同特质的广泛性，以及维度划分群体结构而体现群体异质性的作用。而国内学者尚停留于刻板印象内容模型的验证阶段，沿用西方文化下的群体特质表征，倘若存在中国群体的适用性问题，则研究者根据主观判断将道德内容从热情维度中剥离，由此展开的论证方式便缺乏信度。

建立刻板印象内容模型的本土化维度框架，应首先基于中国文化对个体或群体的认识。以道德为例，中国传统文化思想对道德内涵有着广泛且深刻的认识。现代意义上的心理学学科体系产生于西方，这种"输入型"的学科，在其介绍与应用过程中一定会与中国自身的学术传统与实际情境产生某种冲撞和交织，自然而然就会产生如何将西方的心理学知识中国化以及中国传统的心理学思想现代化的疑问❶。西方心理学诞生于哲学与生理学的交融，是身心二元论的产物之一，

---

❶ 吕小康："中国心理学的本土化：源起、流变与展望"，载《南开学报（哲学社会科学版）》2014 年第 6 期，第 151~160 页。

而中国文化所固有的天人合一思想使其讨论的"心"未必等同于西方人所界定的"心"。西方心理学视人心为实体，延续生理学的解剖思路，通过认清各种组成部分而了解整体，从而倾向于对内在分类或者外在成分的阐明❶，中国本土文化则强调人心活动的整体性，面对人心的理解与感悟差异，发展适用于解读中国群体特质的刻板印象内容模型，不能缺乏文化背景的支撑。

其次，关注社会环境对群体的影响。"人在环境中"一直是社会心理学所秉承的研究思路，普林斯顿大学几乎每 20 年进行一次刻板印象调查的重复性研究工作，正是因为人改变着环境，环境亦影响着人，使得刻板印象作为相对固定观念或期望所构成的认知结构，也会随着社会发展呈现一定的变化。相比之下，不同社会环境的差异具有类似的影响作用，我国本身特有的社会发展历程以及社会现状，尤其是产生于其中的特殊社会群体，本身具有特定群体特征的同时，难以仅仅通过敌友性区分群际关系现状，以致在刻板印象的社会认知图式中，并不适用于完全照搬刻板印象内容模型的原有维度。

即使热情维度备受质疑，但热情和能力的双维结构作为刻板印象内容模型的关键，是链接社会因素、群体特征和群际关系的纽带，固着于任意方面的单一研究，其结果均不具备重塑刻板印象内容模型维度的说服力。所以，本土化研究不能仅着眼于维度本身的内容含义及作用，应以发现新维度的重要性和必要性为切入点，转换动态与静态的研究视角，从群体与群体、群体与社会的整体关系中，确立模型描述群体的理想状态，既符合中国本土心理学从社会情境中"用心"去"做人"和"做事"的学问传统❷，又能从刻板印象内容模型的理论思路中得以全面的本土化发展。

当前国内的本土化研究对刻板印象内容模型的四个基本假设进行了逐一验证，尤其是在混合刻板印象方面，高明华发现除了 80 后青少年、人民警察、大学生和同性恋的刻板印象内容具有一致性外，其他群体均表现出此高彼低的维度差异，基本符合刻板印象内容模型的参

---

❶ 汪新建、柴民权："中国本土心理学：理论导向、核心框架与主要挑战"，载《南开学报（哲学社会科学版）》2014 年第 6 期，第 144～150 页。

❷ 同上。

照群体偏好和外群体贬抑假设，因为混合刻板印象和外群体贬抑两个假设是同时成立的，也就是说，无论外群体的贬抑程度如何，总会伴随混合刻板印象的发生，只有参照群体才有可能出现较高的一致性刻板印象内容。以大学生为样本或者为被试，这是典型的大学生为内群体（参照群体的一种），而 80 后青少年也有可能属于内群体，因为高明华的样本平均年龄为 21.5 岁，可以推测大多数调查对象属于 80 后。至于人民警察的一致性刻板印象内容，从群体的社会形象和地位分析，人民警察极有可能属于参照群体的另一种——社会原型群体，比如西方社会中的中产阶级、白人、基督教徒等，但这仅是一种猜测，尚未得到理论和研究的证实。

从上述本土化研究发现，刻板印象内容模型和偏差地图的简单结构是发挥其应用价值的根本，能力和热情双维结构"此消彼长"的补偿性现象，是群际认知的刻板印象特征，这一结果也说明存在影响模型所预测的社会框架结构稳定性的因素。这些因素的内容和影响机制，正是模型应用性研究和发展的契机。与此同时，群际认知产生的补偿性变化，是将刻板印象内容模型视为群际认知研究方法之一的结果，利用模型的简单结构研究群际认知特征具有可行性。

除了对刻板印象内容的维度结构予以本土化探索之外，各个维度的本土话语表述同样不可忽视。刻板印象内容模型的表现载体是描述和评价群体的形容词，建立过程中沿用刻板印象的经典测量方法——Katz 和 Braly 法的直接测验逻辑，以预设的模型理论假设为基础，最先采取 competent, intelligent, confident, competitive, independent 五个特质词汇测量能力维度，随后调整为 competent, capable, intelligent, efficient, skillful, 以及 confident 和 competent 的简化形式，热情维度最初则首先包括 sincere, good, natured, warm 和 tolerant 四个词汇，然后调整为 warm, good - natured, sincere, friendly, well - intentioned, trustworthy，最终同样以两个词汇 confident 和 competent 进行简化测量。这种词汇数量与内容的多变性，一方面凸显刻板印象内容模型的核心内涵在于热情和能力构建的双维结构模式，另一方面预示多种词汇选择的可能性，并不受制于特定或者固定用语的限制。

研究和测量中国社会群体刻板印象特质的本土话语表述可分为两类。第一类为直接使用，即选取某一版本刻板印象内容模型的量表，采取常用的中英互译方式获得中文版。高明华的本土化研究延续原有模型的词汇表述特点，使用"能力"与"才干"，"热情"与"友好"，"诚实"与"可信"，依次与模型的英文词汇 competent，capable（intelligent），warm，friendly，sincere，trustworthy 呈现基本对应状态❶。第二类则是遵守原有模型的理论假设，以替换或增减策略重新获得符合中国文化特点或日常用语习惯的词汇，比如"光明正大"、"才华出众"、"乐于助人"、"聪慧"等具有本土化语言特点的词语，获得较为匹配的英文单词具有一定难度，反之亦然，毕竟语言浓缩表达着文化和生活的内涵，单纯从语言技术性方面实现意义匹配的难度较大且或多或少存在误差。

　　基于本土话语表述呈现刻板印象内容模型维度特征的必要性问题，是制约第二类修订思路价值的关键点。如果说人类创造着人类社会，人类社会的问题具有普遍性，每个人面对着相似的生活现象，由此产生的认知、情感和行为通过言语进行沟通交流，那么语言的内涵必然具有相似性，只是受制于表达的符号系统载体形式差异，却并不影响意义本身的共通，则没有必要考虑话语体系对测量刻板印象特质的影响。但事实上，中国人与其他国家和地区，尤其是西方世界，使用着不同的语言，生活于相异的文化背景，势必将阻碍文化和社会产物交融于彼此之间。虽然语言同认知的关系一直尚无定论，但语言影响感知觉的假设拥有研究数据的支持，比如语言表述差异对颜色区分的影响❷。以致语言对认知研究的作用不容忽视，不同文化中的生活状态不同，建立并发展相应的语言表达模式或偏好，有可能出现语义相似但内涵有别的现象。

　　刻板印象内容模型遵循传统社会心理学范式建立，言语的作用并非其所关注的核心问题，但不能由此置话语的作用和差异于虚无。话语分析的社会心理学（discoursive social psychology）主张人们的言语实践对社会世界和个体的建构作用，社会关系和社会实践通过影响话语的结构来影响心理事实的建构，使得话语被赋予社会生活中的本体

---

　　❶　高明华："刻板印象内容模型的修正与发展——源于大学生群体样本的调查结果"，载《社会》2010 年第 5 期，第 195～216 页。
　　❷　Kay P.，Kempton W. What Is the Sapir – Whorf Hypothesis? American Anthropologist，1984，86（1）：65 – 79.

论意义，话语实践便是社会生活和人际交往的实质❶，言语应被视为解读个体与社会的重要工具。这一范式对刻板印象内容模型的本土化启示，恰恰就在于通过获得符合中国文化和社会生活中对热情和能力的语言表达，才能合理运用这些话语准确测量群体的刻板印象特质，验证并发挥刻板印象内容模型的理论价值。

中国特有的文化传统和社会环境对群体刻板印象特质的影响，便可以从语言表达中进行剖析，纵使群体刻板印象特质的描述以集中于热情和能力两个维度为目的，探究群际认知的共同性以及多种日常用语的主旨内涵，也不能忽视语言表现的多样化与独特性。一直以来，引领刻板印象研究的普林斯顿大学始终采用 Katz－Braly 法，以未预设理论基础为前提，用形容词描述不同群体的刻板印象❷，使群体本身及其所处的外在环境均得以全面地自然呈现。所以，发展刻板印象内容模型的本土化话语，可以从搜集描述社会群体特质的日常用语着手，以列举词汇的方式建立评价群体刻板印象的语词库，最后通过特定的逻辑或方法筛选测量热情和能力维度的词语，比如，使用频率高的词语被大多数人恰当理解其含义的可能性偏高，或者可用其描述的特质普遍存于多个群体之中；意义丰富的词语具有总结概括复杂现象的优势且使用范围广，反之，意义单一的词语则能恰当聚焦于现象的某一特征。经过词汇搜集与筛选的过程，只有建立适用于中国情境与语境的刻板印象内容模型载体，才有助于提升对中国群体的测量效度。

但是，群体归类和模型验证方面的研究，恐怕是刻板印象内容本土化的初始阶段，因为刻板印象内容模型应用于单一群体的研究早在模型验证阶段就有所体现，以描述社会弱势群体、边缘群体为主要对象。比如，西方社会的种族群体，父权社会的女性群体，偏离社会主流健康评价体系或性取向的精神疾病群体、同性恋群体，都是易受到偏见、歧视和难以拥有话语权的群体。那么，刻板印象内容模型能否应用于我国特有文化背景下的某一群体，也应成为本土化研究的一个方面，因为前述研究已经提到文化对刻板印象内容模型的影响不容忽视。

---

❶ 乐国安：《社会心理学理论新编》，天津人民出版社 2009 年版。

❷ 佐斌、张阳阳、赵菊、王娟："刻板印象内容模型：理论假设及研究"，载《心理科学进展》2006 年第 1 期，第 138～145 页。

所以，本土化研究可以结合社会现状研究群体特征，比如，在我国现阶段的社会生活中，城市外来务工人员（农民工）的境遇一般使其被归入弱势群体范畴。改革开放 30 余年带来的经济迅猛发展，大量农村人口纷纷涌入城镇，成为我国经济、社会各领域发生的最重要的变化之一。庞大的人口流动引发人们生活方式和价值观念随之改变，加之人们目前过于追求快速的生活模式，而极易陷入刻板印象的影响之中，总是期望耗费有限的认知资源与社会资源以获得最大程度的信息回馈，从而有效地指导自身的心理活动与行为。利用刻板印象内容模型和偏差地图研究城市外来务工人员❶及其与城市居民的互动特征，遵循模型应用的一贯风格，可以打开从实践中剖析模型和通过模型描述现实的双赢局面。另外，本土化研究也可以某一中国群体为样本，从应用性视角探究群体互动的认知规律，比如，接下来即将阐述的补偿性刻板印象，这在刻板印象内容模型的混合刻板印象假设中已经有所体现，但群体是否仅限于这一种认知特征，刻板印象内容模型又能以怎样的方式阐释中国群体的互动规律，这些都是本土化研究的新方向。

三、补偿性刻板印象

补偿，抵消损毁之意，指通过弥补的手段，恢复原貌或实现平衡。社会心理学家一直致力于的社会认知和社会判断研究中，同样存在补偿现象，如本书前述刻板印象内容模型中指出能力和热情两个维度"此消彼长"的补偿（compensation）特点，以及简要梳理系统公正理论时提到的互补性（complementary）刻板印象。对此，本书统称为补偿性刻板印象。

综观这些补偿性刻板印象的研究，主要具有三个特征。首先表现为静止的横断性研究，横断性研究是在某一特定时间点对一定范围内的人群，以个人为单位收集和描述人群的特征及相关信息，这是大多数研究常用的方法，而所谓"静止"的意思是指，研究前提已经假定在任何时间点向同一人群收集信息的结果保持不变，所以刻板印象的补偿性主要表现为不同维度、不同内容之间的横向比较，男性在能力、

---

❶ 同"农民工"、"城市移民"等含义相同，均是描述在城市谋求工作的农民群体。本书在部分章节会使用"农民工"或者"城市移民"等名词。

自信、独立、成功方面优于女性，女性则在温暖、友善和依赖方面超越男性❶❷❸；同为女性，职业女性胜过传统女性的能力评价同时，却在热情方面稍逊一筹❹，这是一种"非高即低"的绝对性补偿比较，至于"高与低的幅度"、"升高与降低的趋势"这些具有相对意义的比较结果尚未提及。

其次，补偿性刻板印象是群体比较的结果，比如，男性与女性、穷人与富人、职业女性和传统女性、群体成员与外群体成员、老年人和年轻人、黑人和白人。Judd 等人将刻板印象的认知对象设定为单一群体时，被试对能力和热情维度的评价出现趋同现象，即描述认知对象为高热情，能力一般也获得高评价，这是晕轮效应的典型表现，与补偿现象截然相反的结果说明了比较的重要性，毕竟社会比较是社会认同理论的重要内容，而系统公正理论以群体差异合理化视角解释低地位群体的冲突和矛盾，已然默许了群体比较的前提❺。

最后，补偿性刻板印象的主要载体为热情和能力。以 Yzerbyt，Kervyn 和 Judd 三人为核心的一系列研究是以刻板印象内容模型为理论基础，发现热情和能力的互补规律。即使 Kay 和 Jost 利用多个补偿性刻板印象证明系统公正理论❻❼时，并未强调热情和能力维度，性别刻板印象的能力、自信、独立、成功和温暖、友善两类划分，与刻板印

❶ Deaux K. Lewis, L. L. Components of Gender Stereotypes. Psychological Documents 1983, 13：25.

❷ Eagly A. H. , Steffen V. J. Gender Stereotypes Stem from the Distribution of Women and Men into Social Roles. Journal of Personality and Social Psychology, 1984, 46（4）：735.

❸ Langford T. , MacKinnon N. J. The Affective Bases for the Gendering of Traits：Comparing the United States and Canada. Social Psychology Quarterly. 2000.

❹ Cuddy A. J. , Fiske S. T. , Glick P. When Professionals Become Mothers, Warmth Doesn't Cut the Ice. Journal of Social Issues, 2004, 60（4）：701 – 718.

❺ Judd C. M. , James – Hawkins L, Yzerbyt V. , Kashima Y. Fundamental Dimensions of Social Judgment：Understanding the Relations between Judgments of Competence and Warmth. Journal of Personality and Social Psychology, 2005, 89（6）：899 – 913.

❻ Kay A. C. , Jost J. T. Complementary Justice：Effects of "Poor but Happy" and "Poor but Honest" Stereotype Exemplars on System Justification and Implicit Activation of the Justice Motive. Journal of Personality and Social Psychology, 2003, 85（5）：823.

❼ Jost J. T. , Kay A. C. Exposure to Benevolent Sexism and Complementary Gender Stereotypes：Consequences for Specific and Diffuse Forms of System Justification. Journal of Personality and Social Psychology, 2005, 88（3）：498.

象内容的这两个维度内涵不谋而合，讨论地位刻板印象时比较穷人和富人两个群体，财富是他们之间最大的差异，是社会资源占有的表征形式之一，在刻板印象内容模型中社会资源预测能力，所以财富和能力之间并非绝对没有关联。Holoien 和 Fiske 发现热情和能力两个维度不会与健康、政治兴趣发生补偿[1]，Kay 和 Jost 验证财富与快乐痛苦的情绪、诚实虚伪的信用又具有互补性[2]，所以，刻板印象的补偿性研究不仅仅局限于热情和能力，但也不能盲目地拓展维度。目前来看，认知、情绪和行为三个因素具有系统性、功能性和预测性，情绪比行为更能有效地预测刻板印象，三者之间存在建立互补关系的基础，而诚实虚伪的印象作为刻板印象内容模型中热情的内涵，亦是对两个维度重要性的佐证。

四、本研究拟探讨的问题

在 21 世纪的刻板印象研究领域，刻板印象内容模型备受瞩目，以 Fiske 团队为研究主体，普林斯顿大学再次证明其领跑刻板印象研究的前沿实力。我国心理学者佐斌教授带领团队成员，于 2006 年首次对刻板印象内容模型进行的介绍，开启了国内学者的关注（比如，温芳芳，佐斌[3]；任娜，佐斌，侯飞翔，汪国驹[4]；张庆，王美芳[5]；张庆[6]；包蕾萍[7]），研究普遍以热情和能力表征刻板印象为基础，一方

---

[1] Holoien D. S., Fiske S. T. Downplaying Positive Impressions: Compensation between Warmth and Competence in Impression Management. Journal of Experimental Social Psychology, 2013, 49 (1): 33 – 41.

[2] Kay A. C., Jost J. T. Complementary Justice: Effects of "Poor but Happy" and "Poor but Honest" Stereotype Exemplars on System Justification and Implicit Activation of the Justice Motive. Journal of Personality and Social Psychology, 2003, 85 (5): 823.

[3] 温芳芳、佐斌："无偏见目标对内隐与外显相貌偏见的调节效应——基于 IAT 与 AMP 的测量"，载《中国特殊教育》2013 年第 1 期，第 73 ~ 78 页。

[4] 任娜、佐斌、侯飞翔、汪国驹："情境效应或自动化加工：大学生对老年人的内隐态度"，载《心理学报》2012 年第 6 期，第 777 ~ 788 页。

[5] 张庆、王美芳："社会判断内容的基本维度研究"，载《心理科学》2011 年第 4 期，第 899 ~ 904 页。

[6] 张庆："特质推理中的内容效应及性别刻板印象的影响"，山东师范大学 2012 年博士学位论文。

[7] 包蕾萍："中国独生子女刻板印象：结构，来源和后果"，华东师范大学 2010 年博士学位论文。

面以实现描述特定群体、特定情境下群际刻板印象互动特征或规律为研究目的，另一方面以刻板印象内容模型为研究工具。所以，本研究借鉴我国学者引用刻板印象内容模型的上述方式，围绕道德和社交性两者同热情的关系，要么两者与能力之间的关系，要么热情与能力之间的关系以及维度间此消彼长的问题，结合我国当前特有的社会环境，探究群际互动过程中社会认知的变化规律，以期从刻板印象视角在个体调整认知的策略方面有所收获。

综上所述，本书拟实现如下研究目的。

第一，在验证我国典型社会群体的刻板印象内容模型及偏差地图之后，以我国特有的社会群体（农民工及其子女）为认知评价对象，从刻板印象内容模型和偏差地图的关联性角度，评估刻板印象内容模型的完善程度，尤其是验证道德与刻板印象内容模型固有的维度均会影响中国社会群体的框架结构的划分。

第二，提出并验证道德维度与刻板印象内容模型固有维度的关系，对于中国社会群体，道德是不可或缺的刻板印象内容，以此完善刻板印象内容模型。

第三，探究刻板印象内容的补偿机制，主要验证如下的三种补偿现象假设：

（1）维度补偿，即维度间"此消彼长"的变化，当内群体某一刻板印象内容维度处于劣势时，其他维度出现感知评价上升的反应，是探讨社会认知基于比较的一种绝对性变化趋势。

（2）共识补偿，指内群体与外群体产生一致性的刻板印象内容劣势评价时，从程度差异上，内群体的自我认知评价高于外群体对其的评价，这是探讨社会比较过程中，社会认知的相对性差异。

（3）时间补偿，指群体面对社会互动中的劣势刻板印象时，可能激活自身过去更加劣势的认知，从而以自身已经获得发展和提升的角度接受当前的情形。这是将横向的社会比较转换为纵向的时间比较，用发展视角分析社会互动过程中的认知变化。

第三节　研究设计

研究基于刻板印象内容模型，以中国社会为背景，分析中国内地的群体特征，并结合社会现实探讨群体的刻板印象认知特征及作用，其实，始终围绕刻板印象内容的维度问题而展开，通过设置实验情境控制影响因素，或者直接"询问"被试的反应，或者测量被试反应的连锁效应，建立简单的刺激—反应模式，从中获得刻板印象内容维度的变化规律，进而推断群体的社会认知。

一、研究方法

研究方法主要包括测量刻板印象内容的方法和如何设置情境启动刻板印象。对于前者，问卷法是由被试直接表征所思所想的最常用方法，被广泛用于心理学领域；对于后者，将尝试采用系列再生法这种探讨刻板印象的新思路。对于所使用的这两种方法，乃至心理学研究所用到的各类方法中，被试的抽样方案和样本数量的控制一直是无法回避且备受争议的环节。任何科学研究都要求样本对其所属总体的代表性，普遍从抽样方案的概率性和数量的丰富性两个环节避免不可控因素所产生的干扰。但是，近年来心理学的国内外研究多采取偶遇抽样以及百人左右的样本量，均难以达到有效控制研究内容以外的干扰变量影响。对此，可以从心理学的研究对象和研究假设两个方面的特征予以理解。心理学的研究对象是人，尽管人与人之间具有一定的共性，但每个人都是不同于其他人的特殊个体，无论通过何种抽样方法以及多少样本数量的控制，都难以彻底做到排除干扰变量的影响，加之现有研究工具的局限性，人类目前对于人的认识仍有许多不足，即人的复杂程度尚未完全清晰化，以至于确定影响某个心理学研究的特定干扰变量及其效果实属不易之事，便难以强求对干扰变量的有效排除。另外，心理学的研究假设是关于人具有某种心理现象的命题，即使精确到特定人群，也是强调某种心理现象的存在，若通过该类人群的部分样本便能得以证实，已经是对研究者所提假设的肯定，也就是说，命题是可以成立的，一旦该命题在其他样本的研究中无法得到验证，在质疑已有研究的不科学性同时，也必须考虑人与人之间难以实现完全相同以及时间、空间等因素对人的影响，这也恰好是以人为研究对象的学科所不得不面临的共同困境。

（一）问卷法

问卷法是测量人的行为、态度等心理现象和活动的最基本、也是最常用的一种方法。快速有效、标准严格统一的优点为研究后期的数据整理分析和逻辑推理提供了行之有效的前期准备，因此备受心理学工作者的青睐与广泛使用，尤其是在社会心理学领域的研究中，除了像心理学一样运用观察法和实验法之外，档案研究、问卷调查和现场研究等方法❶的使用也屡见不鲜，为了了解个人心理活动产生或发展所依赖的社会因素和条件，大量的问卷调查总是作为重要的研究手段。

与此同时，问卷法缺乏对被试理解调查内容程度的控制、无法避免社会赞许性以及自我防卫干扰被试，这些局限也一直成为质疑其难以反应个体真实心理活动的命门，即使通过严格而详细的问卷设置并借助其他方法，可以确保被试不会因个体的智力、理解和经验等因素干扰施测结果，但一而再、再而三的通过问卷指导语或者实验员亲口保证问卷数据的保密性，也难以放松社会赞许性、自我防卫等因素对被试的控制。其实，对待问卷法的这一缺陷，不妨转换一下理解视角。要知道，社会赞许性、自我防卫等因素对掩饰个体真实心理活动和行为的干扰作用，并不仅仅发生在回答问卷预设的问题中，而是时时刻刻伴随一个人的左右，甚至可以说它们是一个人所具有的社会属性，是一个社会人的组成部分，可能也是个体社会化的一种必然结果。

当问卷调查某种社会因素和条件对个体的影响时，个体回答问题的结果，属于其一种主观反应，令问卷调查得以摆脱实验者主观判断的禁锢后，终究难以实现绝对的客观化。然而，恰恰就是个体这种受社会赞许性、自我防卫与保护等影响的主观反应，或许当相应的真实社会环境或条件发生时，个体的心理活动和行为表现就是如此，因为上述这些干扰因素并未消失。也许研究心理学现象，尤其是社会心理学的问题时，尽善尽美地剥离出干扰因素以获得纯粹的自变量与因变量关系，未必具有良好的外部推广效度，毕竟现实的社会环境里，各种因素不会自行保持彼此间的距离，而是错综复杂地纠缠在一起。基于此，本研究决定选择问卷法为从始至终的测量方法。

刻板印象内容模型从提出到应用，主要以 Likert 问卷形式测量个

---

❶ 乐国安：《社会心理学（修订版）》，中国人民大学出版社 2011 年版。

体的热情和能力，本研究首先对 Fiske 等人编写的刻板印象内容模型和偏差地图问卷进行英文—中文—英文回译，获得该问卷的中国版本，调查中国被试对本土社会群体的刻板印象，证明刻板印象内容模型具有跨文化的稳定性。随后，为了验证道德内涵是属于热情维度还是与热情和能力三足鼎立，参照 Katz 和 Braly 调查大学生对不同民族和国家的刻板印象范式❶，现在也将其称为 Katz 和 Braly 法，该方法的一个重要特点就是识别不同群体的相同刻板印象特征，已经成为众多刻板印象研究方法的原型。

　　Katz 和 Braly 法的特征是提供一定数量描述刻板印象的词汇，供被试进行选择，对此，本研究通过查阅现有文献，以二手资料的形式获得已有研究描述不同群体刻板印象的词汇，集结成词汇库，通过 Likert 量表法测量被试对所有词汇的使用程度，将高频词汇用于刻板印象内容维度的探索性因子分析和验证性因子分析的问卷条目，最终形成修订的刻板印象内容问卷。研究的后半部分主要使用修订后的问卷，测量不同情境下被试的刻板印象内容评价结果，提供数据进行分析以验证研究假设。

（二）系列再生法

　　系列再生法最早起源于 20 世纪 30 年代。1932 年 Bartlett 发表了《记忆：实验社会心理学的一项研究》（*Remembering：A Study in Experimental and Social Psychology*），其中，他指出了记忆研究的系列再生方法，该方法旨在揭示一连串的信息建构和传播过程中的信息改变，强调人类生活中的信息意义对记忆的存储、编码和提取等环节的影响。人类的互动过程包含了各种信息的相互传递，Bartlett 从群体动力角度分析了个体记忆，他认为一般人都用一套故事（narration 或者 story）的图式来帮助记忆，故事图式（story scheme）是代表一些典型故事结构的内在表征（internalrepresentation）。在早期的系列再生研究中，Bartlett 使用的材料是故事和图画，他选取了三类学习材料：民间故事、描述性散文段落和图画❷。研究包括两种方法，重复再生（repeat-

---

❶　Katz D. , Braly K. W. Racial Prejudice and Racial Stereotypes. The Journal of Abnormal and Social Psychology, 1935, 30（2）: 175.

❷　Bartlett F. A. Remembering: A Study in Experimental and Social Psychology. Cambridge: Cambridge University Press, 1932.

ed reproduction）和系列再生（serial reproduction）。前者是让同一个被试在不同的延时条件下对学习材料做多次回忆，将回忆内容与原始材料进行比较，用以测量被试记忆不断衰退和变化的情形；后者是邀请系列再生链上的被试 a 阅读或听一份材料，然后让其去回忆，由此产生的回忆内容再制作成实验材料交予被试 b 阅读，余下被试一一复制该方法，就得到一条记忆链（memory chain）。这样，研究者就可以在信息传递的过程中，发现信息在被试间传播的过程中如何变形，进而去发现在这些信息变形背后的意义和规律中所揭示的问题。Koriat 和 Goldsmith 曾强调，研究者应该关注记忆报告中记忆提取以及遗忘和真实事件之间的丧失关系，即强调遗忘是对真实性的偏离，要关注这种偏离背后的意义，比如记忆歪曲现象中的简化、结合以及增减细节等❶。Schacter 和 Addis 强调，记忆的建构性反映了记忆的适应性功能，意味着过去信息表征的灵活性，这确保了过去信息可以随意地被提取和组合，记忆歪曲和错误记忆等都是记忆建构性的副产品❷。

系列再生法的施测步骤是将实验材料给予被试 a 阅读，然后经过一段时间后让被试 a 进行材料回忆，之后将被试 a 回忆的材料作为被试 b 的阅读材料，具体方法与被试 a 相同❸。即首位被试阅读实验所提供的材料，第二位被试阅读前一位被试所回忆的材料，然后依次类推，这样以被试 a→被试 b→被试 c→被试 d→被试 e……依次进行下去❹（见图 1.3）。随着链条的传递，材料开始出现改变，也开始显现不同的偏差。一条系列再生链一般包括 2 ~ 3 人以上，10 人以下，一般以 4 ~ 5 人为多。❺

---

❶ Koriat A. , Goldsmith M. Memory Metaphors and the Real – life/Laboratory Controversy: Correspondence versus Storehouse Conceptions of Memory. Behavioral and Brain Sciences, 1996, 19 (2): 167 – 188.

❷ Schacter D. L. , Addis D. R. Constructive Memory: The Ghosts of Past and Future. Nature, 2007, 445 (7123): 27 – 37.

❸ Mesoudi A. Using the Methods of Experimental Social Psychology to Study Cultural Evolution. Journal of Social, Evolutionary, and Cultural Psychology, 2007, 1 (2): 35 – 38.

❹ 管健、程婕婷："系列再生法：探讨刻板印象的新思路"，载《心理科学进展》2010 年第 9 期，第 1511 ~ 1518 页。

❺ Kashima Y. , Yeung V. W. L. Serial Reproduction: An Experimental Simulation of Cultural Dynamics. 心理学报, 2010, 42 (1): 56 – 71.

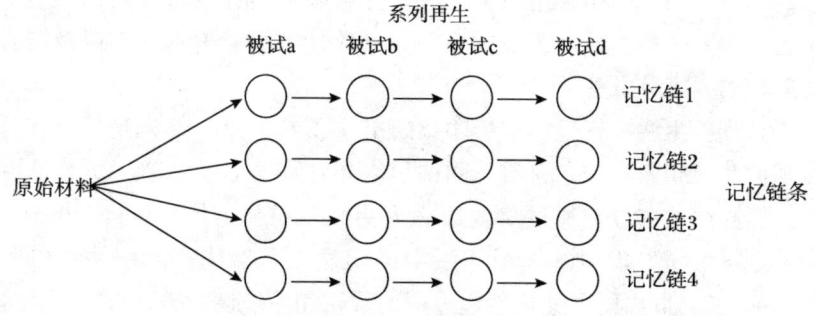

图 1.3　系列再生法的实验过程图 （Mesoudi，2007：39）

　　在系列再生的过程中会发生特征变形，这种变形被称为"习俗化表征变形"（transformation to conventional representations），即人们在系列再生中出现的记忆变化趋势分为精细加工（elaboration）、简单化（simplification）、命名（naming）和分离细节的保存（preservation of detached detail）。事实上，每个人的学习和记忆都是根据我们过去经验中形成的信息分类方式而进行的。当图式和记忆冲突的时候，人们便会歪曲记忆，使之更符合我们头脑中的原有观念和原有图式。当然，Bartlett 早期的研究也具有很大缺陷性，如大部分材料并非是有意义的材料以及日常生活情境中的材料，亦没有涵盖记忆材料的文化背景因素等，这些在新近的研究中都有所弥补。事实上记忆连续再生法的最大贡献就在于，研究对象不再局限于单一个体，而是将记忆置于动态的信息传递过程中，通过社会群体成员的共同表现，推断个体记忆的情况，为记忆的研究指明了新方向，同时新近的刻板印象研究中也凸显了其方法的优化性。

　　系列再生法中的数据处理一般包括定量和定性研究两种方法。其中定量的研究方式是采用录音记录上一个被试的回答过程，然后作为下一个被试的试验材料，并使用利克特量表让每一个被试对个体或群体的刻板印象予以评价，并采用因素分析和方差分析探求其与其他变量之间的关系。其中试验材料中的刻板印象一致性信息和非一致性信息由未参与设计的成员负责，进行刻板印象一致性与非一致性信息的编码、识别和筛选过程。定性的研究方法是让首名被试阅读原始材料，其余被试阅读前一被试的材料，然后完成干扰性任务（如利用字母组合单词、绘画任务或者记忆干扰任务等），之后请被试描述刚才所阅读的内容。被试描述采用录音方法，并请多个实验人员采用德尔斐技术进行内容分析，如一致性信息与非一致性信息的辨别工作以及与原文差异的内容分析等。❶

系列再生法在新近的刻板印象研究中不断推进，首先是信息传递体现的刻板印象，一名衣着华丽的黑人男性和一名手拿剃刀的白人男性，经被试的信息传递后演变成黑人男性手握剃刀❷，Haque 和 Sabir 用系列再生链发现巴基斯坦人眼中的印度人是懒惰和无纪律性的❸。Mesoudi 及其同事研究文化传递过程的累积和系统性偏差，证明刻板印象在传递过程中显现❹❺❻。其次，Kashima 将表达刻板印象信息语句定量归类为一致性（stereotype - consistent，SC）和非一致性（stereo-type - inconsistent，SI），信息传递链条末端出现 SC 信息高于 SI 信息的现象，在一定程度上证明刻板印象作为一种社会认知的稳定性❼，而这种一致性信息被保持的偏差在许多传递刻板印象的系列再生研究中均有所体现。最后，利用系列再生法从交流、沟通和共享视角模拟人际沟通，证明人们倾向于保持而非改变自己的刻板印象，个体传递的刻板印象信息会受到刻板印象社会共享性的影响。

系列再生法突破单一的个体认知实验，将信息传递的社会互动环节引入实验室研究，可以兼顾社会和个体两类刻板印象及彼此之间的相互作用。实验材料将刻板印象融入具体行为或事件，比常用的形容词更贴近刻板印象情境。对被试回忆所再现的内容进行量化与质性分析的双重处理途径，这无疑提升了系列再生法的应用灵活性。只是，

---

❶ 管健、程婕婷："系列再生法：探讨刻板印象的新思路"，载《心理科学进展》2010 年第 9 期，第 1511～1518 页。

❷ Allport G. W., Postman L. The Psychology of Rumor. Oxford：Henry Holt. 1947.

❸ Haque A., Sabir M. The Image of the Indian Army and Its Effects on Social Remembering. Pakistan Journal of Psychology，1975，(8)：55 - 61.

❹ Mesoudi A. Using the Methods of Experimental Social Psychology to Study Cultural Evolution. Journal of Social，Evolutionary，and Cultural Psychology，2007，1 (2)：35 - 38.

❺ Mesoudi A, Whiten A. The Multiple Roles of Cultural Transmission Experiments in Understanding Human Cultural Evolution. Philosophical Transactions of the Royal Society B：Biological Sciences，2008，363 (1509)：3489 - 3501.

❻ Mesoudi A., Whiten A., Dunbar R. A Bias for Social Information in Human Cultural Transmission. British Journal of Psychology，2006，97 (3)：405 - 423.

❼ Kashima Y. Maintaining Cultural Stereotypes in the Serial Reproduction of Narratives. Personality and Social Psychology Bulletin，2000，26 (5)：594 - 604.

系列再生记忆链条的个数有限，虚拟故事和真实故事材料对信息传递的不同影响，过分依赖于个体自我报告的记忆结果，难以模拟现实生活的多种交流模式等问题，需要系列再生法形成系统化和正式化分析模式及不断完善的过程中一一解决。

系列再生法在本研究的应用主要集中于探讨刻板印象内容维度的补偿现象，根据研究前半部分对刻板印象内容维度的分析结果，围绕各个维度的内涵编写关于大学生的虚拟故事材料，当然，这将根据研究假设编写不同侧重点或内容的信息，随后按照系列再生法的施测步骤完成故事材料的传递过程，处在每一个系列再生位置的被试还要完成相关的问卷测量，最终将四个系列再生位置的信息记忆情况与问卷结果分别进行纵向分析，得出虚拟故事材料所预设的情境下，被试所表现出怎样的刻板印象变化规律。

二、研究框架

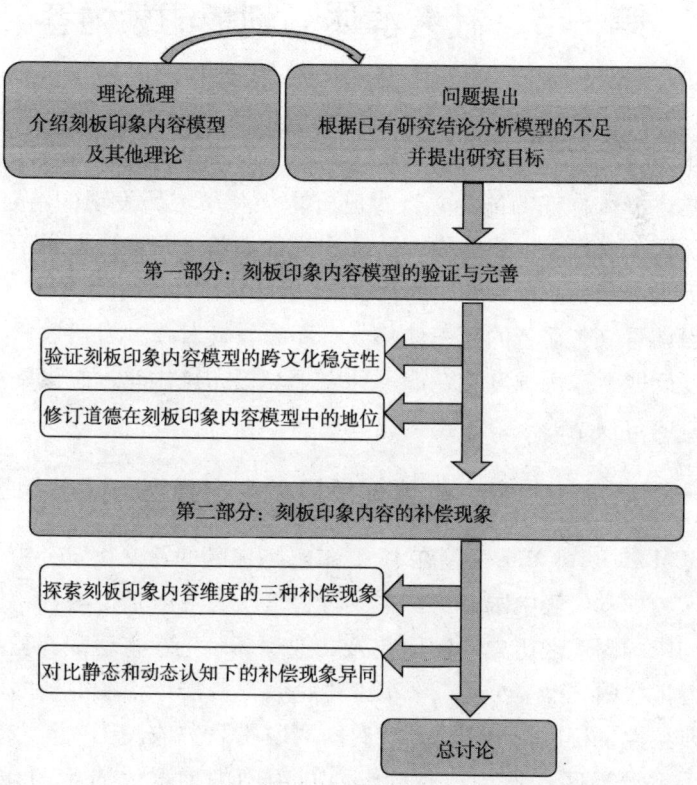

第二章　社会群体刻板印象内容的维度完善

本章在高明华研究的基础上，通过刻板印象内容模型应用于特定群体的研究方式，明确刻板印象、群际情绪和行为反应的特征。并主要针对已有本土化研究提出道德作用的启示，试图从道德维度着手探讨其对于刻板印象内容的意义与作用，由此，进一步完善刻板印象内容模型。

第一节　社会群体的刻板印象内容模型与偏差地图

本节拟从刻板印象内容和偏差地图的关联角度验证刻板印象内容模型描述群体特征的能力，针对已有本土化研究所发现的特定现象，有必要再次进行本土化的模型验证，或许是单一研究过程中不可控的干扰因素影响，亦或许问题的源头来自于刻板印象内容模型的不完善。而从目前看来，后者的可能性略大。那么，针对模型日益被质疑的道德维度问题，道德维度究竟能否独立于刻板印象内容，应该是完善刻板印象内容模型的一个主要突破口。

一、研究一：社会群体刻板印象内容模型与偏差地图

SCM 和 BIAS Map 模型在 17 个国家与地区的跨文化研究中，以香港地区为样本代表中国，这虽在某种程度上具有一定说明性，但毕竟香港与中国内地因历史问题而在人文地理环境上存在着些许差异，比如香港地区的"教会成员""菲律宾雇佣"等群体，在中国内陆并不具有典型性，相反，中国内地特有的"农民"、"农民工"等群体未曾出现于香港地区样本中。对此，展开中国内地群体的 SCM 和 BIAS

Map 内容研究，进而评估该模型及相关问卷在中国样本上的效度和信度。

首先运用开放式问卷的方法进行焦点小组讨论，重复高明华❶采用重新搜集中国典型社会群体的方法，以检验刻板印象内容模型的跨文化稳定性探讨中国内地典型的群体划分和类别，通过筛取核心群体，为形成 SCM 和 BIAS Map 问卷中国化做群体分类准备。被试总共有 125 名全日制学生，他们来自教育部直属某重点大学，其中 86 人为本科生，39 人为硕士研究生；67 人为男性，56 人为女性（2 人未填写性别）；样本平均年龄 23.41 岁（标准差 = 3.011）。被试之前未经过任何相关刻板印象的调查和研究工作。

在研究过程中，首先给出群体的定义，被试根据他们的经验和观察回答以下问题：社会生活中，人们会根据不同的标准分类各个群体，你认为人们会依据不同的标准将社会上的人群分成哪些典型的类别，请举出 10 - 20 个不同的群体。被试被要求采用 Fiske 等人❷和 Cuddy 等人❸的方法完成开放式问卷的填写工作。大部分被试耗时 10 分钟完成该问卷。

研究结果显示，125 名被试共列出了 52 个群体，选出频率较高的 32 个群体为农民（68.3%）、农民工（65.2%）、男人（59.1%）、女人（58.2%）、教师（56.3%）、老人（55.3%）、白领（54.9%）、公务员（52.1%）、知识分子（50.3%）、企业家（49.8%）、城市人（46.3%）、蓝领（45.1%）、商人（41.3%）、南方人（40.9%）、北方人（39.4%）、富人（36.8%）、穷人（37%）、大学生（35.6%）、科学家（35.8%）、残疾人（33.8%）、个体工商业者（30.9%）、海归（30.1%）、私营企业主（24.8%）、领导干部（23.6%）、无业游民（22.3%）、低保人员（19.7%）、演艺明星（19.1%）、体育明星（18.9%）、乞丐（16.7%）、下岗人员（15.6%）、常驻中国的外国人

---

❶　高明华："刻板印象内容模型的修正与发展——源于大学生群体样本的调查结果"，载《社会》2010 年第 5 期，第 195 ~ 216。

❷　Fiske S. T., Cuddy A. J. C., Glick P. S, Xu J. A model of (often mixed) Stereotype Content: Competence and Warmth Rrespectively follow from Perceived Status and Competition. Journal of Personality and Social psychology, 2002, 82: 878 – 902.

❸　Cuddy A. J. C., Fiske S. T., Glick P. The BIAS Map: Behaviors from Intergroup Affect and Stereotypes. Journal of Personality and Social Psychology, 2007, 92: 631 – 648.

（13.5%）和罪犯（12.1%）。这一结果同高明华[1]所获得的中国群体虽然略有差异，但整体来看可谓大致相同，比如，老年人、农民工、富人、知识分子、个体户（个体工商业者、私营企业主）、大学生、失业人员（无业游民、下岗人员）、明星艺人（演艺明星）、残疾人、企业白领（白领）、政府官员（领导干部）。

在此基础上，编制 SCM 的中国化问卷，并针对全球 17 个国家和地区的验证结果加以分析、验证和中国内地的测量工作。再以全日制大学生为样本、收集数据、通过聚类分析（cluster analysis）进行筛选和确认，并考察量表的一致性信度（internal reliability）。

该项调查选取了教育部直属重点大学的 103 名全日制本科生，其中，59 人为男性，44 人为女性；样本平均年龄 22.13 岁（标准差 = 2.651）。被试既包括人文社会科学类，也包括理科、工科和商科学生。被试之前均未参与过任何相关刻板印象研究的课题和研究工作。

首先进行问卷编制。根据焦点小组讨论和开放式问卷所总结出的 32 个群体类别，以 Fiske 等[2]和 Cuddy 等[3]问卷为蓝本，将英文翻译成中文，再回译成英文，通过英文版的前后对比，获得 SCM 中国化问卷。随后，采用从 1 代表"非常不同意"到 5 代表"非常同意"的 Likert 五点量表来直接测量被试的刻板印象。问卷包括四个项目，分别为刻板印象特质（描述能力词汇"有能力的"和"有才能的"；描述热情词汇"待人热情的"和"友好亲和"；描述道德词汇"诚实正直"和"值得信赖"）；情绪唤醒测量（轻视、反感、赞赏、敬佩、可怜、同情、嫉妒、妒忌）；行为反应测量（保护、帮助、攻击、欺负、密切交往、合作、排斥、贬低）和群体特征测量（经济收入、社会声望、资源占有、权力占有、竞争性），其中，将高明华所定义的道德直接独立，用社交性与能力维度一起，回归刻板印象内容模型的原始

❶ 高明华："刻板印象内容模型的修正与发展——源于大学生群体样本的调查结果"，载《社会》2010 年第 5 期，第 195~216 页。

❷ Fiske S. T., Cuddy A. J. C., Glick P. S., Xu J. A Model of (often mixed) Stereotype Content: Competence and Warmth Respectively follow from Perceived Status and Competition. Journal of Personality and Social psychology, 2002, 82: 878 - 902.

❸ Cuddy A. J. C, Fiske S. T., Glick P. The BIAS Map: Behaviors from Intergroup Affect and Stereotypes. Journal of Personality and Social Psychology, 2007, 92: 631 - 648.

维度结构，但用"有能力的"和"有才能的"，"待人热情的"和"友好亲和的"，"诚实正直的"和"值得信赖的"分别描述能力、热情、道德三个特质，亦是相似的修订模式。评价指导语强调"请注意，这里我们关注的不是您个人观点和想法，而是在您看来身边大多数人的看法"。

调查环节结束后，使用 SPSS13.0 对问卷收集到的数据进行探索性因子分析，运用主成分分析方法和斜交旋转方法抽取因子，采用特征值大于 1，因子载荷不低于 0.40 等标准删除项目。随后，对 32 个中国人群体进行聚类分析，采用系统聚类（hierarchical cluster analyses）方法中的最远邻法，无需经过数据的标准化处理而可以直接得出结果。

在进行结果分析的过程中，最先检验了问卷的信度与效度。我们对问卷中 18 个群体的刻板印象、情绪唤醒、行为反应和群体特征进行主成分因素结构分析，选取特征值大于 1 的因子并经斜交旋转获得相应的因子结构，分别以热情与能力，歧视、钦佩、同情与嫉妒，主动助长、主动伤害、被动助长和被动伤害，社会地位和竞争性表示。表 2.1 显示了农民工群体的主成分分析结果，因子对相应问卷部分的总体解释率依次为 89.99%、88.04%、85.45%、79.94%。群体特征的因素分析中，资源占有在社会地位和竞争性上有相近的因子载荷，这与现实生活经验相符，故保留资源占有项目。虽然情绪唤醒中钦佩因子的 Cronbach's alpha 仅为 0.421，但其余因子的 Cronbach's alpha 均在 0.7 以上，问卷仍然具有较好的内部一致性信度。

表 2.1　问卷的主成分因素结构分析（以农民工为例）

a　刻板印象

项目	能力	热情
有能力的	0.913	0.143
有才能的	0.925	0.064
待人热情的	0.172	0.955
友好亲和的	0.048	0.970
Cronbach's	0.828	0.934

b 群体特征

项目	社会地位	竞争性
权利占有	0.860	0.253
社会声望	0.841	0.280
经济收入	0.219	0.929
资源占有	0.540	0.637
Cronbach's	0.792	0.706

c 情绪唤醒

项目	歧视	钦佩	同情	嫉妒
轻视	0.942	− 0.049	0.156	− 0.074
反感	0.957	− 0.006	0.036	− 0.010
赞赏	0.140	0.854	− 0.101	− 0.013
敬佩	− 0.226	0.742	0.175	0.141
可怜	0.121	0.064	0.946	− 0.038
同情	0.063	− 0.009	0.951	0.153
嫉妒	− 0.040	0.070	0.045	0.983
妒忌	− 0.046	0.055	0.065	0.983
Cronbach's	0.919	0.421	0.913	0.977

d 行为反应

项目	主动助长	主动伤害	被动助长	被动伤害
保护	0.937	− 0.091	0.184	− 0.055
帮助	0.942	− 0.125	0.034	− 0.137
攻击	− 0.224	0.828	− 0.001	0.267
欺负	− 0.017	0.854	− 0.150	0.271
密切交往	0.072	− 0.076	0.830	− 0.282
合作	0.127	− 0.066	0.894	0.003
排斥	− 0.146	0.301	− 0.169	0.869
贬低	− 0.070	0.272	− 0.114	0.878
Cronbach's	0.911	0.751	0.717	0.869

随后，采用 hierarchical cluster analyses 对 32 个群体的能力、热情

评价进行聚类分析,选择最远邻法为聚类方法,对中国内地刻板印象内容模型结构进行了探索。因为此次研究的数据单位一致,所以数据标准化处理与否不会影响到对象间距离的比较。聚类分析结果见表 2.2。

表 2.2　32 个群体的聚类分析结果

群体	4 类	3 类	2 类
1 农民	1	1	1
2 蓝领	2	1	1
3 男人	3	2	1
4 女人	2	1	1
5 商人	3	2	1
6 个体工商业者	2	1	1
7 海归	3	2	1
8 大学生	2	1	1
9 私营企业主	3	2	1
10 罪犯	4	3	2
11 公务员	3	2	1
12 南方人	3	2	1
13 北方人	2	1	1
14 穷人	1	1	1
15 领导干部	3	2	1
16 老人	1	1	1
17 城市人	3	2	1
18 知识分子	3	2	1
19 无业游民	4	3	2
20 科学家	3	2	1
21 农民工	1	1	1
22 低保人员	1	1	1
23 教师	2	1	1
24 残障人士	1	1	1
25 企业家	3	2	1
26 白领	3	2	1

群体	4 类	3 类	2 类
27 演艺明星	3	2	1
28 体育明星	3	2	1
29 乞丐	4	3	2
30 下岗人员	1	1	1
31 富人	3	2	1
32 常住外国人	2	1	1

聚类分析的结果往往需要结合样品数据特征以及专业背景进行具体分析。从表 2.2 结果看，以四类划分的四个单元为基础，三类、二类是依次将各个单元合并，自始至终并未出现前后隶属不同单元的群体。如果采用两类划分，除了罪犯、无业游民、乞丐属于同一类外，其他群体虽归为一类，但在热情、能力两个维度上的内部差异性显著，所以主要的分歧是采用三类还是四类。三类与四类的区别在于三类划分中将热情值较高的两个单元合并（表 2.3），该合并单元的热情值与其他两单元相比，内部差异性显著，降低了该维度上的一致性，所以采用四类划分。

表 2.3　32 个群体的聚类分析归纳比较

群体	4 类	3 类	2 类
农民	1	1	1
穷人	1	1	1
农民工	1	1	1
低保人员	1	1	1
残障人员	1	1	1
下岗人员	1	1	1
老人	1	1	1
蓝领	2	1	1
女人	2	1	1
个体工商业者	2	1	1
大学生	2	1	1
北方人	2	1	1

续表

群体	4类	3类	2类
教师	2	1	1
常驻外国人	2	1	1
男人	3	2	1
商人	3	2	1
海归	3	2	1
私营企业主	3	2	1
公务员	3	2	1
南方人	3	2	1
领导干部	3	2	1
城市人	3	2	1
知识分子	3	2	1
科学家	3	2	1
企业家	3	2	1
白领	3	2	1
演艺明星	3	2	1
体育明星	3	2	1
富人	3	2	1
罪犯	4	3	2
无业游民	4	3	2
乞丐	4	3	2

从图 2.1 可以看出，农民、穷人、农民工、低保人员、残障人士、下岗人员、老人等归入了高热情—低能力的类型，属于 Fiske 所谓的父权式偏见类；男人、商人、海归、私营企业主、公务员、南方人、领导干部、城市人、知识分子、科学家、企业家、白领、演艺明星、体育明星、富人等归入了低热情—高能力的类型，属于 Fiske 所谓的嫉妒偏见类；蓝领、女人、个体工商业者、大学生、北方人、教师、常驻外国人等归入了高热情—高能力的"羡慕"类；罪犯、无业游民、乞丐则被归入了低热情—低能力的"鄙视"类。

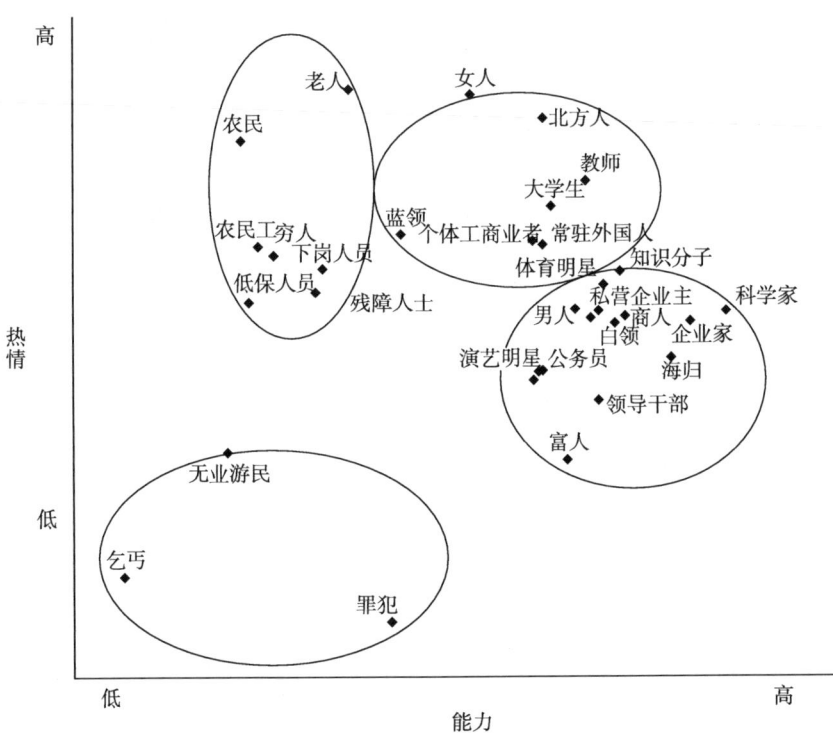

图 2.1　中国内地主要群体的 SCM

综合表 2.3 和图 2.1 可以看出，能力和热情两个维度较好地反映和区分了 32 个中国人群体的刻板印象内容，与 Fiske❶❷❸ 的理论和美国样本的研究结果基本保持一致。各群体会表现出内群体偏好和外群体贬损倾向，即个体对自己内群体及外群体的评价不一致的情况，倾向于褒奖内群体而贬损外群体。数据收集结果显示大学生被试中女性、

❶　Cuddy A. J. C. , Frantz C. M. Legitimating Status Inequalities： The Effect of Race on Motherhood Discrimination Manuscript Submitted for Publication. Cuddy, A. J. C. , Fiske, S. T. & Glick, P. (2008). Warmth and Competence as Universal Dimensions of Social Perception： The Stereotype content Model and the BIAS Map. Advances in Experimental Social Psychology, 2007, 40： 61 – 147.

❷　Cuddy A. J. C. , Fiske S. T. , Glick P. The BIAS Map： Behaviors from Intergroup Affect and Stereotypes. Journal of Personality and Social Psychology, 2007, 92： 631 – 648.

❸　Fiske S. T. , Cuddy A. J. C. , Glick P. S. , Xu J. A Model of (often mixed) Stereotype Content： Competence and Warmth Respectively follow from Perceived Status and Competition [J]. Journal of Personality and Social Psychology, 2002, 82： 878 – 902.

北方人偏多，则大学生、女人、北方人更易成为被试的内群体而归入高热情—高能力类型群体中。Fiske指出父权式偏见类群体难以受到尊敬却容易唤醒他类群体的同情心，在一定程度上被描述为缺少帮助和支持。社会生活中，农民、农民工、下岗人员、残障人员等常被视为弱势群体，需要国家和社会的援助。

混合刻板印象内容是指能力—热情在某一维度上的低评价与另一维度上的高评价。按照 Fiske 的观点，人们对外群体的评价往往是混合的。以下通过配对 t 检验方法进行验证。

首先，对四大类群体的能力、热情均值进行了差异比较。第一大类包括农民、穷人、农民工、低保人员、残障人士、下岗人员，是高热情的类型。配对 t 检验显示该类能力（M = 2.106）和热情（M = 3.449）存在显著差异（$t = -19.095$，$p \leqslant 0.001$），热情显著高于能力，属于能力热情混合类型。第二大类包括男人、商人、公务员、领导干部、企业家、白领、演艺明星等，是高能力类型。配对 t 检验显示该类能力（M = 3.853）和热情（M = 2.848）存在显著差异（$t = 23.756$，$p \leqslant 0.001$），能力显著高于热情，属于能力热情的混合型。第三大类包括教师、大学生、北方人、蓝领等，虽然他们属于能力和热情双高的类型，但在能力（M = 3.159）和热情（M = 3.613）均值上依然存在显著差异（$t = -11.690$，$p \leqslant 0.001$），热情高于能力。第四大类包括罪犯、乞丐、无业游民，属于能力（M = 1.940）和热情（M = 1.905）双低的类型，能力与热情差异不显著（$t = 0.752$，$p \leqslant 0.05$）。统计结果支持了混合刻板印象内容假设（见表2.4）。

表 2.4　四大聚类的能力和热情均值比较

聚类	能力		热情
农民、穷人、农民工、低保人员、残障人员、下岗人员、老人	2.106	<	3.239
蓝领、女人、个体工商业者、大学生、北方人、教师、常驻外国人	3.159	<	3.613
男人、商人、海归、私营企业主、公务员、白领、领导干部城市人、富人、知识分子、科学家、企业家、南方人、演艺明星、体育明星	3.853	>	2.848
罪犯、无业游民、乞丐	1.940	=	1.905

注：表中"＞"或"＜"均表示差异显著及其方向。

随后，针对被试在 32 个群体上分别进行的能力和热情维度评价，采取了配对样本 t 检验方法（表 2.5）。统计结果显示，32 个调查群体中有 28 个群体的能力—热情评价在 $p \leqslant 0.001$ 水平上存在显著差异，2 个群体在 $p \leqslant 0.01$ 水平上存在显著差异，1 个群体在 $p \leqslant 0.05$ 水平上存在显著差异，仅有大学生群体不存在混合刻板印象。科学家、海归、企业家、富人、白领、领导干部等 16 个群体的能力评价显著高于热情评价；农民、农民工、低保人员、老人等 12 个群体的热情评价显著高于能力评价。研究结果再次支持了混合内容刻板印象假设。

表 2.5　对 32 个群体的能力—热情评价配对样本 t 检验

群体	t	p
科学家	16.829 ***	0.000
海归	16.558 ***	0.000
企业家	15.536 ***	0.000
富人	14.328 ***	0.000
白领	12.591 ***	0.000
领导干部	12.185 ***	0.000
罪犯	10.744 ***	0.000
男人	10.066 ***	0.000
商人	9.979 ***	0.000
知识分子	9.663 ***	0.000
体育明星	9.452 ***	0.000
私营企业主	9.011 ***	0.000
公务员	8.824 ***	0.000
南方人	8.778 ***	0.000
城市人	8.653 ***	0.000
演艺明星	8.382 ***	0.000
教师	2.975 **	0.004
常驻外国人	2.625 **	0.010
个体工商业者	2.120 *	0.036
大学生	1.837	0.069
女人	-4.652 ***	0.000
北方人	-4.844 ***	0.000

群体	t	p
乞丐	- 5.608 ***	0.000
无业游民	- 6.196 ***	0.000
蓝领	- 7.423 ***	0.000
残障人士	- 8.183 ***	0.000
下岗人员	- 8.401 ***	0.000
穷人	- 10.687 ***	0.000
老人	- 11.165 ***	0.000
低保人员	- 11.927 ***	0.000
农民工	- 12.242 ***	0.000
农民	- 19.349 ***	0.000

注：*** $p \leqslant 0.001$，** $p \leqslant 0.01$，* $p \leqslant 0.05$。

在前述研究基础上，采用配对样本 t 检验，单因素方差分析，在 $p \leqslant 0.001$，$p \leqslant 0.01$，$p \leqslant 0.05$ 多个显著性水平差异上进行判断，收集更广泛的被试对于中国内地典型性群体的刻板印象中认知、情绪和行为的判断，是研究一的进一步深化。并在此基础上了解中国内地群体刻板印象系统模型的内容与结构。

结果发现，社会地位和竞争性对能力和热情的预测作用与其他研究存在一定的差异性。Fiske 等提出的 SCM 认为，热情和能力维度的具体评价一般与群际之间的相对地位和竞争性密切相关，社会地位对群体的能力评价存在显著预测作用，而竞争性对群体的热情评价存在显著预测作用❶。首先，从群体水平上计算研究对象关于 32 个群体的社会地位、竞争性、能力和热情平均值，然后计算其肯德尔等级相关系数（见表 2.6 上半部分）；随后，从个体水平入手，即计算每个调查对象对 32 个群体地位和竞争性分别与能力和热情的相关系数（见表 2.6 下半部分）。群体水平的统计结果显示，地位和能力的相关系数为

❶ Cuddy A. J. C. , Frantz C. M. Legitimating Status Inequalities: The Effect of Race on Motherhood Discrimination Manuscript Submitted for Publication. Cuddy, A. J. C, Fiske, S. T. & Glick, P. (2008). Warmth and Competence as Universal Dimensions of Social Perception: The Stereotype Content Model and the BIAS Map. Advances in Experimental Social Psychology, 2007, 40: 61 - 147.

r（30）＝0.700，$p \leqslant 0.001$，呈显著正相关，竞争性和热情的相关系数为 r（30）＝－0.263，$p \leqslant 0.05$，呈显著负相关。统计结果显示，除大学生、罪犯、演艺明星、乞丐外，其他群体的社会地位与能力评价存在不同程度的显著正相关。除农民、大学生、罪犯、北方人、无业游民外，其他群体的竞争性与热情评价相关均不显著，竞争性与热情评价在 $p \leqslant 0.05$ 水平上均呈现不同水平的正相关。综合群体水平和个体水平的结果可以看出，社会地位与能力评价均存在显著正相关；但竞争性与热情在群体水平上呈显著负相关，在个体水平上呈显著正相关。一个可能的原因是此次问卷调查的指导语强调"身边大多数人的看法"，主要考虑的是社会总体看法，而个人评价参与较少，导致从个体水平探讨地位、竞争性与能力、热情的关系有些牵强，结果与预期假设不相符。更为确切的原因还有待进一步的深入研究与探讨。

表 2.6　社会地位和竞争性对能力和热情的预测作用

预测变量	能力 competence	热情 warmth
群体水平 Group – level		
地位 status	0.700 **	－ 0.251 *
竞争性 competition	0.626 **	－ 0.263 *
个体水平 Individual – level		
地位 status		
r	0.371 **	0.293 **
%	88.6%	16.7%
竞争性 competition		
r	0.238 **	0.249 **
%	83.3%	16.7%

注：*** $p \leqslant 0.001$，** $p \leqslant 0.01$，* $p \leqslant 0.05$。

另外，四种类型群体的情绪唤醒、行为反应的差异比较结果显示，中国内地群体存在其特有的现象。BIAS Map 的模型表征图（见图 1.1）指出，热情和能力高低不同的群体会唤起不同的情绪和行为反应。采用单因素方差分析（One – Way ANOVA）从两个角度来对四种类型群体的情绪唤醒和行为反应的差异进行统计检验。其一是统计同种类型群体的不同情绪唤醒、行为反应之间的差异；其二是统计不同类型群体间的同种情绪唤醒、行为反应之间的差异（见表 2.7 和表 2.8）。

高热情—低能力类型的群体所唤醒被试的同情 （M = 3.3730） 显著高于其他三种情绪——歧视 （M = 3.1254）、钦佩 （M = 2.0227）、嫉妒 （M = 1.2605），$F(3，20) = 77.959$，$p \leqslant 0.001$。高热情—高能力类型的群体则更多地唤醒被试的钦佩情绪 （M = 2.9872），$F(3，40) = 9.719$，$p \leqslant 0.001$。低热情—低能力类型的群体主要唤醒的情绪是歧视 （M = 4.0534），$F(3，8) = 62.635$，$p \leqslant 0.001$。低热情—高能力类型群体所唤醒的情绪与其他类有所不同，BIAS MAP 模型表征图表示该类群体的情绪唤醒为嫉妒，但数据统计结果显示它所唤起的钦佩情绪 （M = 3.4442） 和嫉妒情绪 （M = 2.9542），明显高于其他两种情绪，$F(3，60) = 116.473$，$p \leqslant 0.001$，彼此之间却无显著差异。实际经验有助于解释该现象，归类于低热情—高能力的群体成为被试在社会化过程中的目标职业概率较大，内心的向往会激发钦佩情绪。此外，在现实情感体验中，钦佩与嫉妒也往往不能被明显地割裂开。

不同类之间的同种唤醒情绪差异比较结果显示，每种类型群体所唤醒程度最强的情绪与其他类的该种情绪唤醒程度相比依然是最强的。同情情绪的平均数比较中，高热情—低能力类型群体 （M = 3.3730） 显著高于其他三类群体，$F(3，32) = 40.906$，$p \leqslant 0.001$；高热情—高能力类型群体的钦佩情绪平均数 （M = 2.9872） 显著高于其他三类群体，$F(3，32) = 43.066$，$p \leqslant 0.001$；歧视情绪在低热情—低能力类型群体中的平均数 （M = 4.0534） 显著高于其他三类群体，$F(3，32) = 44.043$，$p \leqslant 0.001$；嫉妒情绪的平均数比较中，低热情—高能力类型的群体 （M = 2.9542） 显著高于其他三类群体，$F(3，32) = 35.362$，$p \leqslant 0.001$ （见表 2.7）。

表 2.7　四种类型群体的情绪唤醒差异比较

群体	歧视（轻视、反感）	钦佩（赞赏、敬佩）	同情（可怜、同情）	嫉妒（嫉妒、妒忌）
HW – LC （农民、穷人、农民工、低保人员、残障人员、下岗人员、老人）	3.1254	2.0227	3.3730	1.2605
HW – HC （蓝领、女人、个体工商业者、大学生、北方人、教师、常驻外国人）	2.1567	2.9872	2.1087	2.0591

续表

群体	歧视 （轻视、 反感）	钦佩 （赞赏、 敬佩）	同情 （可怜、 同情）	嫉妒 （嫉妒、 妒忌）
LW－HC（男人、商人、海归、私营企业主、公务员、南方人、领导干部、城市人、知识分子、科学家、企业家、白领、演艺明星、体育明星、富人）	1.9287	3.4442	1.5340	2.9542
LW－LC（罪犯、无业游民、乞丐）	4.0534	1.3252	2.7249	1.6134

注：黑体字表示在同类群体间该数值显著高于非黑体字，并且黑体数字间无显著差异。

行为反应的统计结果与 BIAS Map 模型表征图差异性较大。被试对高热情—低能力类型群体所表现的主动助长行为（M = 3.0947）和被动伤害行为（M = 2.7772）均显著高于其他两种行为，F（3，20）= 9.903，$p \leqslant 0.001$；高热情—高能力类型群体主要引起被试的主动助长行为（M = 3.1421）和被动助长行为（M = 2.9704），F（3，40）= 22.828，$p \leqslant 0.001$，这两类群体除了启动 BIAS Map 模型的表征行为外，还分别有主动助长行为和被动助长行为出现；被试对低热情—低能力类型群体的行为反应主要是被动伤害（M = 3.7071），F（3，8）= 33.404，$p \leqslant 0.001$；只有低情绪—高能力类型群体与 BIAS MAP 模型一致，被动助长行为反应（M = 3.3606）显著高于其他行为，F（3，60）= 111.608，$p \leqslant 0.001$。

不同类之间的同种行为反应中，主动助长行为主要发生在高热情—低能力类型和高热情—高能力类型群体内，F（3，32）= 10.306，$p \leqslant 0.001$；主动伤害行为主要发生在低热情—低能力类型群体内，F（3，32）= 14.218，$p \leqslant 0.001$；被动助长行为主要发生在低热情—高能力群体内 F（3，32）= 52.094，$p \leqslant 0.001$；被动伤害行为主要发生在低热情—低能力群体内，F（3，32）= 34.597，$p \leqslant 0.001$（见表 2.8）。

表 2.8 四种类型群体的行为反应差异比较

群体	主动助长（保护、帮助）	主动伤害（攻击、欺负）	被动助长（交往、密切合作）	被动伤害（排斥、贬低）
HW–LC（农民、穷人、农民工、低保人员、残障人员、下岗人员、老人）	3.0947	2.3948	1.9490	2.7772
HW–HC（蓝领、女人、个体工商业者、大学生、北方人、教师、常驻外国人）	3.1421	2.0275	2.9704	1.9657
LW–HC（男人、商人、海归、私营企业主、公务员、南方人、领导干部、城市人、知识分子、科学家、企业家、白领、演艺明星、体育明星、富人）	2.4603	1.9720	3.3606	1.8911
LW–LC（罪犯、无业游民、乞丐）	1.9385	3.0291	1.3883	3.7071

注：黑体字表示在同类群体间该数值显著高于非黑体字，并且黑体数字间无显著差异。

　　统计结果显示，只有 LW–LC 群体的行为反应与 BIAS Map 中的截然不同，一个是被动伤害，另一个是主动伤害，其他方面都在 BIAS Map 的基础上有所扩展。低热情—高能力群体的典型情绪唤醒是赞赏与嫉妒，这两种情绪在实际生活中总是与强者相伴而生，但对于高热情—高能力群体并没有嫉妒情绪，原因多由该群体的能力值整体上略低于低热情—高能力群体，还不足以唤醒嫉妒情绪。行为反应中，被动行为不受热情维度的影响，被试对能力低的群体是排斥、贬低，对能力高的群体是交往、密切合作；主动助长行为只受热情维度的影响，表现为对待热情高的群体；主动伤害行为没有成为任何类型群体的典型行为反应（见图 2.2）。

　　目前，SCM 和 BIAS Map 模型的研究主要集中于模型的建构以及方法的验证上，并未考虑模型在现实情境或干预条件下有可能发生的变化。这在一定程度上，降低了模型的实用性价值与指导意义。此外，道德维度在 BIAS Map 中已经凸显❶，这一点有可能对崇尚道德文化的中国社会更具有现实意义。所以，本研究继续试图对于受偏见的目标群体——农民工通过情境卷入以探究被试的卷入程度对刻板印象的表征影响，寻求消减群体间偏见和歧视的干预性策略。

LC - HW：高热情—低能力群体 唤起情绪：可怜、同情 行为反应：保护、帮助 　　　　　排斥、贬低	HC - HW：高热情—高能力群体 唤起情绪：赞赏、敬佩 行为反应：保护、帮助 　　　　　交往、密切合作
LC - LW：低热情—低能力群体 唤起情绪：轻视、反感 行为反应：排斥、贬低	HC - LW：低热情—高能力群体 唤起情绪：赞赏、敬佩 　　　　　嫉妒、妒忌 行为反应：交往、密切合作

图 2.2　基于中国内地样本的情绪唤醒与行为反应特征图

接下来选取 112 名有效大学生被试，其中 59 人为男生，53 人为女生，平均年龄 23.54 岁（标准差 = 2.308），此前未参与过前述研究。所设置的虚拟情境是通过字面陈述的方式提供给被试，该假设情境为"从小生长在大城市的王羽正在和一个农民工谈恋爱。"被试来判断王羽父母对农民工群体的评价。将研究一、研究 B 中所有关于农民工群体的数据与虚拟卷入问卷的数据相结合，随后进行虚拟卷入前后的配对样本 t 检验和单因素方差分析。

数据分析采用配对样本 t 检验和单因素方差分析两种方法统计虚拟卷入程度对 BIAS Map 的影响。结果通过配对样本 t 检验发现，在刻板印象内容中，道德、能力评价无显著差异，热情评价在虚拟卷入后明显低于虚拟卷入前（$t = 3.309$，$p \leq 0.001$）；虚拟卷入后的主动伤害行为会显著降低（$t = 4.849$，$p \leq 0.001$），被动助长行为显著加强（$t = -4.662$，$p \leq 0.001$）；四种情绪唤醒中除了嫉妒情绪无显著差异外，同情（$t = 4.421$，$p \leq 0.001$）、钦佩（$t = 2.804$，$p \leq 0.01$）、歧视（$t = 2.058$，$p \leq 0.05$）的唤醒程度均出现了不同水平的降低（见表 2.9 和图 2.3）。

----

❶ 管健："刻板印象从内容模型到系统模型的发展与应用"，载《心理科学进展》2009年第 4 期，第 845～851 页。

表 2.9　虚拟卷入程度对 BIAS MAP 模型的影响

农民工	非虚拟卷入	虚拟卷入	t	P
主动伤害（攻击、欺负）	2.9320	2.2816	4.849 ***	0.000
同情	3.3235	2.8301	4.421 ***	0.000
热情	3.2524	2.8803	3.309 ***	0.001
钦佩	2.0743	1.7789	2.804 **	0.006
歧视	3.5243	3.2492	2.058 *	0.042
被动伤害（贬低、排斥）	3.2184	3.0421	1.308	0.194
主动助长（保护、帮助）	2.6214	2.6311	− 0.079	0.937
道德	3.1165	3.2039	− 0.736	0.463
嫉妒	1.2233	1.3107	− 1.289	0.200
能力	2.0146	2.1359	− 1.491	0.139
被动助长（密切交往、合作）	1.8088	2.2386	− 4.662 ***	0.000

注：$^{***} p \leqslant 0.001$，$^{**} p \leqslant 0.01$，$^{*} p \leqslant 0.05$。

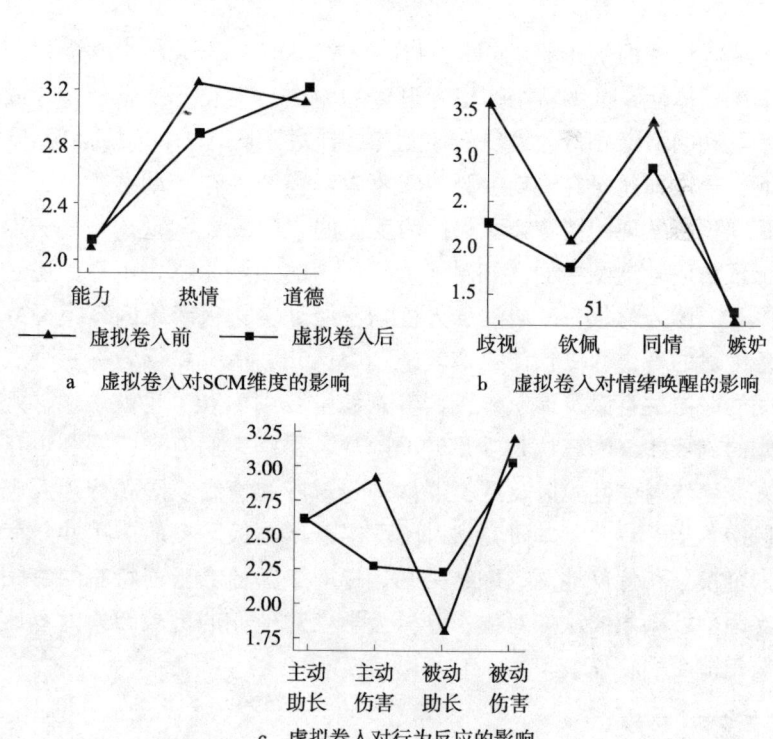

a　虚拟卷入对SCM维度的影响

b　虚拟卷入对情绪唤醒的影响

c　虚拟卷入对行为反应的影响

图 2.3　虚拟卷入程度对两个模型的影响

单因素方差分析显示，虚拟卷入程度对情绪唤醒的影响主要体现在同情方面，虚拟卷入前，歧视和同情的情绪唤醒显著高于钦佩和嫉妒，虚拟卷入后则同情的唤醒程度降低；行为反应中主动伤害行为受虚拟卷入程度影响最大（见表 2.10 和图 2.3）。

表 2.10　虚拟卷入前后情绪唤醒、行为反应程度差异比较

虚拟卷入程度	情绪唤醒类别				行为反应类别			
	歧视	钦佩	同情	嫉妒	主动助长	主动伤害	被动助长	被动伤害
虚拟卷入之前	3.5243	2.0743	3.3235	1.2233	2.6214	2.9320	1.8088	3.2184
虚拟卷入之后	3.2492	1.7789	2.8301	1.3107	2.6311	2.2816	2.2386	3.0421

注：黑体字表示在同类群体间该数值显著高于非黑体字，并且黑体数字间无显著差异。

二、研究二：刻板印象内容模型预测偏差地图的不稳定性

偏差地图的提出是 Cuddy，Fiske 和 Glick 基于认知、情绪和行为的三维一体性，试图将个体或者群体的内在心理表征外显于人际或者群际互动的情绪和行为表现上，尤其是针对矛盾行为的预测和解释[1]。然而，通过前述研究发现，刻板印象内容模型尚存在动态变化，无论是研究一所发现的情绪唤醒和行为反应的"二元化"现象——一定程度上预示偏差地图中的认知对情绪和行为的预测力略显不足，还是以农民工群体为对象，从心理卷入视角已经证实刻板印象内容模型并不具备绝对的稳定性，都使得偏差地图中认知、情绪和行为等三个成分之间的联结关系以及偏差地图的静态稳定受到质疑，也就是说，既然群体的刻板印象内容认知受影响而改变，那么，偏差地图是否也存在动态变化的可能性？以及四类群体一一对应的情绪唤醒和行为反应是否保持不变？对此，本研究从对比现实群体刻板印象的应用性角度检验内容模型和偏差地图的联结关系，选取中国社会当前特有的农民工子女为刻板印象的认知对象，分析大学生对他们的刻板印象内容认知和偏差地图的特征。

---

[1] Cuddy A. J. C., Fiske S. T, Glick P. The BIAS Map: Behaviors from Intergroup Affect and Stereotypes. Journal of Personality and Social Psychology, 2007, 92: 631 – 648.

　　在被试的选择上，本研究共包含两组被试，第一组被试为 103 名天津某高校的本科生，其中男 49 人，女 54 人，平均年龄 20.96 岁（标准差 = 2.023），专业分布涵盖人文社会科学类、理科、工科和商科。51 名被试，其中男 24 人，女 27 人，平均年龄 20.33 岁（标准差 = 2.129）先完成对农民工子女的刻板印象评价，再完成对农民工、农民两个群体的评价；其余被试的评价顺序则相反，以此排除顺序效应对研究结果的影响。第二组被试为同一所高校的 40 名本科生，其中，男 12 人，女 28 人，平均年龄 20.37 岁（标准差 = 1.961），被自由分配到 4 人组成的实验小组，共 10 组，完成系列再生法对农民工及其子女的刻板印象信息传递实验。所有被试不存在读写和记忆方面的功能性障碍。另外，两组被试之前均未参加过刻板印象的相关研究。

　　两组被试所进行的研究过程略有差别。第一组被试采用研究一所使用的刻板印象内容模型和偏差地图的中国版问卷，问卷指导语强调本问卷不关注被试的个人观点和看法，而是在被试看来，其身边大多数人，某类群体的看法，并采用 Likert 的五点量表法，以同意程度为态度标准获得相应数据。问卷包括四个项目，分别为刻板印象内容，描述能力词汇"有能力的"和"有才能的"；描述热情词汇"待人热情的"和"友好亲和的"；描述道德词汇"诚实正直的"和"值得信赖的"，在原版的英文刻板印象内容问卷中，两个道德词汇属于热情维度，即使此处本书按照中国版问卷将其单独列为道德词汇，但在研究一的因子分析后对热情的界定已经包含了描述道德的两个词汇，于是，依然将其视为描述热情的词汇。情绪唤醒的测量，包括轻视、反感、赞赏、敬佩、可怜、同情、嫉妒和妒忌。行为反应的测量，包括保护、帮助、攻击、欺负、密切交往、合作、排斥和贬低。群体特征的测量，包括经济收入、社会声望、资源占有、权利占有和竞争性。通过中国版问卷，被试分别对农民工子女、农民工、农民三类群体进行评价，获得他们的刻板印象内容特征和偏差地图情况。

　　第二组被试则按照系列再生法的流程，分组依次完成对阅读材料的记忆和复述任务。对于被试阅读的材料，则是根据第一组被试的评价结果，虚构关于某农民工子女的日常生活故事，逐渐体现刻板印象一致性信息和非一致性信息。比如，用"教务主任并没有在意，赵楠档案袋里全部 95 分以上的成绩和省级计算机科技竞赛的奖状"、"有些同学见状就总想逗他，比如谎称老师要他去办公室取东西，赵楠每次都照做，但却从不生气，那些同学一看没意思，也就没兴趣再继续做了"、"有一次，赵楠的班长恰巧看到这一幕，他二话不说就上前要求他们向赵楠道歉，对方也不示弱，好在赵楠拉住了班长，避免了一场打架"等表述阐明刻板印象一致性信息，用"最后，陈老师觉得虽然是农村孩子，生活上也许艰苦了些，但也没什么需要特殊照顾的地方，就随便给他安排了一个靠墙的座位。"、"赵楠性格偏内向，比较沉默寡言，不会主动搭话或参与活动，对一些事情的反应也比较平淡"、"赵楠从来不遮掩捡垃圾这件事，当一些其他班级的同学看到，会有故意朝他扔小石子的、扔饮料瓶的，嘴里还说着什么'快点儿捡完走人，别穿着校服在那里丢人现眼……'"等表述阐明刻板印象非一致性信息。所使用的阅读材料采用生活事件叠加的编排方式，因为一个完整的故事容易导致故事发生的主要原因、情节的先后顺序等关键内容表现出显著的刻板印象一致性信息的保持❶。通过德尔菲技术确定故事内容共包含 9 条符合第一组被试评价结果的一致性信息，9条违背前述结果的非一致性信息和 3 条用于连接两类信息的无关信息。

在第二组被试的实验过程中，每 4 名被试组成的实验小组称为一条系列再生链，整个实验分 4 次进行，每次各小组有 1 名被试参加，共 10 名。实验室的座位安排采用隔位就座方式，每个位置上已经事先放好编写的记忆材料，印有内容的一面朝下扣在桌子上。被试进入实验室后可自由选择位置就座，并被告知不要翻动实验室内的任何东西。在被试阅读故事之前，实验员的指导语主要强调三点内容，一是隐瞒实验的真实目的，告知被试本实验研究人们如何向他人转述信息，阅读的内容为实际访谈记录的整理稿；二是强调阅读两遍故事即可，另一个人并不会看到转述的原文，故转述结果没有好坏之分；三是嘱咐被试阅读的同时理解故事的含义。当被试完成两遍阅读后，实验员助理收回所有阅读资料，被试继续完成 5 分钟的记忆干扰任务——画出自家房屋结构及家具布局的平面图，实验过程无需对被试所画之图的合理性和有效性等给予评价，只是动用被试的记忆资源，以避免其反

---

❶ Kashima Y. Maintaining Cultural Stereotypes in the Serial Reproduction of Narratives. Personality and Social Psychology Bulletin, 2000, 26（5）：594 - 604.

复记忆故事内容。最后，被试完成对记忆内容的回忆和书写。实验员将 10 份复述材料分别录入电脑后打印，供下一次实验被试阅读。接下来，第二批被试重复上述实验过程，只是所阅读材料为第一批被试的回忆内容。以此类推，第三批、第四批被试完成实验后，共形成 10 条 4 人组成的信息记忆链。

　　针对每名被试的复述内容，由两名编码者分别进行编码。一名编码者是了解整个实验过程的实验员，另一名编码者是不了解任何实验内容的某心理学专业本科生。如果某句话表现出原有内容的大致主旨，则认为是再现内容，并按照原文的故事结构进一步划分为一致性和非一致性信息。如果被试的复述内容对原文进行了修改，编码者要作出相应的记录。此外，还需要记录的就是原文中的各种语句的变化，即这些语句无论是在复述内容中被保留下来，还是被删除掉，都要记录。比较两位编码者的编码结果发现，农民工子女的刻板印象信息归类一致性达到 90.14%。配对 t 检验方法证实两位编码者对信息再现比例的判断程度十分相似（$t = 0.000$，$p = 1.000$）。随后，两位编码者通过讨论确定一致性信息和非一致性信息的保持和重建数目，以及内容变化趋势。

　　经过上述实验过程的实施，对于所获得的一系列数据，首先，计算大学生被试对农民工子女的刻板印象内容，得到农民工子女的能力为 3.0257，热情为 3.4451，明显看出整体刻板印象内容的评价偏高。对此，以研究一的研究数据为基础，同样采用聚类分析中的系统聚类方法（hierarchical cluster analyses），以最远邻法划分农民工子女与其他中国内地典型社会群体的类别，无需经过数据的标准化处理，发现农民工子女属于高热情—高能力群体丛（见图 2.4）。

　　另外，歧视（轻视、反感）、钦佩（赞赏、敬佩）、同情（可怜、同情）、嫉妒（嫉妒、妒忌）四类唤醒他人情绪的得分依次是 2.9759、2.6214、3.2573、1.6019，单因素方差分析表明，统计学意义上，歧视和同情情绪唤醒程度最高，且两者之间没有显著差异，其次是钦佩情绪，嫉妒情绪的唤醒程度最低，$F(3, 408) = 78.488$，$p = 0.000$，$\omega^2 = 0.361$。主动助长（保护、帮助）、主动伤害（攻击、欺负）、被动助长（交往、密切合作）和被动伤害（排斥、贬低）四类他人被引发的行为反应得分依次是 2.9903、2.6845、2.7136、3.0534，在单因

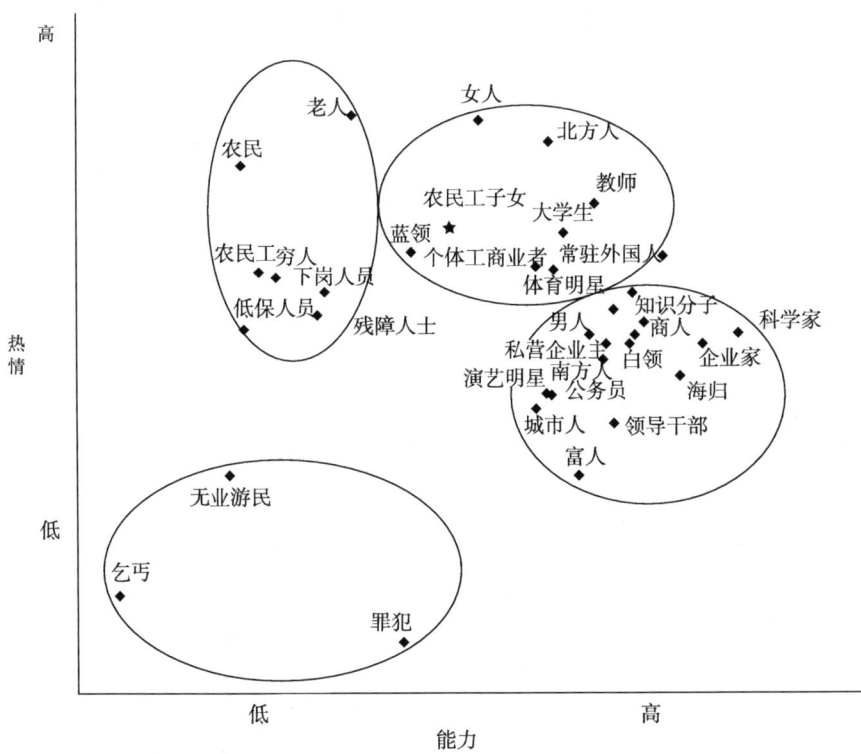

图 2.4 农民工子女位于中国社会群体框架

素方差分析的统计学指标下，他人所反应出的主动助长与被动伤害行为之间没有差异，均明显高于其他两种行为，$F(3, 408) = 5.227$，$p = 0.002$，$\omega^2 = 0.030$。

对农民工子女、农民和农民工三个群体的热情与能力测量值进行求差处理，即用农民工子女的两个维度测量值分别减去农民和农民工在相应维度上的测量值，随后分析这些差值之间是否存在显著性差异。根据表 2.11 的配对 t 检验结果发现，在能力维度上，农民、农民工与农民工子女的相差值不存在显著差异。但已有研究表明农民和农民工属于低能力群丛，农民工子女与其父辈存在明显的群体归类差异。在热情维度上，农民工子女与农民工的差异值显著小于外来务工人员子女与农民的差异值，即调查对象认为农民工子女的热情更接近于农民工。

表 2.11　外来务工人员子女与农民工、农民的刻板印象内容模型差异比较

	农民	农民工	t	r	d
能力	1.1165	1.0194	0.563	0.455***	0.056
热情	−0.2816	0.1990	2.641**	0.428***	0.402

注：表格中的数值 = 外来务工人员子女测量值 − 农民/农民工测量值。

　　单因素方差分析的结果显示，即使农民工子女被归属为高热情—高能力群体丛，但它的情绪唤醒与行为反应几乎与高热情—低能力群体丛的偏差地图一模一样。农民工子女所唤醒被试的同情和歧视情绪之间没有显著差异，但两者均显著高于钦佩和嫉妒。与研究一的数据比较发现，农民工子女所唤醒的主要情绪与其所属的高热情—高能力群体丛不同，虽然高热情—低能力群体丛唤醒歧视情绪的程度略低于同情，但两者的评价值明显高于钦佩和嫉妒，可见，在情绪唤醒上，农民工子女更加贴近高热情—低能力群体丛。这可能受到归属于高热情—低能力群体丛的农民、农民工群体的影响。

　　行为反应的分析结果更是再一次证实了农民工子女更加贴近于高热情—低能力群体丛的偏差地图。农民工子女的主动助长和被动伤害行为之间没有明显差异，但均显著高于主动伤害和被动助长行为。Cuddy，Fiske 和 Glick 研究证实了高热情激发主动助长行为，高能力激发被动助长行为[1]。这一点在研究一对 32 个典型群体进行行为反应的分析中得以证实，即两个高热情群体丛激发的主要行为反应中均包含主动助长行为，低热情群体丛则无此项特征；两个高能力群体丛均激发了较强的被动助长行为。而农民工子女所激发的主动助长行为进一步肯定了社会大众对其高热情的评价。相比之下，农民工子女的被动助长行为反应并未体现出对其高能力的肯定，再结合情绪唤醒中的钦佩程度偏低，不难看出被试对农民工子女的能力评价与相应的态度、行为反应同刻板印象内容模型和偏差地图假设相矛盾（见表 2.12）。

---

　　[1]　Cuddy A. J. C.，Fiske S. T.，Glick P. The BIAS Map：Behaviors from Intergroup Affect and Stereotypes. Journal of Personality and Social Psychology，2007，92：631 – 648.

表 2.12 农民工子女的偏差地图

a 情绪唤醒差异比较

群体	歧视	钦佩	同情	嫉妒	F	p	ω^2
农民工子女	2.9757	2.6214	3.2573	1.6019	78.484	0.000	0.361
高热情—低能力群体	3.1254	2.0227	3.3730	1.2605	77.959	0.000	0.906
高热情—高能力群体	2.1567	2.9872	2.1087	2.0591	9.719	0.000	0.418

b 行为反应差异比较

群体	主动助长	主动伤害	被动助长	被动伤害	F	p	ω^2
农民工子女	2.9903	2.6845	2.7136	3.0534	5.227	0.002	0.030
高热情—低能力群体	3.0947	2.3948	1.9490	2.7772	9.903	0.000	0.528
高热情—高能力群体	3.1421	2.0275	2.9704	1.9657	22.828	0.000	0.601

注：高热情—低能力群体包括农民、穷人、农民工、低保人员、残障人员、下岗人员、老人；高热情—高能力群体包括蓝领、女人、个体工商业者、大学生、北方人、教师、常驻外国人。详见表2.4。

而采用系列再生法的研究同样发现类似的现象。针对刻板印象一致性信息和非一致性信息在被试之间的传递情况，所获得的数据以两类信息为因变量，被试在系列再生链中的位置（从第一位的被试复述到最后一位的被试复述依次为位置1、位置2、位置3、位置4）为自变量，分析信息再现比例（以两类信息原始数量9为分母，每个位置所复述出同类型信息数量为分子）的变化（见表2.13），均呈现明显的递减趋势，直到系列再生链的后半段才基本趋于稳定。

表 2.13 刻板印象信息的再现比例

	位置1	位置2	位置3	位置4	F	p	$\omega2$
刻板印象一致性信息	82.78	62.22	52.22	46.11	40.144	0.000	0.746
刻板印象非一致性信息	75.56	47.78	37.22	30.56	19.650	0.000	0.583

注：表中数据为百分制（%），事后检验表明刻板印象一致性信息的再现情况为位置1、位置2和位置3呈显著递减趋势，位置2和位置4有显著差异，位置3和位置4的再现信息量相同；刻板印象非一致性信息为位置1的再现信息量显著其他三个位置，位置3分别与位置2、位置4之间没有差异，但位置2的再现信息量显著高于位置4。所有显著性水平均为 $p \leqslant 0.05$。

在同一位置处，对两类信息的再现比例进行配对 t 检验发现，一致性信息均明显多于非一致性信息（$t = 7.222$，14.444，15.000，15.556；$p = 0.045$，0.011，0.001，0.001；$d = 0.518$，1.233，1.449，1.638），符合系列再生法的基本记忆偏向规律。另外，这种优势越到记忆链后半段越明显，表现为两类信息的再现差值逐渐增大，且前半段差异在0.05 水平上具有显著意义，后半段则在 0.001 水平具有显著差异。

从信息内容的保留形势上看，被保留比例超过 50% 的 8 条信息依次为农民工子女主人公的高能力（一致性信息，90%），被他人轻视（一致性信息，70%）、贬低（一致性信息，70%）、受到同情（一致性信息，70%）、攻击（非一致性信息，70%）、可怜（一致性信息，60%）和不被帮助（非一致性信息，60%），其高热情也得到了一定认可（非一致性信息，50%）。与研究二呈现一致性的结果，即农民工子女的高能力和高热情并未明显唤醒他人对高热情—高能力群体丛普遍表现出的钦佩情绪，反而是对高热情—低能力群体丛的同情和可怜，他人行为反应的轻视、贬低和不被帮助同样显示出农民工子女的刻板印象内容偏向高热情—高能力群体丛，偏差地图则趋于高热情—低能力群体丛的矛盾现象。

所以，刻板印象内容模型和偏差地图之间确实存在分离的情况，一定程度上撼动了 Cuddy 等人对两个模型的关系假设❶，可见，并不能始终由某一群体的刻板印象内容而单纯地直接预测其唤醒他人情绪和行为的反应。虽然，本研究以中国社会特有的农民工及其子女、农民为认知对象获得上述结论，无法避免这三类群体的特质对研究结果的影响，比如，农民工作为父辈对其子女的身份影响，使得农民工子女生活在城市之中，即使从未回到过农村，与其他同龄人一样求学或者工作，但始终无法摆脱父辈的农民身份，要么在年幼时，兼具学生与农民的双重身份，要么在独立于社会时，被大多数人刻板地认为其所从事的工作是农民工普遍聚集的行业。但是，恰恰经过这三类特殊群体的检验，再一次表明刻板印象内容模型和偏差地图从理论向实际应用推进时，易受其他因素影响而不稳定，并且这种不稳定体现在两

---

❶ Cuddy A. J. C., Fiske S. T., Glick P. The BIAS Map: Behaviors from Intergroup Affect and Stereotypes. Journal of Personality and Social Psychology, 2007, 92: 631 – 648.

者之间的关联环节，尚难以推断原因何在。综上，鉴于已有研究发现刻板印象内容模型的动态变化性，有必要首先从完善刻板印象内容模型着手，探究模型维度及其受相关因素影响下的认知变化。在此基础上，才能进一步对偏差地图展开详细而深入的剖析，所以，本书的后续研究将主要集中于对刻板印象内容模型的探讨上。

但是，在模型的探讨过程之前，研究已经发现农民工子女有别于农民工及农民的刻板印象内容特点，并引发人们不同的情绪唤醒和行为反应，体现了两代人在社会大众眼中的差异。但需要注意的是，置身社会环境的人们难免会将刻板印象等观念变通地融入各类信息中，以完成同他人的交流。SCM 和 BIAS Map 模型只是能做到外显性的直接测量群体刻板印象，这在一定程度上影响了研究结果的外部效度。为了尽量弥补这一点不足，本研究采用系列再生法进一步探究城市代际移民，即农民工与其子女的刻板印象偏差。

现实世界中，人们为了更好地了解并适应社会，采取的主要方式之一便是信息传递，诸如日常交谈、信函往来、大众传媒等都是人们获取和输出信息的重要途径。由于人际互动过程中，总是难以避免个体价值观、情感等主观意识的影响，所以信息传递无法完全保证客观性和真实性的同时，又反过来影响着人们的许多知识和观念的形成，这也就成为系列再生法应用于刻板印象研究的契机，能够从内隐视角补充外显测量的劣势。

接下来的研究在已经虚构了农民工子女为主人公的系列再生记忆初始材料的基础上，采用相同的范式包含一致性信息和非一致性信息的一个人物传记类的故事，以作为系列再生链的初始记忆材料。也按照 Kashima[1] 在先前研究中的发现，若采用一个完整的故事作为记忆材料，那么导致故事发生的主要原因、情节的先后顺序等核心区域内容会表现出更为显著的一致性信息保持现象，Lyons 和 Kashima[2] 已经证实这种情况的出现并不稳定，但本研究在设计记忆材料过程中，依然避免单一的完整故事模式，转而采用生活事件叠加的方式，逐一体现

---

[1] Kashima Y. Maintaining Cultural Stereotypes in the Serial Reproduction of Narratives. Personality and Social Psychology Bulletin, 2000, 26（5）: 594 - 604.

[2] Lyons A, Kashima Y. How Are Stereotypes Maintained through Communication? The Influence of Stereotype Sharedness. Journal of Personality and Social Psychology, 2003, 85（6）: 989.

一致性信息和非一致性信息。

确定记忆材料的信息属性，也就是哪些信息属于一致性信息，哪些信息属于非一致性信息，是整个系列再生法研究中的重要内容之一。首先根据前述研究的记忆材料结构和各类信息数量，结合农民工的SCM 和 BIAS Map 模型现状虚构故事，用同样相对简单的语言和简短的句子描述简单的生活事件，然后采用德尔菲技术确定农民工的故事也包含 9 条一致性信息信息和 9 条非一致性信息。比如，农民工的SCM 模型为高热情—低能力，则用"同事需要请假的时候，他都主动替班，从不计较报酬"表示高热情的一致性信息，用"他高中毕业，会操作电脑的办公软件"表示低能力的非一致性信息。在情绪唤醒和行为反应方面，用商场售货员的冰冷话语"你一乡巴佬，还想在这儿买东西"表示轻视的一致性信息，用"有的同事还经常请李旺去家里做客"表示密切交往行为的非一致性信息。而之前研究所建立的农民工子女的记忆材料中，也是基于农民工子女与中小学生之间的能力差异显著低于其与农民工之间的差异这一发现，将农民工子女的故事背景设定为学校，用"赵楠档案袋里全部 95 分以上的成绩和省级计算机科技竞赛的奖状"表示能力的一致性信息，用"不会主动搭话或参与活动，对一些事情的反应也比较平淡"表示热情的非一致性信息，用"大家对赵楠的成绩和稳重都是刮目相看"表示赞赏的一致性信息，用"邀请他一同参赛"表示合作的非一致性信息。

此部分研究所选取的 40 名被试（25 名女生，15 名男生），与前述研究的被试来自同一所大学，平均年龄为 20.37 岁（标准差 = 2.955），被自由分配到每 4 个人组成一条的 20 条系列再生链中，他们在之前未经过任何相关刻板印象的调查和研究工作。

实验过程与前述研究基本相似，只是仅针对农民工的记忆材料完成系列再生过程。每条系列再生链由 4 人组成，故整个实验需要进行四次，每次有 10 名被试参加。实验室的座位安排采用隔位就座方式，每个位置上已经事先放好了需要记忆的材料，只是印有内容的一面朝下扣在桌子上。被试进入实验室后首先被告知不要翻动这些记忆材料，然后可以自由选择位置。

在被试阅读故事之前，实验员要熟练地讲出指导语，以让被试了解所要完成的任务。指导语的具体内容如下：

"十分感谢各位同学抽出时间来参加今天这个实验，本实验主要研究人们如何同他人谈论故事。所以，我希望你们在读完一篇文章后，完成一些简单的任务。我将给你们每一个人发一篇实际访谈记录的整理稿，每个人只要读两遍就足够了。你们的任务只是记住它，以便可以用自己的话将它转述给另一个人。而下一个人会重复你们的任务，再转述给第三个人，他们只会看到你所转述的内容，并不会看见这篇原文。所以，你们的转述结果没有好坏之分，不需要有任何的心理负担。请在阅读的同时一定要理解故事的含义。好，明白了吗？那你们现在可以翻开眼前的材料，开始阅读了。"

为了强调阅读条件，每份材料的开头处印有"请将故事阅读两遍"的字样，以尽量避免被试为了达到良好的记忆效果而多次阅读。当被试基本完成两遍阅读后，分别负责左右两个区域实验进展的实验员助理会示意实验员停止阅读环节。当实验员宣布阅读结束，两位助理收回所有阅读材料的同时，被试将被要求完成 5 分钟的记忆干扰任务——画出自己房屋结构及家具布局的平面图，这是为了防止练习效应的干扰。然后，被试完成对记忆内容的书写，这个过程没有时间限制。为了组成连续再生链，每一个被试的复述内容都会被实验员及其助理输入电脑后打印为纸质材料，以备下一个被试阅读。在输入电脑的过程中，即使出现措辞和语法的错误，也不会改变被试的复述内容。

两名编码者对所有被试的复述内容分别进行编码。一名编码者是了解整个实验过程的本研究者，另一名编码者却是不了解任何实验内容的陌生人。被试的复述内容以句子为单位，被归类为再现或者全新的内容。如果某句话表现出原有内容的大致主旨，则认为是再现内容，就是说不一定非得一字不差地表达出原文，只要出现大意即可。这些句子会按照原文的故事结构进一步划分为一致性信息和非一致性信息。如果被试的复述内容对原文进行了修改，比如增加了新的一致性信息或非一致性信息，或将一致性信息变为非一致性信息，非一致性信息变为一致性信息，编码者也要做出相应的记录。此外，还需要记录的就是原文中的各种语句的变化，即这些语句无论是在复述内容中被保留下来，还是被删除掉，都要记录。比较两位编码者的编码结果发现，农民工的刻板印象信息归类一致性达到 87.52%。配对 t 检验方法证实两位编码者对信息再现比例的判断程度十分相似（$t = -0.664$，$p = 0.508$）。随后，两位编码者通过讨论解决了所有编码不一致的现象。

在计算农民工的一致性信息和非一致性信息的再现比例之后，与前述研究的农民工子女两类信息的再现比例进行比较，首先对这四类信息在系列再生链中不同位置的再现情况进行单因素方差分析。就是依次以信息特征的四种分类为因变量，以被试在系列再生链中的位置（从第一次的被试复述到最后一次的被试复试依次为位置 1、位置 2、位置 3 和位置 4）为自变量作四次单因素方差分析。再现比例的计算是以原始记忆材料的一致性信息或非一致性信息数量 9 为分母，依次以系列再生链中不同位置的被试复述内容的同类型信息数量为分子，进而得出每个位置的信息再现比例（见表 3.17）。

表 3.17 刻板印象信息的再现比例❶

	位置 1		位置 2		位置 3		位置 4
农民工的一致性信息	73.33	>	53.33	>	35.00	=	25.00
农民工的非一致性信息	54.44	>	33.33	=	25.56	=	22.22
农民工子女的一致性信息	82.78	>	62.22	>	52.22	=	46.11
农民工子女的非一致性信息	75.56	>	47.78	=	37.22	=	30.56

注：表中数据为百分制（%），位置 2 和位置 4 的数据均有显著差异，">"表示左侧数字显著高于右侧数字，$p \leqslant 0.05$；"="表示两侧数字没有显著差异，$p \leqslant 0.05$。

整体上看，所有信息的再现情况均呈现递减趋势（农民工：一致性信息 $F(3, 36) = 25.128$，$p \leqslant 0.001$；非一致性信息 $F(3, 36) = 28.409$，$p \leqslant 0.001$；农民工子女：一致性信息 $F(3, 36) = 40.144$，$p \leqslant 0.001$；非一致性信息 $F(3, 36) = 19.650$，$p \leqslant 0.001$；），尤其是位置 1 与位置 2 之间的信息递减趋势明显。在位置 2 与位置 3 之间的信息传递过程中，农民工与其子女表现出相同的信息缺失状态，即一致性信息明显递减，非一致性信息没有显著变化。而四类信息在位置 3 和位置 4 之间均没有发生显著变化。所以，横向的群体性分析证实非一致性信息的记忆与传递相对于一致性信息，较早趋于稳定。这也在一定程度上说明了人们保持并传递一致性信息的倾向。另外，以被试在系列再生链中的位置为因变量，比较四类信息之间的差异发现，

❶ 为了便于比较，此处表格信息包含表 2.13 的统计结果

与各自的非一致性信息相比，农民工一致性信息的保持优势集中体现在前半部分再生链，而农民工子女一致性信息的保持优势则集中体现在后半部分，这两类信息直到位置 4 才出现保持的显著差异。与横向比较的结果相结合，不难看出集体倾向于记忆并传递一致性信息。而两代移民非一致性信息的记忆差异主要体现在再生链的前半部分，农民工子女非一致性信息的记忆明显优于农民工。

已有文献表明非一致性信息在再生链前端更容易被再现，后端则是一致性信息更容易。这就意味着刻板印象特征与位置之间存在交互效应。可上述研究结果看上去并不符合这一假设，因为整条系列再生链中更容易再现一致性信息。为此，进一步验证该假设的同时，比较城市代际移民之间的刻板印象差异，本研究以四种类型信息的再现比例为因变量，以农民工及其子女（城市一代移民与城市二代移民）、信息特征分类（一致性信息与非一致性信息）和被试在系列再生链中的位置（位置 1 至 4）为三个自变量进行多因素方差分析。没有发现任何交互效应的结果同样证实了一致性信息的再现优势并不会因为位置或代际移民的不同而受到干扰。不同移民、信息特征和位置均有明显的主效应。总体看来，一致性信息比非一致性信息被复述得更多（一致性信息：M = 53.75；非一致性信息：M = 40.83；F（1，144）= 51.465，$p \leqslant 0.001$），位置明显的主效应（F（3，144）= 98.001，$p \leqslant 0.001$）表明更多的刻板印象信息出现在链条的开始部分，主要集中在位置 1 上（M = 71.5278，49.1667，37.5000，30.9722）。而代际移民之间的主效应（F（1，144）= 60.700，$p \leqslant 0.001$）则显示农民工子女的再现信息（M = 54.3065）明显多于农民工（M = 40.2778）。这些主效应之间不会受到任何干扰，也就是说每一个复述位置处几乎呈现较多的一致性信息，而农民工子女的信息再现基本上多于农民工。这与纵向分析被试在同一位置上再现四类信息的单因素方差分析结果相一致。之前已经说明了一致性信息的记忆与传递偏向。而当分别比较两代城市移民的一致性信息和非一致性信息在不同位置上的再现差异，发现一致性信息的再现差异直到第 4 个位置时才倾向于更多再现农民工子女的一致性信息，前三个位置上没有任何的再现差异，而农民工子女的非一致性信息在前半部分明显多于农民工的，两者在后半部分趋于相等。所以整体看来，的确是农民工子女的信息再现多于农民工。

综合两部分的研究结果来看，所有的系列再生链中并没有体现非一致性信息的记忆优势，集体呈现记忆一致性信息的倾向。当故事在再生链中传递时，一致性信息会更多地被保留。由此，在对故事的连续再生过程中刻板印象得以保持。正如 Stangor 和 McMillan 指出的，在许多社会情境中，一致性信息更易保存❶。另外，农民工及其子女的代际数据像 Lyons 和 Kashima 的研究结果所表明的那样，当被试没有交流动机的时候，只是单纯地根据记忆复述，没有一致性信息（或者非一致性信息）偏见出现，只有当被试根据记忆再现故事时知道听众的存在，就会出现明显的一致性信息偏见❷。本研究指导语明确告诉被试，他的任务是记住故事，以便能够用自己的话转述给另一个人，而这个人将完成同样的任务后再转述给第三个人。这无疑再一次证明交流环境需要故事复述中的一致性信息偏见出现。但系列再生链中不能显示非一致性信息偏见并不能说明人们不能记住像一致性信息一样多的非一致性信息，有可能是还没有找到利于非一致性信息偏见出现的最佳交流条件，因此需要进一步研究系列再生链的交流背景引发一致性信息偏见的作用。

三、研究三：提取不同维度组合的社会群体框架结构

在高明华和研究一分别进行的两次刻板印象内容模型的本土化确认与修订过程中，涵盖与剔除道德内容是两者普遍关注的焦点问题之一。尤其是高明华更加详尽地分别以"才能 + 道德"和"才能 + 道德社会性"对获得的 21 个中国社会群体进行聚类分析，发现聚类标准并无本质差异，从而推断可不纳入社会性变量，主张道德才是根本，应承担表现刻板印象内容的重任。研究一则未在这个问题上进行任何针对性的讨论，而是直接使用能力（同"才能"）和热情（同"道德社会性"）进行群体的框架结构划分，仅仅在心理卷入情境的分析结果

❶　Stangor, C. , McMillan, D. Memory for Expectancy – congruent and Expectancy – incongruent Information：A Review of the Social and Social Developmental Literatures. Psychological Bulletin, 1992, (111)：42 – 61.

❷　Lyons A. , Kashima Y. Maintaining Stereotypes in Communication：Investigating Memory Biases and Coherence – seeking in Storytelling. Asian Journal of Social Psychology, 2006, 9 (1)：59 – 71.

中表现出热情和道德的不同。所以，两个研究结果存在些许矛盾的地方，就是说，既然社会性是道德的表现，理论上两者的变化趋势应保持一致，却在心理卷入情境中出现了差异。既然如此，本研究拟从道德和社交性❶（社会性）的关系入手，分别以"才能（能力）＋道德""才能（能力）＋道德社会性（热情）""才能（能力）＋社会性（社交性）""能力（才能）＋道德＋社会性（社交性）"四个维度指标对比分析中国社会群体框架。

在被试的选择上，112 名被试与研究二的所有被试一样，来自天津某高校的本科生，其中男 50 人，女 62 人，平均年龄 20.1 岁（标准差 ＝2.47），专业分布涵盖人文社会科学类、理科、工科和商科。没有任何一名被试同时参与研究二和研究三，但两个研究的被试中有来自同一班级的情况，所以，不能保证研究三的被试之前未接触过该研究的相关内容，但所有被试确实未参与过任何具体的刻板印象研究。

所有被试完成相同的实验过程，实验工具同样采用研究一修订的刻板印象内容模型问卷，并以她们通过频次统计获得的 32 个群体（包括农民、农民工、男性、女性、教师、老人、白领、公务员、知识分子、企业家、城市人、蓝领、商人、南方人、北方人、富人、穷人、大学生、科学家、残疾人、个体工商业者、海归、私营企业主、领导干部、无业游民、低保人员、演艺明星、体育明星、乞丐、下岗人员、常驻中国的外国人）和研究二的农民工子女为被试的刻板印象认知对象，问卷的指导语着重强调"请注意，这里我们关注的不是你个人的观点和想法，而是在你看来身边大多数人的看法"，采用从 1 代表"非常不同意"到 5 代表"非常同意"的 Likert 五点量表直接测量被试分别对 33 个群体的刻板印象。随后，分别以"社交性＋能力"、"社交性＋道德＋能力"、"热情＋能力"和"道德＋能力"为指标通过系统聚类方法的最远邻法进行聚类分析，进而比较三种聚类结果的差异，以分析道德内容的作用。需要指出的是，"社交性＋道德＋能力"与"热情＋能力"的区别在于前者分别以三个内容为聚类指标，后者则是将社交性与道德还原为热情这一个指标。

将收集的有效问卷数据进行聚类分析，鉴于已有的本土化模型验

---

❶ "社会性"和"社交性"只是用语不同，含义基本一致。

证均表示中国社会群体可以归为 4 类，本研究便直接将 33 个群体聚成 4 类，仅在分类指标方面进行对比分析。对于"能力"指标，为问卷中"有能力的"和"有才能的"两个特质词汇的测量平均分，同理，"社交性"指标则是"待人热情的"和"友好亲和的"测量平均分，"道德"指标是"诚实正直的"和"值得信赖的"测量平均分，"热情"则是"社交性"和"道德"两个指标的整体测量平均分。因为利用主成分因子结构分析 6 个特质词汇，选取特征值大于 1 的因子并经斜交旋转获得相应的因子结构中，"待人热情的"、"友好亲和的"、"诚实正直的"、"值得信赖的"被归为同一因子，且 Cronbach's alpha 达到 0.859，与本土化研究结果基本一致，可以对这 4 个词汇进行平均分处理。

表 2.14　基于不同聚类指标的归纳比较

群体	热情 + 能力	社交性 + 道德 + 能力	社交性 + 能力	道德 + 能力
A				
农民	1	1	1	1
穷人	1	1	1	1
农民工	1	1	1	1
低保人员	1	1	1	1
残障人员	1	1	1	1
下岗人员	1	1	1	1
B				
蓝领	2	2	1	1
老人	2	2	2	1
农民工子女	2	2	2	1
女人	2	2	2	1
大学生	2	2	2	2
北方人	2	2	2	2
教师	2	2	2	2
常驻外国人	2	3	3	2
个体工商业者	2	3	3	3
C				
男人	3	3	3	2

群体	热情+能力	社交性+道德+能力	社交性+能力	道德+能力
海归	3	3	3	2
知识分子	3	3	3	2
科学家	3	3	3	2
企业家	3	3	3	2
白领	3	3	3	2
体育明星	3	3	3	2
商人	3	3	3	3
私营企业主	3	3	3	3
公务员	3	3	3	3
南方人	3	3	3	3
领导干部	3	3	3	3
城市人	3	3	3	3
演艺明星	3	3	3	3
富人	3	3	3	3
D				
罪犯	4	4	4	4
无业游民	4	4	4	4
乞丐	4	4	4	4

从聚类结果看，基本与研究一对除去农民工子女外的32个群体的聚类结果一致，仅有老人群体被归入高热情—高能力群体，而非已有研究的高热情—低能力群体，从老人群体的热情值3.9563和能力值2.6796看，能力值基本上介于高热情—高能力和高热情—低能力群体的中间位置。

表2.15 基于不同聚类指标划分的群体刻板印象内容

指标	聚类	能力	热情	道德	社交性
热情+能力	农民、穷人、农民工、低保人员、残障人员、下岗人员	2.223	3.301	—	—
	蓝领、女人、个体工商业者、大学生、北方人、老人、教师、常驻外国人、农民工子女	3.195	3.636	—	—

指标	聚类	能力	热情	道德	社交性
热情 + 能力	男人、商人、海归、私营企业主、公务员、白领、领导干部、城市人、富人、知识分子、科学家、企业家、南方人、演艺明星、体育明星	3.796	2.895	—	—
	罪犯、无业游民、乞丐	1.899	1.924	—	—
社交性 + 道德 + 能力	农民、穷人、农民工、低保人员、残障人员、下岗人员	2.223	—	3.218	3.301
	蓝领、女人、大学生、北方人、老人、教师、农民工子女	3.195	—	3.513	3.636
	个体工商业者、常驻外国人、男人、商人、海归、私营企业主、公务员、白领、领导干部、城市人、富人、知识分子、科学家、企业家、南方人、演艺明星、体育明星	3.811	—	2.870	2.889
	罪犯、无业游民、乞丐	1.899	—	1.686	1.924
社交性 + 能力	农民、穷人、农民工、低保人员、残障人员、下岗人员、蓝领	2.193	—	—	3.241
	女人、大学生、北方人、老人、教师、农民工子女	3.274	—	—	3.618
	个体工商业者、常驻外国人、男人、商人、海归、私营企业主、公务员、白领、领导干部、城市人、富人、知识分子、科学家、企业家、南方人、演艺明星、体育明星	3.811	—	—	2.879
	罪犯、无业游民、乞丐	1.899	—	—	1.795
道德 + 能力	农民、穷人、农民工、低保人员、残障人员、下岗人员、蓝领、老人、农民工子女、女人	2.419	—	3.287	—
	大学生、北方人、教师、常驻外国人、男人、海归、知识分子、科学家、企业家、白领、体育明星	3.850	—	3.265	—
	个体工商业者、商人、私营企业主、公务员、领导干部、城市人、富人、南方人、演艺明星	3.655	—	2.572	—
	罪犯、无业游民、乞丐	1.899	—	1.686	—

但与此同时，四种聚类指标的分组结果具有较大变化（见表2.15）。其实，在"热情+能力"的基础上，将"热情"分解为"社交性"和"道德"两个指标，并没有为聚类结果造成过多影响，仅有常驻外国人和个体工商业者两个群体变换了归属，其道德评价分值为3.049和2.563，显然要被整体道德水平达到3.513的B组所剔除（为方便表述数据分析结果，将聚类的结果按照表2.14呈现的顺序依次界定为A、B、C、D四组）。当彻底剔除"道德"而仅保留"社交性"这个指标后，可以说，分组情况基本与两者分别以两种方式共同参与群体分类的结果相近，唯独蓝领群体进入到A组，其"社交性"的平均分值为3.313，相比其原先所属的B组的3.618，更加接近A组的3.241，可见蓝领基本处于A组和B组间的边缘。截至此处，上述三种聚类指标的分组结果可谓基本相同，只有蓝领、个体工商业者和常驻外国人三个群体出现分组的变动，并且每个群体的变动频次极低，所以，"道德"内容究竟是以独立还是结合社交性组成热情的方式，其实对刻板印象内容模型划分中国社会群体所产生的影响不大。但是，当抛弃"社交性"内容，仅以"能力"和"道德"聚类群体时，只有罪犯、无业游民、乞丐三个群体始终没有改变，其余三组均出现明显的群体归属变动，这一结果表明社交性内容对于分组的作用并非可以忽视，同高明华的研究结论差异较大。

综上聚类结果，社交性和道德分别作用于中国社会群体的划分，明显勾勒出不同的框架结构。以不同方式将两者共同纳入聚类指标时，分组结果更贴近"热情"和"能力"的划分。由此一来，对于中国社会群体的刻板印象内容，社交性与道德的地位和作用呈现出难分伯仲之势。

随后，研究采用配对 t 检验方法对比每个群体的社交性和道德评分值，发现被试对所有群体的社交性和道德评价呈现不同程度的显著相关关系，但分值之间却有显著差异和保持相同之别，并且这种情况或多或少在每个聚类分组中均存在（见表2.16）。所以，从数值分析角度证实社交性和道德之间不应该出现替代与被替代，或者说，剔除其中之一实现简化。

表 2.16　33 个群体的社交性 - 道德评价配对样本 t 检验

群体	t	r	d
个体工商业者	8.599 ***	0.465 ***	0.879
商人	7.264 ***	0.355 ***	0.817
无业游民	5.081 ***	0.585 ***	0.457
私营企业主	4.729 ***	0.439 ***	0.494
演艺明星	4.213 ***	0.426 ***	0.445
女人	3.982 ***	0.249 *	0.498
南方人	3.942 ***	0.677 ***	0.312
农民工子女	3.439 ***	0.620 ***	0.296
常驻外国人	3.327 ***	0.640 ***	0.281
农民	3.186 **	0.629 ***	0.277
老人	2.489 *	0.614 ***	0.215
农民工	1.988 *	0.702 ***	0.151
罪犯	1.987 *	0.643 ***	0.166
乞丐	1.919	0.514 ***	0.190
北方人	1.737	0.628 ***	0.148
穷人	1.192	0.772 ***	0.079
下岗人员	1.115	0.720 ***	0.086
低保人员	0.425	0.627 ***	0.037
蓝领	- 0.088	0.657 ***	0.007
体育明星	- 0.158	0.643 ***	0.763
企业家	- 0.279	0.583 ***	0.025
公务员	- 0.515	0.626 ***	0.044
领导干部	- 1.506	0.571 ***	0.139
大学生	- 1.735	0.603 ***	0.153
城市人	- 1.922	0.594 ***	0.171
男人	- 2.462 *	0.393 ***	0.270
白领	- 2.717 **	0.434 ***	0.285
残障人士	- 2.815 **	0.452 ***	0.290
富人	- 3.018 **	0.668 ***	0.243
教师	- 3.416 ***	0.505 ***	0.338
知识分子	- 3.418 ***	0.463 ***	0.352
海归	- 4.431 ***	0.310 ***	0.513
科学家	- 9.458 ***	0.374 ***	1.043

四、讨论

本研究首先以热情和能力两个维度来考察中国人的刻板印象内容，可以得出较为清晰的四类群体，与 Fiske 刻板印象内容结果基本吻合，验证了 SCM 的跨文化性，也说明热情和能力同样可以作为考察中国人刻板印象内容的两个基本维度，这也进一步说明中文 SCM 问卷具有较好信效度，可以用作中国人群体 SCM 测量的有效工具。刻板印象类似于某种特定情境下的知识背景❶，其中也显现个别性与典型的本土化特征，如中国女性群体在能力表征上有所增加，显现了中国当前对女性能力的认可。另外，蓝领在中国群体划分中成为高热情—高能力的代表，这也反映了中国化情境中对这一群体的积极性评价。

另外，群体和个体水平的能力、热情指标配对样本 t 检验显示出被试对大多数群体能力和热情评价的显著差异，说明中国人对群体的刻板印象内容大多是混合的，支持了混合刻板印象的假说，仅有大学生群体不存在混合刻板印象，呈现内群体的偏好现象。刻板印象内容的混合性还得到了四类群体热情、能力总平均值差异性比较的证实。热情高的群体，无论能力高低与否，其热情评价均明显高于能力评价。唯一没有差异性的是低热情—低能力群体，配对样本 t 检验显示该类内的无业游民、乞丐群体属于热情显著高于能力型，只有罪犯是能力显著高于热情。所以从单一群体和类型群体两方面验证混合刻板印象内容是十分必要的，数据统计结果支持了混合刻板印象的假设。

同时，社会地位与能力存在显著正相关，支持了关于社会地位对能力预测作用的观点。但是，竞争性与能力的显著正相关、竞争性与热情仅在群体水平上呈现显著负相关、在个体水平上呈现显著正相关则与 SCM 预测假设不符。也就是说，本研究结果未能完全支持竞争性对热情的显著预测作用，却发现竞争性可以预测能力，具体原因尚待今后研究的进一步探讨。

对于中国内地样本而言，对于外群体的情绪唤醒和行为反应均出现了二元化，例如，高热情—低能力群体引起的行为反应是主动助长

---

❶ 佐斌、刘峰："激活性别刻板印象对源检测判断的影响"，载《中国临床心理学杂志》2010 年第 3 期，第 284 ~ 285 页。

和被动伤害，人们对待低热情—高能力群体既是赞赏与敬佩，也有嫉妒和妒忌。统计结果显示，只有低热情—低能力群体的行为反应与偏差地图中的截然不同，一个是被动伤害，另一个是主动伤害，其他方面都在偏差地图的基础上有所扩展。低热情—高能力群体的典型情绪唤醒是赞赏与嫉妒，这两种情绪在实际生活中总是与强者相伴而生，但对于高热情—高能力群体并没有嫉妒情绪，原因多为该群体的能力值整体上略低于低热情—高能力群体，还不足以唤醒嫉妒情绪。行为反应中，被动行为不受热情维度的影响，被试对能力低的群体是排斥、贬低，对能力高的群体是交往、密切合作；主动助长行为只受热情维度的影响，表现为对待热情高的群体；主动伤害行为没有成为任何类型群体的典型行为反应（见图 2.2）。

虚拟情境下的上述结果表明，人们会因虚拟卷入程度的影响而对农民工群体的刻板印象、情绪唤醒和行为反应发生变化。可见，SCM和 BIAS Map 不是静止的模型，会因客观环境的变化而发生移动，这是对模型的新发现。本研究的虚拟卷入情况是子女与农民工谈恋爱，即亲密关系假设，其父母认为农民工的热情降低，对他们的主动伤害行为（攻击、欺负），同情、钦佩、歧视的情绪唤醒均明显降低，只有被动助长行为（密切交往、合作）显著提高。从虚拟卷入前后的典型情绪唤醒和行为反应来看，始终包含歧视情绪和被动伤害行为（贬低、排斥），与中国样本中低能力—低热情类型群体的 BIAS Map 特征相同，最初被归类为高热情—低能力类型的农民工群体经过“子女与农民工谈恋爱”模式启动而出现向低热情—低能力类型群体移动的趋势。

在对中国社会群体刻板印象内容模型和偏差地图本土化的已有研究基础上，研究二从测量特定群体的应用性视角发现偏差地图的认知与情绪、行为具有分离现象，研究三重刻板印象内容模型的典型跨文化检验方式——聚类分析，推断社交性和道德可能同是刻板印象内容模型不应忽视的维度，但需要更为深远和详尽的分析检验。加上研究一的直接验证，三个研究再一次表明中国内地的群体数据支持刻板印象内容模型和偏差地图的跨文化适用性，也揭示了可能导致刻板印象内容模型不完善的原因，即社交性和道德之间的关系以及两者与热情的关系问题。

研究以单一高校的在校大学生为被试，是一道基于人力、物力、财力的研究条件所限而难以逾越的屏障，也成为了制约研究结果效度的首要因素，这不仅是大多数研究受到质疑的原因，也是刻板印象内容模型的跨文化验证中出现过的事实证据，Fiske，Cuddy，Glick 和 Xu 首次提出刻板印象内容模型时使用美国在校大学生为被试，获得五类群体丛的划分结果[1]，Cuddy，Fiske 和 Glick 三人随后提出偏差地图时综合美国代表性数据结果，显示为标准的四类群体丛[2]，可见，刻板印象内容模型预测社会群体的框架结构因基于被试的社会认知而非绝对的客观，可以说，只是对被试心中社会现象的一种表征。刻板印象内容模型的内群体偏好和外群体贬抑假设就是对这一现象的有利解释，即伴随被试取样的代表性程度，内外群体划分存在相应的变化，获得的社会框架结构亦随之改变。对此，从研究一到研究三所围绕的中国社会群体分类框架并非稳定不变，不难推测，刻板印象内容模型的分类框架未必是当前社会现状的客观情况，只能说，刻板印象内容模型具有一种更倾向于指导性的工具作用，以此探究个体和群体的社会认知特征。

不能否认，在不同文化背景、不同被试群体的不同刻板印象内容模型表征的社会群体框架结构中，一些群体的归类一致性现象是刻板印象内容模型跨文化稳定性的有利证据，刻板印象内容模型也因此得到检验和认可，比如，以本研究获得的各类中国大陆内地的划分结构，以及以往研究的中国香港地区、韩国、美国大学生、美国和日本的数据为例（此处群体划分暂且不考虑道德维度），富人均属于低热情—高能力群体丛，穷人除了在本研究中始终被归入高热情—低能力群体丛外，其他国家和地区均将其视为低热情—低能力群体，男性除了在中国香港地区被归入中等热情—中等能力群体丛外，均属于低热情—高能力群体丛（美国数据并未包含男性群体），女性群体则出现了不同的归属现象。除了蓝领、学生、无业游民等根据年龄、性别、贫富

❶ Fiske S. T. , Cuddy A. J. C. , Glick P. S. , Xu J. A Model of（often mixed）Stereotype Content：Competence and Warmth Respectively Follow from Perceived Status and Competition. Journal of Personality and Social psychology, 2002, 82: 878 – 902.

❷ Cuddy A. J. C. , Fiske S. T. , Glick P. The BIAS Map: Behaviors from Intergroup Affect and Stereotypes. Journal of Personality and Social Psychology, 2007, 92: 631 – 648.

等因素而普遍存在的群体，不同社会所特有的典型群体，共同形成了一个国家或地区兼具普遍性和特定性的社会群体框架，也通过刻板印象内容模型的预测结果得以体现，只是这种基于个体社会认知的结果可能受到影响认知因素的牵连而并不稳定。

针对农民工及其子女的两类信息在各自系列再生链中所表现出的一致性传递规律，符合一致性信息偏见的同时，也存在着彼此间的内部差异，尤其是被试在前半部分再生链中对农民工子女非一致性信息的记忆与传递倾向最为突出。这有可能是因为人们尚未对农民工子女形成稳定或一致的刻板印象，也有可能是因为人们对农民工子女的刻板印象存在矛盾性，就如研究二所发现的那样，农民工子女虽然被归入高热情—高能力群体丛，受到的情绪唤醒和行为反应却更类似于农民工和农民所属的高热情—低能力群体丛。

从质性分析角度出发，进一步探究农民工子女非一致性信息的保持倾向发现，再现比例较高的非一致性信息一般都伴随着一致性信息，也就是说无法判断非一致性信息的保持是完全来自被试的记忆偏向，还是受到一致性信息记忆偏向的干扰。比如，表示人们与农民工子女合作行为的非一致性信息是班长欲邀请赵楠（农民工子女）共同参加某项竞赛，随后出现的信息便是其他同学认为赵楠的能力仅在农村里算是优秀，反对让他参加竞赛的贬低行为一致性信息。结果，这两个信息均出现了记忆偏向。可见，信息之间的内在逻辑关联有可能产生裙带效应，使得非一致性信息借助一致性信息的记忆偏向而得以保持。

另外，表述某个信息的语言繁简程度会影响被试的再现情况，被试倾向于记住事件性信息，而不是概括性信息。实验指导语向被试强调"请在阅读的同时一定要理解故事的含义"，是为了引导被试对阅读内容进行语意加工，而不要依靠单纯的死记硬背。结果发现，无论是一致性信息还是非一致性信息，被一句话描述后的保持情况明显不如几句话的详细描述。比如，农民工故事中的非一致性信息"结识了许多城里的新朋友"和一致性信息"一些粗心的顾客多付了钱，他都主动退还给了人家"，农民工子女的非一致性信息"陈老师了解这一情况后，便借此号召大家向赵楠学习"和一致性信息"包括老师在内，大家对赵楠的成绩和稳重都是刮目相看"，几乎在第一名被试的复述中就被遗忘了。当然，被试的记忆资源分配策略也有可能造成上述情况。不过，单从信息表述角度看来，内容描述翔实且具体的确有利于信息的记忆与保持。

需要指出的是，两个故事篇首和篇尾的信息，无论是一致性信息还是非一致性信息，都得到了较好的保持和传递，甚至出现了非一致性信息保持的倾向性。比如，农民工初始故事的篇尾处包含赞赏行为的一致性信息和嫉妒行为的非一致性信息，结果多数被试忽视掉了"民主评议中，尽管有少部分人认为李旺的工作表现一般，但他还是得到了许多人的认可。"相反却记住同事诬陷李旺的嫉妒行为，并且转述这一嫉妒行为过程中，往往没有提到"李旺平时表现太优秀"的相关内容，单纯再现了陷害行为的过程，已经略有一些欺负行为的意味，恰好农民工 BIAS Map 模型中也具有较高的欺负行为。另外，两篇故事的篇首位置都是关于农民工或其子女的能力描述，一个是能力的一致性信息，一个是能力的非一致性信息，两者均得到了较好的保持。所以，抛开信息的记忆偏向，不能忽略首因效应和近因效应对信息记忆及再现的重要影响。尽管实验结果受到了这两种效应的污染，却也从另一个角度指出改变或保持刻板印象的可能性途径，就是将重要信息放在开始或结尾的位置，以引起他人更多的注意。

社会认知发生在认知主体的思维过程之中，认知主体的原有经验、价值观念、情感状态、认知偏见和文化背景等因素都会影响到社会认知的内容与过程❶。然而除此之外，还有认知对象和认知情境的一些其他因素也会影响到人的社会认知。研究一通过农民工群体为例设置心理卷入情境，发现了刻板印象内容以及与之相伴的情绪、行为均发生了一定变化，说明刻板印象内容模型并非具有绝对的稳定性，即某一认知主体针对同一认知对象的刻板印象表征结果可能受某些因素影响而改变，而在发生变化的认知、情绪和行为结果中，作为热情内涵的道德内容并未受设定的心理卷入情境影响，与整体热情维度的变化略有差异，已经成为探究刻板印象内容中道德地位的又一条导火索。结合研究三的多种聚类分析，无法明确道德与社交性究竟孰轻孰重，十分有必要对刻板印象内容模型进行本土化的完善。对于研究二的偏差地图研究结果，被试对农民工子女的认知与情绪、行为的偏离，同

---

❶ 乐国安：《社会心理学（修订版）》，中国人民大学出版社 2011 年版。

偏差地图的理论框架差异较大，研究一发现中国社会群体也存在异于模型假设的"二元化"行为反应，也是对偏差地图的假设和稳定性提出了挑战。其实，自偏差地图提出以来，近期研究主要集中在刻板印象内容模型的应用及其与情感偏见两者的关系上，这一点在刻板印象内容模型的认知神经机制层面体现得尤为明显，至于行为反应的探索较少，并主要集中于种族歧视方面❶❷，不禁令人对偏差地图的假设和稳定性产生一丝质疑。Fiske 从偏见形成的视角提出认知、情绪和行为三者的系统性、功能性和预测性假设，而主动和被动的助长、伤害行为能否简化个体行为的复杂性，外加刻板印象内容模型自身可能需要完善，并且受心理卷入情境而引发情绪、行为的变化，那么情境的多样性是否包含影响偏差地图的中介变量，尤其是在非典型的歧视和偏见中的三者关系，均是偏差地图有待解决的问题。

综上所述，鉴于偏差地图的本土化数据结果存在有悖模型假设的情形，而道德与刻板印象内容模型的关系难以定论，所以本书后续研究主要围绕刻板印象内容模型的探讨和应用展开，尤其是对道德内容的分析，暂不采用偏差地图关于行为反应方面的理论。从研究视角上，适度将刻板印象内容模型从理论性向工具性作用倾斜，作为测量特定情境下社会认知现状与变化的工具。从研究切入点上，将立足于中国的文化环境，对刻板印象内容模型的能力、热情，尤其是道德进行重新测量和提取，因为已有的本土化研究均是直接使用刻板印象内容模型的问卷词汇进行测量，这些词汇是在非中国文化背景下提炼而来，本身便具有本土化的需要，所以，利用刻板印象内容模型探究中国社会群体认知特征之前，理应建立符合中国文化的新刻板印象内容模型。

第二节　刻板印象内容模型的道德维度提取

能力和热情的作用日渐在一系列的刻板印象研究中得以证实，道

---

❶　Markus H. , Zajonc R. B. The Cognitive Perspective in Social Psychology. Handbook of Social Psychology, 1985, 1: 137 – 230.

❷　Lin M. H. , Kwan V. S. , Cheung A. , Fiske S. T. Stereotype Content Model Explains Prejudice for an Envied Outgroup: Scale of Anti – Asian American Stereotypes. Personality and Social Psychology Bulletin, 2005, 31 (1): 34 – 47.

德的呼声也是越来越高，而且，源于对人性的分析中，道德隶属于热情内涵的观点已经受到了挑战。Leach 等人❶和 Brambilla 等人❷提出道德在印象形成与管理中的首要性。研究一的心理卷入情境研究曾尝试性地将"诚实正直的"和"值得信赖的"从热情维度中剥离出来进行分析，以其稳定不变的表现获得与"待人热情的"和"友好亲和的"的差异性结果。高明华更是通过道德是社会性本质的结论提出道德作为刻板印象内容的必要性❸，而本书的前述研究也发现道德与社会性对中国社会群体的分类完全发挥不同的作用，所以，本节主要围绕刻板印象的道德维度进行探讨，并且从测量刻板印象内容维度的词汇入手，界定适用于中国社会群体的刻板印象内容。

一、研究四：描述群体刻板印象内容的词汇

刻板印象的测量方法众多，从自有反应法、Katz 和 Braly 法等直接测验法到直接联想测验、内隐联想测验等间接测法，描述刻板印象内容的词汇自始至终都是重要的实验组成部分，所以，首先收集并筛选描述群体刻板印象特征的词汇，为后续研究奠定基础。

本研究采用的有效被试为 88 名，其中男 34 人，女 54 人，平均年龄 20.5 岁（标准差 = 2.79），被试主要分为两部分，52 名大学生和 36 名不同行业的上班族，其中，大学生被试包括本科生、研究生和博士生，上班族被试具有二到四年的工作经历，以企业白领、教师居多。部分被试之前参与过刻板印象的相关研究，但完成本研究后通过逐一询问确定，在未告知他们研究目的的情况下，他们并不了解此次研究的意图。

为了获得描述中国社会群体的形容词，研究过程以收集国内外以群体刻板印象特征为主题的公开发表文章为主，获得描述群体刻板印

---

❶ Leach C. W. , Ellemers N. , Barreto M. Group Virtue: The Importance of Morality (vs. Competence and Sociability) in the Positive Evaluation of In – groups. Journal of Personality and Social Psychology, 2007, 93 (2): 234 – 249.

❷ Brambilla M. , Sacchi S. , Rusconi P. , Cherubini P. , Yzerbyt V. Y. You Want to Give a Good Impression? Be Honest! Moral Traits Dominate Group Impression Formation. The British Psychological Society, 2012, 51 (1): 149 – 166.

❸ 高明华："刻板印象内容模型的修正与发展——源于大学生群体样本的调查结果"，载《社会》2010 年第 5 期，第 195 ~ 216 页。

象内容的词汇。中文文献通过中国知网（CNKI）数据库检索"刻板印象"、"群体刻板印象"主题词，外文文献全部为英文撰写的公开论文，根据经验以 stereotype 搭配 Black、White、race、Jews、Christian、immigrant、student、old、gender、women、men、homosexuality 等主要的刻板印象研究对象名词检索谷歌学术的数据库信息。中文文献描述刻板印象内容的词汇直接纳入本研究的词汇库，外文文献的词汇则由两名心理学专业的硕士研究生和两名英语翻译专业的硕士研究生完成中英回译的工作，先各由一名心理学专业学生和英语专业学生分别将英文翻译成中文，随后另外两名同专业的学生再将中文回译成英文，最后比较两组学生的翻译结果并确定中文内容。针对两组翻译的差异，需要通过讨论和协商解决。

从中文文献和英文文献提取的刻板印象特征词汇集结成最初的词汇集，首先按照近义词的词意特征进行初步简化，形成词汇问卷，指导语强调"描述个体或群体的形容词，其中，有些形容词会经常使用，有些词则较少，请根据你周围的人使用这些词汇的情况，填入适当的分数"，采用 Likert 的七点量表法，1 代表"几乎不使用"，7 代表"经常使用"，由被试逐一对每个形容词打分。对于一些意思相近、但表述略有差异的词，问卷将其逐一列举在同一描述词单元格内，要求被试按照使用频率最多的那个词计分。最后通过 SPSS13.0 数据分析软件计算每个描述词的频率平均值，以均值大于 5（包括"有时使用"、"较多使用"和"经常使用"）为标准筛选最终的词汇。

通过文献检索获得描述刻板印象内容的词汇，主要涉及地域、民族、其他国家和地区、年龄刻板印象以及某些特殊群体，比如，中文文献具有代表性的城市人和农村人、农民工、刑满释放人员、少数民族、独生子女等，共采纳文章 31 篇，英文文献则多达上百余篇，其中以 Katz 和 Braly 于 1933 年发表的 Racial stereotypes of one hundred college students 一文最具代表性，通过词汇整理，其所使用的 84 个特征词汇清单至今仍颇具概括性。在对英文词汇进行回译时，两组学生的分歧较大，原因在于刻板印象内容的描述性词汇以形容词为主，而两种语言的形容词种类丰富，尤其是近义词的辨析难度大，对此，采用"有即采纳"的策略，只要两组翻译同时出现一个词汇，不论该词汇是否对应同一个英文单词，就将其归入词汇库，在一定程度上降低了回译前后英文对应的准确性，这是本研究的一个弊端所在。

最终整理的结果显示，共有 241 个词汇，将近义词归类后，最终形成 124 类，比如，单一含义的词汇有"爱面子"、"傲慢"、"易沟通"、"没有主见"、"一无所长"、"优柔寡断"、"目光短浅"、"偏激"、"自吹自擂"、"深谋远虑"、"务实"等，意思相近的词被归为一组，并不过度关注词语之间含义的细微差异而呈现在问卷的同一个单元格内，以降低被试的判断难度和工作量，比如有"好逸恶劳、懒惰、贪玩"、"大度、慷慨、大方、大气、包容、豁达"、"和睦融洽、团结、友好"、"有毅力、有恒心、自制力强"、"保守、观念传统、守旧、拥趸传统"等，被试对 124 个（组）词进行使用程度的判断，根据频率大于 5 的标准，共选出 39 个符合标准的词汇（见表 2.17）。

表 2.17　刻板印象内容词汇表

词汇	频率	词汇	频率	词汇	频率	词汇	频率	词汇	频率
乐观开朗	6.09	慷慨豁达	5.78	能干	5.55	忠厚老实	5.23	有魅力	5.11
讨人喜欢	5.98	脾气好	5.77	诚实真诚	5.55	耿直坦率	5.23	易沟通	5.07
进取努力	5.95	谦虚	5.67	有个性	5.44	敬业	5.22	善于思考	5.03
热情热心	5.91	成熟稳重	5.62	善解人意	5.43	体贴	5.22	单纯	5.03
友善亲和	5.91	自信	5.6	乐群随和	5.43	温柔优雅	5.21	健谈	5.02
有责任心	5.89	可信赖	5.6	和睦融洽	5.33	勤俭节约	5.17	粗犷豪爽	5.02
谨慎认真	5.88	坚韧	5.59	有思想	5.28	适应力强	5.16	内向腼腆	5
机智聪慧	5.81	勤奋刻苦	5.55	想象力丰富	5.24	胆大勇敢	5.16		

注：因表格大小有限，意思相近的一组词汇仅列举出 1 至 2 个。

39 个词汇以褒义词和中性描述词为主，带有贬义色彩的词汇，如油滑、小气、排外、情绪化、高傲自大、迟钝等，被试认为周围的人使用频率偏低，这种词性不均衡的表现结果，一方面反映出人们倾向于给予他人肯定的评价，另一方面体现大众接触的群体多具有令人肯定的特质，这与抽取样本的群体类型有关，本研究的被试为大学生、企业白领、教师等群体，其所接触的人和事往往偏向于积极层面。对此，刻板印象内容模型预测不同国家和地区的社会群体框架也略有体现，属于低热情—低能力群体丛的往往是罪犯、无业游民、乞丐、吸毒者等社会边缘群体，其数量远远低于其他三类群体丛的规模，可见，社会群体中的大多数成员普遍具有积极的刻板印象，这可能导致人们倾向于从积极视角评价他人。当然，这种缺乏贬义词的结果不能排除社会赞许性的影响。

按照刻板印象内容模型的维度内涵看，机智聪慧、想象力丰富、有思想、能干、善于思考、适应力强等词汇主要体现群体的能力，友善亲和、忠厚老实、诚实真诚、热情热心、可信赖等词汇则属于热情的范畴，与此同时，若按照 Leach 等人[1]和 Brambilla 团队[2][3]对道德内涵确定为诚实（honest）、真诚（sincere）和值得信赖（trustworthy）来看，39 个（组）词汇也有与之对应或相近的。只是"有能力的"和"有才能的"的刻板印象内容模型问卷条目并未有所体现。除此之外的其他词汇，以指向个体的刻板印象特质居多，比如健谈、敬业、内向腼腆、自信等，与群体社会地位、资源占有、竞争性的特征并无显著关系。

二、研究五：社会群体刻板印象内容维度的探索性因子分析

提出道德是刻板印象内容维度的研究，采取的主要方法是验证道德具有强于能力和热情（社交性）的重要地位，并直接界定表示道德内涵的测量项目。对于我国社会大众来说，刻板印象内容是否涉及道德维度？道德是否为诚实、真诚和值得信赖的潜在维度？本研究将根据研究四获得的 39 个（组）刻板印象内容词汇，采取探索性因子分析（Exploratory Factor Analysis，EFA），寻找刻板印象内容的潜在维度。

本研究的被试来自上海、贵阳、天津、河南各一所省重点高校以及一所教育部直属重点高校，共 217 名在校大学生，其中，男 94 人，女 123 人，平均年龄 21.7 岁（标准差 = 2.69）。

---

[1]　Leach C. W. , Ellemers N. , Barreto M. Group Virtue：The Importance of Morality（vs. Competence and Sociability）in the Positive Evaluation of In – groups. Journal of Personality and Social Psychology, 2007, 93（2）：234 – 249.

[2]　Brambilla M. , Sacchi S. , Rusconi P. , Cherubini P. , Yzerbyt V. Y. You Want to Give a Good Impression? Be Honest! Moral Traits Dominate Group Impression Formation. The British Psychological Society, 2012, 51（1）：149 – 166.

[3]　Brambilla M. , Rusconi P. , Sacchi S. , Cherubini P. Looking for Honesty：The Primary Role of Morality（vs. Sociability and Competence）in Information Gathering. European Journal of Social Psychology, 2011, 41（2）：135 – 143.

　　首先编制刻板印象内容的调查问卷，以研究四获得的 39 个（组）词汇为测量条目，选取研究三中四种刻板印象内容群体丛的各两个群体，组成完整的问卷。按照刻板印象内容模型强调社会大多数人的评价视角，指导语同样设置为"请注意，这里我们关注的不是你个人的观点和想法，而是在你看来身边大多数人的看法"，并采用从 1 代表"非常不同意"到 5 代表"非常同意"的 Likert 五点量表直接测量被试分别对 8 个群体的 39 个（组）刻板印象词汇的评价。

　　根据研究三的分析经验，不同群体的刻板印象内容维度差异较小，考虑到若由 39 个（组）词汇与 32 个典型社会群体组成问卷，将形成 1248 个测量条目，造成被试回答巨大题量的同时，条目的重复性会徒增被试的烦躁感，遂从四种刻板印象内容群体丛各抽取 2 个群体作为代表，依次为农民工、穷人、大学生、教师、城市人、富人、乞丐和罪犯。这样的抽取结果有两个原因：第一，通过计算每个群体丛所有群体总和的热情与能力平均值，选取尽量接近平均值的群体。第二，考虑一些群体具有明显的、可对比的群体特征，有可能增加数据结果的潜在价值，比如，穷人和富人的财富差异、农民工和城市人的背景身份差异，另外，大学生和教师是被试接触较多的群体，有助于降低被试因不熟悉而产生的评价困扰、乞丐和罪犯所属的低热情—低能力群体丛群体种类过少，遂直接按照第一个原则选取。在问卷的条目内容上，同一组词汇会全部列出，并告知被试把握这些词汇描述的核心内涵对不同群体做出判断，在后续的结果与分析过程中，为节省篇幅，仅在正文中列举 1 - 2 个词汇代表。

　　为了排除数据分析方法引发的结果差异，本研究参照研究三，使用 SPSS13.0 对问卷收集的数据进行探索性因子分析，首先运用主成分分析方法和斜交旋转方法抽取因子，采用特征值大于 1，因子载荷不低于 0.40 等标准删除条目，其次根据同一条目在不同因子载荷较大且接近、同一因子的条目内容差异较大、条目的平均值过于极端等标准继续删除条目。

　　通过被试对不同群体的刻板印象内容评价，探索性因子分析的结果并不稳定，主要表现为两方面，一是因子数目的不稳定，主要是 2 个因子和 3 个因子的区别，从因子构成的测量条目看，2 个因子与 3 个因子囊括的条目相近，仅在因子归属方面存在归为一个因子还是两个因子的区别,从测量条目内容上看,就是道德是属于热情维度还是独立门户的区别。以农民工和大学生两个群体的因子分析结果为例,农民工所有刻板印象内容描述词汇的数据 KMO 值为 0.717,Bartlett 球型检验的 F 值为 0.000,具备较好的因子分析条件,共提取出 2 个因子,所解释的方差为 57.699%,根据刻板印象内容模型,一个因子可命名为热情,包括"诚实真诚的"、"耿直坦率的"、"忠厚老实的"、"可信赖的"和"热情热心的";另一个因子可命名为能力,包括"善于思考的","有思想的","想象力丰富的","机智聪慧的"(见表 2.18),Cronbach's alpha 分别为 0.766 和 0.779,具有较好的内部一致性信度。但值得注意的是,从热情因子的测量条目来看,除了"热情热心的"具有直接描述人际互动中个体行为和态度,与刻板印象内容模型的热情维度贴近外,其余四个条目更加侧重于道德内涵的体现,即使刻板印象内容模型将道德视为热情,这种关于道德条目的高比例现象亦需要关注。

表 2.18 农民工刻板印象内容因子

项目	热情	能力
诚实真诚的	0.821	0.110
热情热心的	0.749	0.062
忠厚老实的	0.708	-0.286
耿直坦率的	0.694	0.132
可信赖的	0.639	0.192
善于思考的	0.077	0.824
有思想的	0.061	0.809
想象力丰富的	0.145	0.778
机智聪慧的	-0.009	0.667
Cronbach's	0.766	0.779

同样抽取出两个因子的群体还有乞丐、罪犯、城市人和富人,四者的 Bartlett 球型检验的 F 值均为 0.000,KMO 值依次为 0.714、0.711、0.693 和 0.690,所解释的方差依次为 66.321%、64.443%、50.071% 和 54.202%。这四个群体同农民工群体相比,其中一个因子明确体现能力,并且测量条目全部为"善于思考的"、"有思想的"、"想象力丰富的"、"机智聪慧的"和"适应力强的",仅比农民工群体

增加一项"适应力强的"；在另外一个因子的表现方面，乞丐同农民工群体的测量条目一样，纵使被冠名为"热情"，但体现道德内容的条目数量居多。罪犯、城市人和富人三个群体的两个因子测量条目相近，所提取的两个因子内涵同样可命名为"能力"和"热情"，并且"热情"因子保有"热情热心的"、"友善亲和的"、"善解人意的"、"讨人喜欢的"和"有责任心的"等更能充分体现刻板印象内容模型对热情维度界定的测量条目，这一结果符合模型对刻板印象内容依据能力和热情的清晰划分。

相比之下，被试评价大学生刻板印象的数据 KMO 值为 0.755，Bartlett 球型检验的 F 值同为 0.000，具备因子分析的条件较农民工群体的数据差，但仍可进行，共提取 3 个因子，所解释的方差为 65.669%，第一个因子由"耿直坦率的"、"有责任心的"、"可信赖的"构成，第二个因子包括"讨人喜欢的"、"友善亲和的"、"诚实真诚的"，而"诚实真诚的"在第一个因子的载荷为 0.402，按照因子提取标准应将其删除，但考虑到其因子载荷十分接近 0.4，并且是直接体现道德内涵的词汇，便被保留了下来，第三个因子是"机智聪慧的"、"善于思考的"、"有思想的"（见表 2.19），Cronbach's alpha 依次为 0.745，0.688，0.682，内部一致性信度低于农民工群体的数据结果。

表 2.19 大学生刻板印象内容因子

项目	道德	热情	能力
耿直坦率的	0.832	0.112	0.076
有责任心的	0.805	0.080	0.156
可信赖的	0.688	0.393	-0.001
讨人喜欢的	0.032	0.856	0.168
友善亲和的	0.235	0.789	0.008
诚实诚真的	0.402	0.529	0.145
机智聪慧的	0.147	0.070	0.859
善于思考的	0.002	0.030	0.828
有思想的	0.163	0.032	0.571
Cronbach's	0.745	0.688	0.682

教师和穷人同样抽取出三个因子，Bartlett 球型检验的 F 值同为 0.000，教师群体的 KMO 值为 0.793，共解释方差为 65.661%，穷人

群体的 KMO 值为 0.830，共解释方差为 64.424%。在能力因子的测量条目上，穷人与大学生的条目完全一致，教师则在两者的基础上增加了"热情热心的"这一条目，当然，从词汇的含义来看，"热情热心的"自然应被能力因子所剔除，这也是探索性因子分析选择测试条目的基本标准之一。在热情因子的测量条目方面，教师和穷人群体并没有超越因子内涵的条目存在，只是在条目的数量和内容上略有差异，教师群体由"善解人意的"、"讨人喜欢的"和"友善亲和的"构成，穷人则包括"热情热心的"、"友善亲和的"以及"有责任心的"，这与大学生群体将"有责任心的"归入道德因子出现了测量条目的归属差异。对于道德，"耿直坦率的"和"可信赖的"是大学生、穷人和教师三个群体共同拥有的测量条目，穷人和教师两个群体则更包含了"诚实真诚的"和"忠厚老实的"两个测量条目，较大学生群体的道德因子而言，更具有说服力。

从关于大学生群体的探索性因子分析看，这三个因子的测量条目组成在一定程度上验证了道德维度独立于刻板印象内容的假设，"耿直坦率的"、"有责任心的"、"可信赖的"接近 Leach 等人❶对道德内涵的界定，而"诚实真诚的"同样在第一个因子上具有一定的因子载荷，进一步明确该因子对道德内涵的表述性，加之穷人和教师将"诚实真诚的"名副其实的归本入位，道德之于刻板印象内容的地位再次被证明。第二个因子、第三个因子基本符合刻板印象内容模型的热情和能力维度。

探索性因子分析的另一个不稳定现象就是构成因子的测试条目难以固定，即使能力因子在 2 个因子和 3 个因子的抽取结果中始终占有一席之地，其所涵盖的测试条目也存在细微的变化（见表 2.20），相似的，即使某些群体的刻板印象内容具有相对明确的 3 个因子内涵，同一个因子的测试条目也可能存在差异，比如，大学生、穷人和教师群体，三者对于热情因子的条目构成仅有"友善亲和的"始终坚守自己的归属，"善解人意的"、"讨人喜欢的"等词均表现不稳定的被采纳或剔除情况。

---

❶ Leach C. W., Ellemers N., Barreto M. Group Virtue: The Importance of Morality (vs. Competence and Sociability) in the Positive Evaluation of In‐groups. Journal of Personality and Social Psychology, 2007, 93 (2): 234 - 249.

表 2.20　8 个群体的能力因子内容

项目	农民工	穷人	大学生	教师	城市人	富人	罪犯	乞丐
机智聪慧的	√	√	√	√	√	√	√	√
善于思考的	√	√	√	√	√	√	√	√
有思想的	√	√	√	√	√	√	√	√
想象力丰富的	√	√	√	√	√	√	√	√
适应力强的		√			√	√	√	√

　　分析导致上述两种不稳定情况主要有两个原因，一是样本量的限制，这可能是受制于样本量有限、问卷重复繁琐等客观因素的干扰，全部以在校大学生为被试，严重降低了样本的代表性，尤其是刻板印象作为社会互动过程中的重要产物，加之本研究围绕群体刻板印象展开，使得被试的群体性特征的重要性亦更为明显，结果或多或少受到样本代表性程度的影响。另外，仍然是由于研究群体刻板印象，问卷内容的设置存在同一问题反复评价不同群体的情形，造成被试填答问卷的重复判断，风笑天曾指出一份好问卷的要求之一是"问题少而精"，"少"是指在获得必要的资料的前提下，问卷中所包含的问题数目越少越好，"精"则指问题的质量高，包括问题的含义明确、概念具体、答案恰当、形式简单、语言通俗易懂、填答方便等方面❶。为了实现对不同刻板印象内容群体丛群体的刻板印象再调查，问卷以 39 个描述性词汇为测量题目，要求被试依次对 8 个群体进行判断，实则共形成 39 × 8 的 312 个题目，着实造就了庞大的问题数目。

　　另一个主要原因则是"精"的问题，刻板印象内容的国内外研究普遍采用描述性词汇作为体现刻板印象的介质，所取得的成果普遍受到认可，而词汇应用于刻板印象或心理学其他领域的研究也较为普遍，比如，刻板印象的内隐联想测验，国内著名学者王登峰的中国大七人格研究❷❸，前者选取含义明确和具有典型代表性的词汇作为实验材料

---

❶　风笑天：《社会调查中的问卷设计》，天津人民出版社 2002 年版，第 87 页。

❷　王登峰、崔红："中国人人格量表（QZPS）的编制过程与初步结果"，载《心理学报》2003 年第 1 期，第 127 ~ 136 页。

❸　崔红、王登峰："中国人人格结构的确认与形容词评定结果"，载《心理与行为研究》2003 年第 2 期，第 89 ~ 95 页。

令被试判断，后者以涵盖所有表述人格特质的描述词为资料库，其丰富性和全面性保证了研究的信效度。相比之下，本研究为了研究的可操作性，以基于大众使用频率所提取的刻板印象词汇为基础，形成测试条目无论是在含义明确、还是丰富程度方面均存在一定的局限性。在个体的认知中，"能力"、"道德"和"热情"具有丰富的内涵，词汇数量的有限性直接限制了这些内涵的充分体现，而基于使用频率筛选的词汇有可能忽视词意的明确性。对此，本研究拟采用验证性因子分析的方法，进一步明确各词汇与"能力"、"道德"和"热情"两者之间的关系。

关于刻板印象内容模型的能力维度，尽管 Fiske 等人明确指出能力的内涵包括智力、技能、创造力和效能等❶，但相关问卷以"有能力的"、"有才能的"、"聪明的"为施测题目，具有一定的概括和归纳性，加之中西文化对相同意义词组的使用背景与环境存在不同程度的差异，使得研究三的问卷调查环节中，中国本土被试频频出现理解困扰，尤其是"能力"一词的高度概括性着实令被试无从判断。通过研究四的刻板印象内容词汇整理发现，属于能力维度的词汇层出不穷，比如，描述少数民族刻板印象的"能歌善舞"，描述女性刻板印象的"心灵手巧"，以及直接描述才能的"才华出众"，只是在词频筛选过程中被淘汰，侧面反应这些词汇参与被试刻板印象认知过程的程度偏低，相比之下，被保留下来的"有思想"、"善于思考"、"机智聪慧"、"想象力丰富"兼具能力内涵的同时，更贴近被试于现实生活中的刻板印象事实，不仅从文字表述保障了问卷的调研效度，还为解读刻板印象的能力构成提供了直接证据。只是，这些被保留下来的能力描述词汇仅限于表明能力是刻板印象内容的维度之一，因子分析的不稳定性削弱了它们诠释能力内涵的作用，以致仍需进一步探讨这些词汇与能力因子之间的关系。

道德与热情的关系仍未显现清晰的划分界限，农民、乞丐、城市人、富人和罪犯群体的刻板印象数据继承刻板印象内容模型，将道德与热情从概念上统一为整体，避免了上述混淆问题的出现。但抽取出

---

❶ Fiske S. T. , Cuddy A. J, Glick P. Universal Dimensions of Social Cognition：Warmth and Competence. Trends in Cognitive Sciences, 2007, 11（2）：77 - 83.

3 个因子的大学生、穷人和教师群体则表现出测试条目在这两个因子间变动的情况。刻板印象内容纵然出现了因子数目的分离，说明道德与热情的确具有代表不同维度的可能性，却因为某些因子内容仍是藕断丝连的身在曹营心在汉，再次降低了将刻板印象内容模型的热情维度一分为二的必然性。比如，大学生"诚实真诚的"刻板印象在两个因子具有一定的载荷，抛开刻板印象的内容划分，无论是 Leach 等人将诚实和真诚界定为道德的内涵，还是中国传统文化以两者作为评判个人品行的标准之一，从常识和逻辑两个角度分析，"诚实真诚的"都应该顺理成章的与"可信赖的"、"耿直坦率的"更为密切，但其与"讨人喜欢的"和"友善亲和的"更为相近的因子载荷也在情理之中，尽管尚未对道德和热情两个因子的相关性进行数据统计，但依据研究中的词汇含义分析可以发现一些朴素的结论，比如，"讨人喜欢的"是人际互动引发的评价性结果，"友善亲和的"和"诚实真诚的"可以被视为导致这一评价产生的事实性依据，如此的逻辑关系对三者的因子载荷具有一定的解释力，若要以此继续深究"耿直坦率的"和"有责任心的"同样具有引发"讨人喜欢的"的实力，却与其因子载荷相距甚远，恐怕无能为力，需要进一步的研究剖析。

最后，对问卷再一次进行项目分析检测问卷的信度。不同群体的探索性因子分析存在差异，导致测量条目的数量和内容不同，为了屏蔽掉这种差异，采用数学的并集集合思想，即任何条目只要出现在任一群体的探索性因子分析结果之中，就被纳入项目分析的测量条目，最终共包括 15 个（组）词汇（见表 2.21）。分别计算被试对各个群体评价的总分，依次进行升序排列，确定低分组为前 27% 的被试和高分组为后 27% 的被试，进而通过配对 t 检验计算各个词汇在两组之间的差异显著性情况，结果发现，各群体的所有题目在两组之间分别达到显著水平，只是个别题目的显著性水平较低，比如，农民工群体的"讨人喜欢的"和"想象力丰富的"显著性水平为 $p \leqslant 0.01$，"适应力强的"显著性水平为 $p \leqslant 0.05$，其余均为 $p \leqslant 0.001$；大学生群体的"善于思考的"显著性水平为 $p \leqslant 0.05$，其余均为 $p \leqslant 0.001$。

其次，按高分组和低分组平均数之差作为分子，以测量条目的全距为分母，将两者比值作为项目的鉴别度指数（discrimination index，D）❶，结果显示不同群体的各项目鉴别指数范围有所不同，农民工群体为 0.13～0.38，大学生群体为 0.11～0.39，穷人群体为 0.15～0.53，教师群体为 0.12～0.44，富人群体为 0.11～0.41，城市人群体为 0.12～0.40，罪犯群体为 0.24～0.63，乞丐群体为 0.19～0.58，鉴别度指数偏低的项目均为高分组与低分组的差异显著性水平高于 0.001（见表 2.21）。整体来看，项目鉴别度的统计指数表明测量条目大多具有良好的区分度，由于鉴别度指数小于 0.2 的这些条目并不普遍存在于所有群体之中，所以，将在后续的验证性因子分析阶段进一步验证其有效性，再做剔除与保留的选择。

表 2.21　农民工和大学生群体的项目分析

项目	农民工	大学生	项目	农民工	大学生	项目	农民工	大学生
耿直坦诚的	0.30 ***	0.32 ***	有责任心的	0.25 ***	0.30 ***	想象力丰富的	0.20 * *	0.25 ***
诚实真诚的	0.38 ***	0.29 ***	善解人意的	0.38 ***	0.29 ***	有思想的	0.29 ***	0.35 ***
可信赖的	0.31 ***	0.30 ***	友善亲和的	0.35 ***	0.33 ***	适应力强的	0.21 *	0.39 ***
忠厚老实的	0.22 ***	0.31 ***	讨人喜欢的	0.13 * *	0.29 ***	善于思考的	0.24 ***	0.11 *
热情热心的	0.38 ***	0.30 ***	乐于助人的	0.38 ***	0.37 ***	机智聪慧的	0.20 ***	0.21 ***

注：*** $p \leq 0.001$，** $p \leq 0.01$，* $p \leq 0.01$，表明高分组和低分组的平均数差异显著情况；表中数值为鉴别度指数。

三、研究六：社会群体刻板印象内容维度的验证性因子分析

针对研究五所抽取出的因子数目不稳定和同一因子的测量条目内容不稳定两种状况，验证性因子分析（Confirmatory Factor Analysis，CFA）通过验证因子间的相关关系为问卷提供结构效度分析的同时，

---

❶ 崔红、王登峰："中国人人格形容词评定量表（简式）的信度与效度"，载《第四军医大学学报》2006 年第 4 期，第 294～296 页。

以确定刻板印象内容维度的合理性，尤其针对道德内容是属于热情维度，还是独立门户的问题，可以提供判断指标。

与研究五的被试特征相近，来自上海、贵阳、天津、河南各一所省重点高校以及一所教育部直属重点高校，共 272 名在校大学生，其中，男 113 人，女 159 人，平均年龄 21.5 岁（标准差 = 2.48）。与研究五的被试人口学特征相近，这些被试并未填答过研究五的问卷。

由于研究五的探索性因子分析结果出现不稳定现象，导致本研究进行验证性因子分析所用的问卷并非直接采用被保留下来的测量条目，而是如同研究五的项目分析步骤，将"耿直坦诚的"、"诚实真诚的"、"可信赖的"、"忠厚老实的"、"热情热心的"、"有责任心的"、"善解人意的"、"友善亲和的"、"讨人喜欢的"、"乐于助人的"、"想象力丰富的"、"有思想的"、"适应力强的"、"善于思考的"和"机智聪慧的"共同用于验证性因子分析。

除此之外，根据 Fiske 的刻板印象内容模型以及 Leach 等人❶、Brambilla 团队❷❸用有能力的（competent）、聪明的（intelligent）、有技能的（skilled，skilful）和有才能的（capable）测量能力维度，所以，在上述研究所保留下来的 15 个测量条目的基础上，增加了"有能力的"、"有技能的"和"有才能的"这 3 个测量条目。支持此做法的理由不仅来自于相关研究的文献基础，还包括研究四提供的刻板印象词汇中的确涉及了相关内容，比如，才华出众、才能、能歌善舞、心灵手巧、笨手笨脚、迟钝、愚蠢、无知、文盲、逻辑思维强，可能由于它们的概括归纳性较强，以致日常使用的频率被被试评定较研究五的词汇低一些而导致剔除。

除了测量条目略与研究五的问卷有所区别外，其他方面均未改变。

❶ Leach C. W., Ellemers N., Barreto M. Group Virtue：The Importance of Morality（vs. Competence and Sociability）in the Positive Evaluation of In - groups. Journal of Personality and Social Psychology, 2007, 93（2）：234 - 249.

❷ Brambilla M., Sacchi S., Rusconi P., Cherubini P., Yzerbyt V. Y. You Want to Give a Good Impression？Be Honest！Moral Traits Dominate Group Impression Formation. The British Psychological Society, 2012, 51（1）：149 - 166.

❸ Brambilla M., Rusconi P., Sacchi S., Cherubini P. Looking for Honesty：The Primary Role of Morality（vs. Sociability and Competence）in Information Gathering. European Journal of Social Psychology, 2011, 41（2）：135 - 143.

首先，由被试评价的群体对象依然为农民工、穷人、大学生、教师、城市人、富人、罪犯和乞丐这 8 个群体，以实现验证性因子分析和探索性因子分析的对应；其次，问卷指导语同样强调"请注意，这里我们关注的不是你个人的观点和想法，而是在你看来身边大多数人的看法"；最后，采用从 1 代表"非常不同意"到 5 代表"非常同意"的 Likert 五点量表评定方式。

　　验证性因子分析使用 Lisrel8.7 软件，测量条目的相关矩阵通过 SPSS13.0 软件获得，根据侯杰泰、温忠麟和成子娟指出应用相关矩阵分析结构方程的条件，本研究未对任何因子的方差及其测量条目的因子载荷进行限制，可以用相关矩阵做分析，所以 Lisrel 的程序中明确表示 MA = KM[1]。根据刻板印象内容模型和相关研究，能力和热情或者能力、热情和道德这些因子与测量条目之间属于简单模型，仅需在某一指标不从属于相应因子的情况下进行矩阵元素的固定，即将研究五的因子分析结果与已有研究相结合，确定各测量条目与潜在因子的关系，以固定方差法估计前者对后者的从属关系，另外，各因子之间存在相关关系的可能，采用 PH = ST 固定因子的方差为 1，并自由估计因子之间的协方差。

　　鉴于研究五的不稳定因子分析结果，将分别针对 8 个群体进行两因子和三因子的验证性因子分析。在两因子的模型建构中，热情和能力的测量条目界限明晰，"耿直坦率的"、"诚实真诚的"、"可信赖的"、"忠厚老实的"、"热情热心的"、"有责任心的"、"善解人意的"、"友善亲和的"、"讨人喜欢的"和"乐于助人的"从属于热情，能力则包括余下的"想象力丰富的"、"有思想的"、"适应力强的"、"有能力的"、"善于思考的"、"机智聪慧的"、"有技能的"和"有才能的"。但在三因子的模型建构中，热情和道德的测量条目尚存混淆，比如，依据生活经验和个体的人格研究，"有责任心的"更贴近于某种判断个体内在的标准，与西方人格维度的公正性（Conscientiousness）内涵吻合，也类似于中国人大七人格维度的"处世态度"，但在穷人群体的评价结果中，"有责任心的"却同"热情热心的"和"友

---

　　[1]　侯杰泰、温忠麟、成子娟：《结构方程模型及其应用：Structural equation model and its applications》，教育科学出版社 2004 年版。

善亲和的"一起解释热情。还有，"热情热心的"在热情和道德两因子间的摇摆现象，均需要通过验证性因子分析从统计学意义上获得更合理的、更稳定的从属关系。

首先，验证8个群体的两因子模型结构（见图2.5，以农民工群体的结果为例），根据各种拟合指数（见表2.22，各群体的 M_A 模型所对应的各拟合指数部分）可见，除了拟合优度指数（goodness of fit indexes，GFI）和修正的拟合优度指数（adjusted goodness – of – fitindex，AGFI）未达到0.9这一普遍性的标准外，其余指数的表现情况均较好，基本符合拟合指数的一般性标准，即绝对拟合指数 χ^2/df 的取值范围介于2与5之间，近似误差均方根（Root Mean Square Error of Approximation，RMSEA）小于0.1，标准化残差均方根（Standardized Root Mean square Residual，SRMR）小于0.08可以接受，相对拟合指数非范拟合指数（Non – Normed Fit Index，NNFI）、比较拟合指数（Comparative Fit Index，CFI）、递增拟合指数（Incremental Fit Index）一般大于0.9，进一步验证了热情和能力两个维度对群体刻板印象内容描述性的结构效度。

表2.22　验证性因子分析的拟合指数

群体	模型	χ^2/df	NNFI	CFI	IFI	GFI	AGFI	SRMR	RMSEA
农民工	M_A	2.83	0.96	0.97	0.97	0.85	0.81	0.067	0.088
	M_B	2.90	0.96	0.97	0.97	0.86	0.82	0.066	0.088
	M_C	2.44	0.97	0.98	0.98	0.89	0.85	0.057	0.075
穷人	M_A	2.74	0.97	0.97	0.97	0.86	0.83	0.057	0.083
	M_B	2.98	0.97	0.97	0.97	0.86	0.82	0.059	0.088
	M_C	2.38	0.98	0.98	0.98	0.90	0.86	0.050	0.070
大学生	M_A	3.52	0.92	0.93	0.93	0.83	0.78	0.074	0.100
	M_B	3.52	0.92	0.93	0.93	0.83	0.78	0.073	0.100
	M_C	2.97	0.94	0.95	0.95	0.86	0.81	0.066	0.091
教师	M_A	3.57	0.95	0.96	0.96	0.83	0.79	0.058	0.099
	M_B	3.64	0.95	0.96	0.96	0.84	0.80	0.057	0.098
	M_C	3.16	0.96	0.96	0.96	0.87	0.83	0.056	0.085

群体	模型	χ^2/df	NNFI	CFI	IFI	GFI	AGFI	SRMR	RMSEA
城市人	M_A	2.17	0.96	0.97	0.97	0.89	0.86	0.061	0.069
	M_B	2.25	0.96	0.96	0.96	0.89	0.86	0.061	0.073
	M_C	1.67	0.98	0.98	0.98	0.93	0.90	0.050	0.047
富人	M_A	2.72	0.94	0.95	0.95	0.87	0.83	0.071	0.081
	M_B	2.83	0.94	0.95	0.96	0.87	0.83	0.071	0.084
	M_C	2.30	0.96	0.96	0.96	0.90	0.86	0.059	0.069
罪犯	M_A	3.60	0.95	0.96	0.96	0.83	0.78	0.064	0.100
	M_B	3.56	0.96	0.96	0.96	0.84	0.79	0.064	0.099
	M_C	2.84	0.97	0.97	0.97	0.88	0.84	0.048	0.080
乞丐	M_A	3.85	0.96	0.97	0.97	0.80	0.75	0.060	0.110
	M_B	4.07	0.96	0.97	0.97	0.81	0.75	0.060	0.120
	M_C	2.93	0.98	0.98	0.98	0.87	0.83	0.050	0.086

注：MA 表示包含所有测量条目的二因子模型；
　　MB 表示不包含"适应力强的"二因子模型；
　　MC 表示不包含"适应力强的"三因子模型。

所有测量条目分别在 8 个群体的两因子载荷中，仅有"适应力强的"在农民工和乞丐的能力因子载荷为 0.31 和 0.33，未达到研究五对于保留条目的 0.4 标准，加之在研究五的探索性因子分析过程中，"适应力强的"被农民工、大学生和教师群体的测量指标剔除，已经显露出其不稳定的测量状态，故采取较为严格的剔除方案，即因子载荷在探索性和验证性因子分析的过程均出现未达到保留标准的情况，将予以剔除。

"适应力强的"不再作为能力因子的测量条目后，再次对 8 个群体的二因子模型进行检测，得到模型 M_B 的拟合指数基本与 M_A 相似或略有优势，只是穷人群体的 AGFI、SRMR、RMSEA 三个指数，城市人群体的 CFI、IFI、RMSEA 三个指数，富人群体的 RMSEA 较各自的 M_A 模型而言差一些，却也不具有普遍性现象。

另外，对比 M_A 和 M_B 两个模型的 χ^2 值变化量，在自由度 df 减少了 16（计算公式 $df=k(k+1)/2-t$，其中，k 为指标数目，M_A 的数值为 18，M_B 的数值为 17，t 为要独立估计的参数数目，M_A 的数值为 37，

M_B 的数值为 35）的情况下，χ^2 减少的部分小于 32 时（$df = 16$，$a = 0.01$ 时的 χ^2 临界值），方可保留模型 M_A，若大于 32 则倾向于选择模型 M_B。

表 2.23 二因子和三因子结构模型的 χ^2 变化

模型	农民工	穷人	大学生	教师	城市人	富人	罪犯	乞丐
M_A	379.25	368.37	472.91	478.02	290.54	364.79	482.42	515.33
M_B	342.38	351.91	415.37	429.46	265.53	334.33	419.67	480.21
$\Delta\chi^2$	36.87	16.46	57.54	48.56	25.01	30.46	62.78	35.12

结果显示，仅有穷人、城市人和富人的 χ^2 变化值小于 32（见表 2.23），即模型 M_A 优于 M_B，这与三者拟合指数出现不同程度的 M_A 优于 M_B 结果有一定的吻合性。除此之外，其余群体的模型拟合结果进一步支持删除"适应力强的"这一测量条目。

所以，尽管部分群体的 M_B 模型不尽如人意，但考虑其可取之处更为明显，随后的二因子模型分析均以 M_B 为基准。按照研究五抽取出农民工、城市人、富人、罪犯和乞丐群体的两个因子，与穷人、大学生和教师群体的三个因子，比较两类群体的验证性因子分析的拟合指数，并没有出现将道德内容融入热情维度后，模型结构明显不合理的现象，反倒以整体性视角分别比较两类群体的结果，均有拟合情况的优劣之分，农民工、城市人和富人较好于罪犯和乞丐，穷人则略优于大学生和教师。若打破研究五的这种两因子和三因子划分，8 个群体的拟合指数以穷人、城市人和农民工群体较好，大学生、罪犯和乞丐的较差，教师、富人基本介于两者之间，并不能从群体的身份直观反映出不同群体的拟合差异规律。

表 2.24 8 个群体的二因子 M_B 模型参数估计值

	测试条目	农民工	穷人	大学生	教师	城市人	富人	罪犯	乞丐
热情	耿直坦率的	0.55	0.58	0.63	0.68	0.66	0.67	0.66	0.72
	诚实真诚的	0.73	0.68	0.69	0.70	0.70	0.68	0.80	0.78
	可信赖的	0.78	0.70	0.70	0.71	0.63	0.69	0.84	0.84 (0.83)
	忠厚老实的	0.57	0.67	0.68	0.69	0.74 (0.73)	0.74	0.81	0.79

续表

测试条目		农民工	穷人	大学生	教师	城市人	富人	罪犯	乞丐
热情	热情热心的	0.72	0.65	0.60 (0.59)	0.71	0.64	0.70	0.79	0.82
	有责任心的	0.73	0.74	0.65	0.65	0.58	0.49	0.79	0.86
	善解人意的	0.71	0.73 (0.74)	0.60	0.74	0.67	0.65	0.72	0.80
	友善亲和的	0.69	0.64	0.59	0.70	0.70	0.63	0.80	0.83
	讨人喜欢的	0.74	0.66	0.62	0.66	0.61	0.62	0.63	0.80
	乐于助人的	0.70	0.63	0.57	0.74 (0.75)	0.58	0.64	0.70	0.78
能力	想象力丰富的	0.81	0.75	0.47 (0.44)	0.62 (0.64)	0.59 (0.58)	0.67	0.71 (0.72)	0.70
	有思想的	0.81	0.75	0.43 (0.42)	0.62	0.54 (0.56)	0.67 (0.68)	0.74 (0.76)	0.73
	有能力的	0.67 (0.68)	0.80	0.72 (0.75)	0.76	0.66	0.70 (0.71)	0.79 (0.80)	0.82
	善于思考的	0.87	0.87	0.69 (0.67)	0.72 (0.71)	0.64 (0.63)	0.85 (0.84)	0.87	0.82
	机智聪慧的	0.85	0.86	0.62 (0.61)	0.72	0.62 (0.61)	0.78 (0.77)	0.86 (0.84)	0.83
	有技能的	0.40 (0.41)	0.76	0.57 (0.30)	0.61 (0.62)	0.70	0.61	0.82 (0.80)	0.73
	有才能的	0.74	0.78	0.66 (0.65)	0.73 (0.71)	0.66	0.69	0.73 (0.72)	0.76
因子相关系数		0.70	0.76 (0.77)	0.69 (0.70)	0.81 (0.82)	0.56 (0.57)	0.32 (0.33)	0.44	0.75

注：括号里的数据为 MA 模型与 MB 模型相比较，不同的参数估计值，两个模型相同的值则无需列出。

对于各群体的验证性因子分析的参数估计，包括 18 个负荷、1 个因子之间相关系数和 18 个误差方差，所有参数估计值均显著不等于 0，即 t 值大于 2。对此，因子负荷的显著性是本研究所希望的，而热情和能力两个因子间的相关性，刻板印象内容模型及其相关理论并未进行探讨和分析，至于误差方差自然是越小越好，只是通常均为显著的，本研究的结果也不例外。在因子符合方面，M_A 和 M_B 模型结果几乎没有差异，即使存在差异也以 0.01 的负荷变化量居多，且并未影响参数估计的显著性，再一次表明剔除"适应力强的"测量条目选择 M_B 模型的可行性（见表 2.24）。

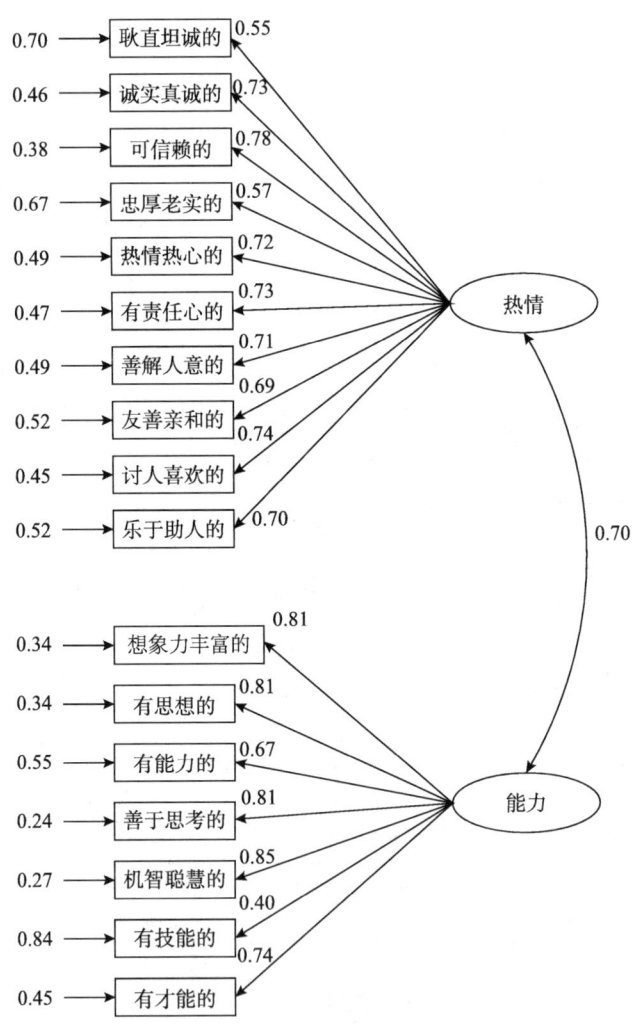

图 2.5　农民工的二因子 M_B 模型参数估计值

随后，对 8 个群体进行三因子结构的验证性分析，明显看出各群体的各拟合指数均以优于（只有教师群体的 CFI 和 IFI 指数相同）二

因子结构模型 M_A 和 M_B 的表现（见表2.22的 M_C 部分），表明了三因子模型的拟合性更好。另外，二因子 M_B 模型和三因子 M_C 模型作为嵌套模型，较 M_B 模型而言，M_C 模型增加了两个因子相关系数的参数，使得自由度 df 减少了2（M_B 和 M_C 的指标数目均为17，M_B 的独立估计参数为35，M_C 的独立估计参数为37），各群体的 χ^2 部分随之呈现不同程度的减少（见表2.25），根据 df 等于2，a 等于0.01时的 χ^2 临界值为9.21，各群体的 M_C 模型较 M_B 模型增加所减少的部分均远远超过这一临界值，有理由选择 M_C 模型为更优者。

表 2.25 二因子和三因子结构模型的 χ^2 变化

模型	农民工	穷人	大学生	教师	城市人	富人	罪犯	乞丐
M_B	342.38	351.91	415.37	429.46	265.53	334.33	419.67	480.21
M_C	283.36	276.19	344.91	367.18	193.56	267.34	329.49	340.44
$\Delta\chi^2$	59.02	75.72	70.46	62.28	71.97	66.99	90.18	139.77

对比三因子模型 M_C 和二因子模型 M_B 的因子载荷情况看（见表2.24和表2.26），数值上的直观变化表明，"耿直坦率的"、"诚实真诚的"、"可信赖的"和"忠厚老实的"与道德因子的相关程度，普遍高于它们与热情因子的关联，与此同时，这种相关程度的变化并未影响"热情热心的"、"有责任心的"、"善解人意的"、"友善亲和的"、"讨人喜欢的"和"乐于助人的"与热情因子的固有关系，这些因子负荷依然达到不为零的显著性。在因子相关系数方面，各群体的三个相关系数均显著不为零。根据相关强度的测量标准，0至0.2为无相关或弱相关，0.2至0.4为弱相关，0.4至0.6为中等相关，0.6至0.8为强相关，0.8至1为完全正相关（库利坎，2011），道德和热情普遍表现的强相关甚至是完全正相关性，是支持刻板印象内容模型将道德作为热情内涵的有利证据，也成为质疑道德脱离热情而与其并驾齐驱的阻碍。但另一个事实是，伴随道德因子的提出，纵然 M_C 模型的热情和能力相关系数与 M_B 模型相比，变化幅度基本未改变两者的相关强度，可新提取的道德因子基本以低于热情和能力相关程度一个等级的情形，与能力形成弱相关或中等相关的强度，再一次表明道德与热情两者之间的差异性。

表 2.26 8 个群体的三因子模型参数估计值

	测量条目	农民工	穷人	大学生	教师	城市人	富人	罪犯	乞丐
道德	耿直坦率的	0.60	0.68	0.70	0.78	0.71	0.74	0.69	0.81
	诚实真诚的	0.83	0.78	0.78	0.80	0.78	0.76	0.85	0.87
	可信赖的	0.80	0.79	0.75	0.69	0.69	0.72	0.89	0.84
	忠厚老实的	0.64	0.68	0.70	0.74	0.76	0.75	0.82	0.85
热情	热情热心的	0.71	0.64	0.61	0.70	0.64	0.72	0.79	0.81
	有责任心的	0.73	0.74	0.68	0.64	0.62	0.54	0.81	0.86
	善解人意的	0.74	0.76	0.63	0.78	0.71	0.69	0.75	0.82
	友善亲和的	0.68	0.65	0.64	0.72	0.74	0.64	0.83	0.84
	讨人喜欢的	0.76	0.69	0.66	0.68	0.63	0.64	0.64	0.83
	乐于助人的	0.70	0.66	0.59	0.77	0.60	0.68	0.72	0.80
能力	想象力丰富的	0.82	0.75	0.48	0.62	0.60	0.67	0.71	0.70
	有思想的	0.81	0.75	0.44	0.62	0.54	0.67	0.74	0.73
	有能力的	0.67	0.80	0.71	0.77	0.65	0.70	0.79	0.82
	善于思考的	0.87	0.87	0.69	0.72	0.87	0.85	0.87	0.82
	机智聪慧的	0.85	0.86	0.63	0.72	0.63	0.78	0.86	0.83
	有技能的	0.41	0.76	0.57	0.61	0.86	0.61	0.82	0.82
	有才能的	0.74	0.78	0.66	0.72	0.66	0.69	0.73	0.76
因子相关系数	道德 - 热情	0.86	0.79	0.78	0.83	0.80	0.81	0.89	0.86
	道德 - 能力	0.55	0.63	0.55	0.70	0.43	0.20	0.33	0.61
	热情 - 能力	0.76	0.78	0.73	0.81	0.61	0.40	0.52	0.78

对于"热情热心的"和"有责任心的"测量道德因子的可能性，验证性因子分析的结果表明，"有责任心的"更适合测量热情因子，因为在以其作为道德因子测量指标的模型中，各个群体的各类拟合指数均明显差于 M_c 模型，即 χ^2 值、SRMR 和 RMSEA 升高，NNFI、CFI、GFI 和 AGFI 降低或保持不变，并且降低者居多。

另外，当"有责任心的"作为道德因子测量指标时，因子载荷均比其测量热情的估计值有所降低。至此，"有责任心的"更适宜测量热情因子。"热情热心的"的境遇同"有责任心的"十分相似，尽管作为道德因子的测量指标，"热情热心的"令穷人群体的 SRMR 降为 0.049，使城市人群体的 NNFI 升至 0.97，但仍无法弥补各个群体在其他各项拟合指数的持平或较差表现，因子载荷的情况也是仅有"热情热心的"在教师群体中，由测量热情因子的 0.70 提升为测量道德因子的 0.71，其余群体亦是持平或测量道德因子的载荷较低，加之，"热情热心的"本身所具有的含义倾向于热情内涵的体现，所以，将其用于测量热情因子。

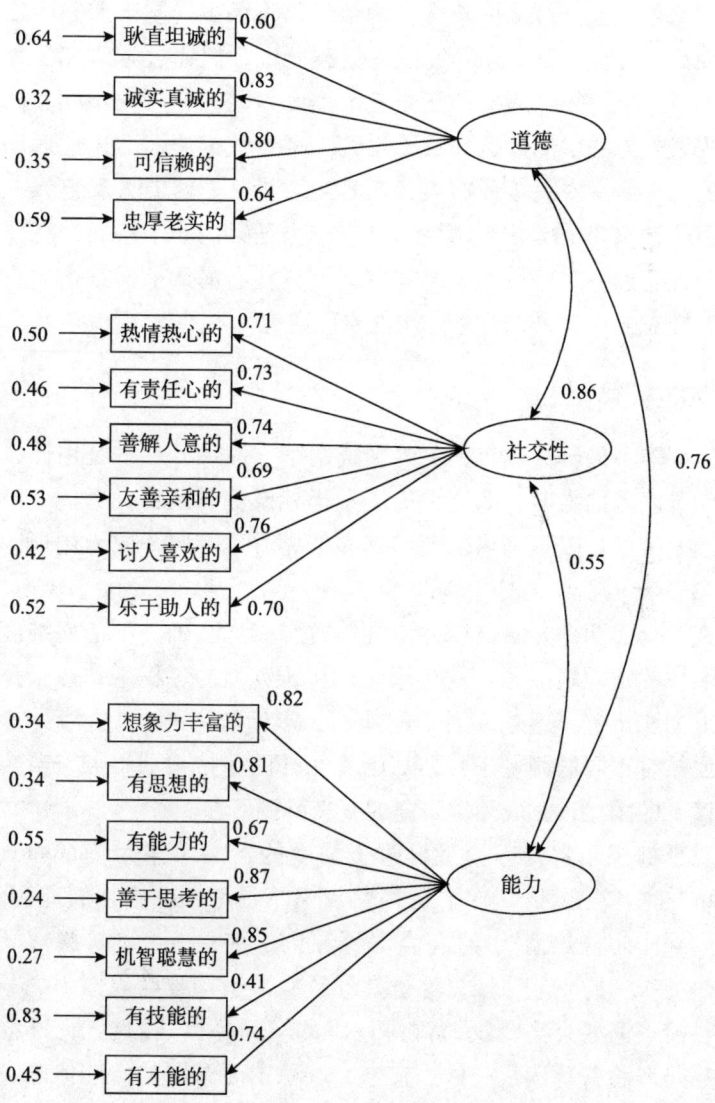

图 2.6　农民工的三因子 M_C 模型参数估计值

综上，验证性因子分析结果表明，刻板印象内容模型建立热情和能力的二维体系具有统计学意义上的合理性，将道德内容从热情维度中抽离出来，形成道德、热情和能力的三足鼎立之势，具有统计学意义的数据支持同时，模型拟合情况更优于固有的二维体系。

与此同时，由于道德和热情的强相关性，刻板印象内容模型以热情和道德划分社会群体框架结构的结果，将极少受制于道德维度而有所改变。对此，缺乏有如研究三的完整验证，但通过本研究已有数据对 8 个群体以道德、热情和能力三个维度为聚类分析的指标，同样采用系统聚类方法中的最远邻法，也无需经过数据的标准化处理而直接得出的结果是，农民工和穷人、大学生和教师、城市人和富人、罪犯和乞丐分别聚为一类，可谓是研究三聚类结果的一个子集，在一定程度上验证了道德对刻板印象内容模型划分社会群体框架结构的影响作用。若要充分论证，仍需进一步的专门研究。

四、讨论

纵观本节的研究内容，主要围绕两个方面展开，一是用什么体现刻板印象内容的维度，即所谓的测量指标或测量条目，另一个就是为什么道德维度可以脱离热情而与其和能力并驾齐驱，成为刻板印象内容的第三个维度。

在对上述两个方面进行讨论之前，应该先明确一下道德维度独立后的名称界定问题。尤其是在研究五和研究六的过程中，无论是二因子的能力和热情，还是三因子的能力、热情和道德，"热情"这一个词明显具有不同的测量条目，却始终如一的保持称谓不变，着实徒增了阅读者的困扰，也成为了研究的一个漏洞所在。

对于刻板印象内容模型，两个维度的英文名字为 competence 和 warmth，前者翻译为"能力"，既贴切又不易增加中国人的理解困扰，而后者翻译为"热情"，在符合翻译原则的前提下，确实脱离了中国人对热情一词的实际感知，这也是导致探寻道德维度的原因之一。比如，热情一词在《当代汉语词典》里的解释是热烈的感情；《社会科学大辞典》将其解读为一种强有力的、稳定而深厚的情感体验，特点是控制人的整个身心，影响人的整个思想行为，是鼓舞人去行动的巨大力量；《心理咨询大百科全书》认为热情是一种强有力的、稳固而深刻的情感状态，是人对事物的选择性态度的表现，即对某个事物的渴望和追求。而刻板印象内容模型的热情维度包含友善、乐于助人、真诚、诚信和道德等，在体现情感状态的基础上，更侧重于人际和群际互动过程为载体。所以，刻板印象内容模型的热情与"热情"一词的释义相比，有种"此热情非彼热情"的意味。

尤其是 Leach 等人[1]和 Brambilla 团队[2][3]提出道德（morality）维度之后，基于亚里士多德的观点，将原有的热情维度其他内容称之为社交性（sociability），以此建立道德、社交性和能力的刻板印象内容三维结构，足见热情（warmth）代表刻板印象内容受到了一定的质疑并随之被取代。在此之前，本书一直将 sociability 翻译为社交性，这是该词的英文直译，也直接体现了热情内涵的人际和群际互动特点，具有明确的概括性，更反映出个体或群体作为社会人的属性。而在探索中国人的人格结构时，王登峰和崔红[4][5][6][7]发现中国人人格结构的"大七"因素模型涉及人际关系这一大因素，表示对待人际关系的基本态度，其所包括的宽和与热情两个小因素分别反映人际交往的基本态度和人际沟通特点，高分的宽和即是待人温和、友好、宽厚和知足，高分的热情则体现沟通积极主动、活跃及行事成熟与坚定。虽然人格和刻板印象分属心理学领域的不同分支，但始终因秉承着以人的心理和

---

[1]　Leach C. W., Ellemers N., Barreto M. Group Virtue：The Importance of Morality（vs. Competence and Sociability）in the Positive Evaluation of In - groups. Journal of Personality and Social Psychology, 2007, 93（2）：234 - 249.

[2]　Brambilla M., Sacchi S., Rusconi P., Cherubini P., Yzerbyt V. Y. You Want to Give a Good Impression？Be Honest！Moral Traits Dominate Group Impression Formation. The British Psychological Society, 2012, 51（1）：149 - 166.

[3]　Brambilla M., Rusconi P., Sacchi S., Cherubini P. Looking for Honesty：The Primary Role of Morality（vs. Sociability and Competence）in Information Gathering. European Journal of Social Psychology, 2011, 41（2）：135 - 143.

[4]　王登峰、崔红："中国人人格量表（QZPS）的编制过程与初步结果"，载《心理学报》2003 年 1 期，第 127 ~136。

[5]　崔红、王登峰："中国人人格结构的确认与形容词评定结果"，载《心理与行为研究》2003 年第 2 期，第 89 ~95 页。

[6]　崔红、王登峰："中国人人格形容词评定量表（简式）的信度与效度"，载《第四军医大学学报》2006 年第 4 期，第 294 ~296 页。

[7]　王登峰、崔红："中国人人格量表的信度与效度"，载《心理学报》2004 年第 3 期，第 347 ~358 页。

行为为研究对象的准则而存在共性。由此看来，"热情热心的"、"有责任心的"、"善解人意的"、"友善亲和的"、"讨人喜欢的"和"乐于助人的"也十分贴近人际交往的基本态度方面，与社交性一致的反映了刻板印象在人际互动层面的内涵。所以，沿用社交性也好，借鉴人际关系的概括也罢，都能比"热情"一词更好地表达刻板印象内容的人际和群际互动成分，为了保持与刻板印象领域研究的一致性，加之 Leach 等人认为社交性的测量条目为讨人喜欢的（likeable）、热情的（warm）和友善的（friendly）❶，Brambilla 等人在此基础上又增加了亲和的（kind）和乐于助人的（helpful）❷❸，与本研究获得的形容词基本一致，故同样采用社交性作为刻板印象内容维度，其测量条目为"热情热心的"、"有责任心的"、"善解人意的"、"友善亲和的"、"讨人喜欢的"和"乐于助人的"。

关于用什么体现刻板印象内容的维度，本节研究从词汇角度入手，这也是 Fiske 团队提出刻板印象内容模型的切入点。本来 Fiske 等人测量能力和热情维度的形容词分别包括有能力的（competent）、自信的（confident）、有才能的（capable）、有效率的（efficient）、聪明的（intelligent）、有技能的（skillful）和友好的（friendly）、好意的（well - intentioned）、值得信赖的（trustworthy）、热情的（warm）、好脾气的（good - natured）、真诚的（sincere）❹，但在形成中国版问卷时，为了降低被试的填答难度，而选取代表性的词汇作为测量条目（参见研究三），因为每名被试要对 32 个群体的刻板印象内容维度及偏差地图做出判断，强度过大。调查过程中，的确出现被试对形容词理解困惑的

---

❶ Leach C. W. , Ellemers N. , Barreto M. Group Virtue: The Importance of Morality（vs. Competence and Sociability）in the Positive Evaluation of In - groups. Journal of Personality and Social Psychology, 2007, 93（2）: 234 - 249.

❷ Brambilla M. , Sacchi S. , Rusconi P. , Cherubini P. , Yzerbyt V. Y. You Want to Give a Good Impression? Be Honest! Moral Traits Dominate Group Impression Formation. The British Psychological Society, 2012, 51（1）: 149 - 166.

❸ Brambilla M. , Rusconi P. , Sacchi S. , Cherubini P. Looking for Honesty: The Primary Role of Morality（vs. Sociability and Competence）in Information Gathering. European Journal of Social Psychology, 2011, 41（2）: 135 - 143.

❹ Fiske S. T. , Cuddy A. J. C. , Glick P. S. , Xu J. A Model of（often mixed）Stereotype Content: Competence and Warmth Respectively Follow from Perceived Status and Competition. Journal of Personality and Social Psychology, 2002, 82: 878 - 902.

情形，尤其是对能力的测量条目，比如，"有能力的"和"有才能的"这两个词究竟有什么区别，人的哪些特征又算是"有能力的"等，可以说，Fiske 等人提出的刻板印象内容词汇本身具有一定的概括性，提升了问卷的回答难度，毕竟，大多数被试并不具备较好的总结概括能力，他们更倾向于判断具体性、基础性的内容，恐怕即使将 Fiske 等人提出的所有形容词纳入中国版问卷，也难以避免这一问题的出现。而被试在回答热情维度的测量条目时，基本未出现同样的困惑，的确"待人热情的"、"友好亲和的"、"诚实正直的"和"值得信赖的"十分贴近被试的日常用语。

为了解决这个问题，本节研究沿用 Fiske 团队的词汇列举法，这一方法是普林斯顿大学在刻板印象调查研究中，传统性地重复 Katz - Braly 使用形容词描述 10 个国民或种族群体的方法，并未预设理论基础❶，反倒成为了测量群体刻板印象内容的有效方法之一。词汇在心理学研究中的作用不言而喻，人格心理学领域的词汇学研究假设认为个体之间的主要差异以及社会生活中彼此的不同之处，均在语言表达上有所体现，并且越重要的差异，越能被独一无二的词语所描述❷。所以，从搜集中外文群体刻板印象词汇到剔除使用频率低的词汇，最终通过 Likert 量表法要求被试评估指定群体的刻板印象，在探索性因子分析和验证性因子分析两个阶段的 489 名被试，较少出现对所选词汇提出理解性困扰的现象，尤其是对测量能力的"想象力丰富的"、"有思想的"、"适应力强的"、"善于思考的"和"机智聪慧的"这些条目来说，基本属于被试较易理解的具体性词汇，即使在这基础上增加刻板印象内容模型测量能力的"有能力的"、"有技能的"和"有才能的"，被试对其困惑程度与研究三相比，基本属于可忽略不计的状态。

将本节研究所获得的社交性维度和道德维度两者与刻板印象内容模型的热情维度比较，基本上可以形成"热情 = 社交性 + 道德"的等式关系，这也是通过验证性因子分析将道德维度从热情维度中抽离出来的结果。关于社交性与测量条目之间的关系，在本节讨论的开篇部

---

❶　佐斌、张阳阳、赵菊、王娟："刻板印象内容模型：理论假设及研究"，载《心理科学进展》2006 年第 1 期，第 138～145 页。

❷　John O. P., Angleitner A., Ostendorf F. The Lexical Approach to Personality: A Historical Review of Trait Taxonomic Research. European Journal of Personality, 1988, 2 (3): 171-203.

分已经分析过，不再赘述。道德维度的测量条目为"耿直坦率的"、"诚实真诚的"、"可信赖的"、"忠厚老实的"，从各词汇的意思来看，更贴近人们日常生活中普遍表达诚信、善良等内容时的用语，可以说是道德的一部分。只是，道德一词的内涵之广，尤其"道"和"德"作为哲学和伦理学的一对范畴，一直被作为社会意识形态成为学者的重要研究对象之一，很难用几个简单的形容词而具体化，反过来，用道德二字概括上述四个词汇，也有大材小用之过。但若从道德的定义出发解读其与这些词汇的关系，恐怕也合情合理。《哲学大辞典》视道德的含义为以善恶评价为标准，依靠社会舆论、传统习惯和内心信念的力量来调整人们之间相互关系的行为原则和规范的总和；《伦理学大辞典》认为道德是以善恶评价为形式，依靠社会舆论、传统习俗和内心信念用以调节人际关系的心理意识、原则规划、行为活动的总和，即包括道德意识、道德规范和道德实践。两个释义均将道德界定在行为原则和规范的范畴内，如此一来，"耿直坦率的"、"诚实真诚的"、"可信赖的"和"忠厚老实的"与其说是描述个体或群体特征，不如说是一种基于社会舆论、传统习俗和内心信念的行为原则和规范。除此之外，像诚信、善良等即使能够实现对这四个词的词意概括，却好似与它们处于同一层面，难以达到提纲挈领的高度。所以，这四个词新组成的维度用道德来命名也在可接受范围之内，只是理解时，需要将道德置于群际互动和关系的群体层面中，明确道德维度的表现形式是以诚信作为主要内容。

研究六的验证性因子分析结果支持将道德从热情维度中脱离出来，而与其剩余的内容和能力成为刻板印象内容的三个维度。这种基于模型拟合优度指标的数据统计分析结论，或许缺乏一些来自具体情境的研究佐证。对此，Leach 等人[1]和 Brambilla 团队[2][3]从道德的重要性角

[1] Leach C. W., Ellemers N., Barreto M. Group Virtue: The Importance of Morality (vs. Competence and Sociability) in the Positive Evaluation of In-groups. Journal of Personality and Social Psychology, 2007, 93 (2): 234-249.

[2] Brambilla M., Sacchi S., Rusconi P., Cherubini P., Yzerbyt V. Y. You Want to Give a Good Impression? Be Honest! Moral Traits Dominate Group Impression Formation. The British Psychological Society, 2012, 51 (1): 149-166.

[3] Brambilla M., Rusconi P., Sacchi S., Cherubini P. Looking for Honesty: The Primary Role of Morality (vs. Sociability and Competence) in Information Gathering. European Journal of Social Psychology, 2011, 41 (2): 135-143.

度证明其独立存在的必要性，而本书的研究一在探讨模型稳定性时，以农民工群体为例设置了心理卷入情境，发现"诚实正直的"和"值得信赖的"变化情况有别于能力和热情的其他测量条目。

　　具体来看，Leach 等人从内外群体的对比证明被试更看重内群体的道德内容，当分别控制道德和能力、道德和社交性时，只有道德影响个体对内群体的积极性评价，即认可内群体具有高道德时会以身为该群体成员之一而骄傲，这种认知在高能力和高社交性的情形下均未出现。Brambilla 团队从信息影响印象形成的过程中发现，道德信息对于整体印象的作用明显强于社交性和能力，而且对于道德信息的收集过程也有异于社交性和能力，即使这两者的收集过程没有差异。这样的结果，无疑表现出将道德和社交性同时作为热情的内涵时，已然忽视了两者对刻板印象影响程度的差异。本书研究一探讨心理卷入对模型稳定性的影响时发现，"诚实正直的"和"值得信赖的"与"待人热情的"和"友好亲和的"同样作为热情维度的测量条目，却在心理卷入情境中出现不同的变化趋势，前者在心理卷入前后没有明显差异，后者则出现卷入后的明显降低，这再次表明社交性和道德所具有的差异性并不适合被纳入热情维度这同一个刻板印象内容之中。基于此，结合研究六的验证性因子分析结果，将热情维度分离为道德和社交性具有一定的意义和研究结论的支撑。

第三章　社会群体刻板印象
内容的补偿变化

　　基于刻板印象内容模型发现热情和能力两者之间存在多种补偿现象，打破了 Rosenberg 等人假设个体印象中热情与冷漠（社交中的好与坏）同勤奋与懒惰（智力的好与坏）这两对特质的稳定正相关性[1]。热情与冷漠的特质类似于热情维度，勤奋与懒惰则与能力相近，这种矛盾性的结果不能判定两个结论的正确与否，毕竟来自于刻板印象内容模型的补偿现象发生在评价外群体的群体层面，而 Rosenberg 等人针对个体感知证实印象形成存在晕轮效应（halo effect）。

　　Yzerbyt 等人以法国本土人和讲法语的比利时人为被试，分析他们对内群体、对方群体以及元刻板印象（meta‐stereotype）的热情和能力发现，较法国本土人来讲，比利时人的低能力和高热情受到两类群体的一致认可[2]。对此，Yzerbyt 等人正式提出补偿二字描述该现象。Kervyn 与 Yzerbyt，Judd 三人合作总结热情和能力在个体和群际感知的研究历程和结果时，将补偿现象的发生界定在两个群体比较的前提下，而在仅有一个评价目标的情形下，热情和能力的晕轮效应则较为明显[3]。

　　热情和能力的补偿效应明显存在于人际和群际的感知中，并对印

---

　　[1]　Rosenberg S., Nelson C., Vivekananthan P. S. A Multidimensional Approach to the Structure of Personality Impressions. Journal of Personality and Social Psychology, 1968, 9 (4): 283 – 294.

　　[2]　Yzerbyt V., Provost V., Corneille O. Not Competent but Warm... Really? Compensatory Stereotypes in the French – speaking World. Group Processes Intergroup Relations, 2005, 8 (3): 291 – 308.

　　[3]　Kervyn N., Yzerbyt V., Judd C. M. Compensation between Warmth and Competence: Antecedents and Consequences of a Negative Relation between the Two Fundamental Dimensions of Social Perception. European Review of Social Psychology, 2010, 21 (1): 155 – 187.

象形成和管理产生重要作用，加之其他认知维度（如健康、政治兴趣）难以介入并再现两者的关系，更加凸显热情和能力在刻板印象内容这一研究领域的地位。所以，本章在检验热情和能力已有的补偿现象同时，试图通过横向对比、程度对比和时间对比等三种不同的视角研究补偿现象的多样性，并拟在第二章的研究基础上，用道德和社交性打破固有的热情维度，分析道德、社交性与能力三者之间是否存在类似的补偿关系。

第一节　刻板印象内容补偿现象——以农民工群体为例

尽管刻板印象内容模型及其衍生的研究，均建立在群体关系和群际互动之上，从群体层面探讨刻板印象的社会认知，但大多数研究选用的被试集中于在校大学生这一群体，比如，以白人大学生为被试研究刻板印象对白人同黑人合作意愿的影响[1]，以大学生为被试研究对职场女性刻板印象的认知[2]。这无疑都是从他人对研究对象的刻板印象视角出发，获得外群体的社会认知结论。即使 Fiske，Cuddy，Glick，Xu 提出刻板印象内容模型的研究中除了大学生被试之外，还有非大学生群体，但他们也是多以滚雪球方式由大学生被试的亲人或朋友组成，或许除了美国人或当地居民这个共同身份外，并不具备某一特定群体的特质[3]。

所以，已经发现的刻板印象认知规律是否存在于非大学生被试的群体？而伴随内群体偏好和外群体贬抑现象受到事实的挑战，或许有必要选取非大学生被试探究内外群体的刻板印象认知现状。受到 Yzerbyt 等人采用法国本土人和讲法语的比利时人为被试，分析他们对内群体、对方群体以及元刻板印象（meta-stereotype）的热情和能力这项

[1] Esses V. M., Dovidio J. F. The Role of Emotions in Determining Willingness to Engage in Intergroup Contact. Personality and Social Psychology Bulletin, 2002, 28 (9): 1202-1214.

[2] Cuddy A. J., Fiske S. T., Glick P. When Professionals Become Mothers, Warmth Doesn't Cut the Ice. Journal of Social Issues, 2004, 60 (4): 701-718.

[3] Fiske S. T., Cuddy A. J. C., Glick P. S., Xu J. A Model of (often mixed) Stereotype Content: Competence and Warmth Respectively Follow from Perceived status and Competition. Journal of Personality and Social psychology, 2002, 82: 878-902.

研究的启发❶。本章第一节选取我国当前社会最为典型的群体之一农民工为被试，并结合与其日常互动频繁的城市居民的刻板印象数据，探究刻板印象内容的补偿现象。

一、研究七：刻板印象内容的维度补偿现象（一）

在第一章第二节梳理本研究拟探讨的问题时指出维度补偿，即维度间"此消彼长"的变化，当内群体某一刻板印象内容维度处于劣势时，其他维度出现感知评价上升的反应，是探讨社会认知基于比较的一种绝对性变化趋势。不难看出，这是基于刺激—反应的逻辑方式所提出的维度补偿性假设。而刻板印象内容模型早已提出并验证了能力和热情之间"此消彼长"的混合刻板印象假设，并且这种混合性是指向外群体的，对内群体和社会原型群体则为积极评价。该结论通过问卷调查获得，可谓是对客观事实的再现一种维度补偿现象，那么，被外群体评估为高热情低能力群体的内群体评价是否会转变为高热情高能力？在没有任何维度信息的刺激下，维度补偿现象是否仍然存在于内群体的评价之中？

通过分层抽样和滚雪球相结合的方式在天津市 3 个大型社区获得 101 名有效农民工样本，其中，男 42 人，女 59 人，平均年龄 29.8 岁（标准差 =9.72）。进城务工年数的平均值为 5.732，标准差为 3.8661，最长务工年限为 27 年，最短则为半年。由于以社区背景环境抽取被试，导致被试的职业以商贩类居多，其次多从事服务行业，如保洁员、餐饮服务员、家政钟点工、保安、快递员等。这些被试之前均未参与过关于刻板印象的调查和研究。

考虑到农民工群体的整体文化水平偏低，在收集样本数据过程中，采用调查员协助被试完成问卷的方式，通过调查员对问卷意图和题目的解读，确定被试正确理解各测量条目的前提下，获得其答案。若被试对自己的评价程度界定模糊，在评价等级的选择上无法拿捏，此时，调查员通过沟通了解其真实想法后，由调查员自行判断被试应选择的等级，在告知被试并征得其同意后，方可完成测量条目的填答。

---

❶ Yzerbyt V. , Provost V. , Corneille O. Not Competent but Warm... Really? Compensatory Stereotypes in the French – speaking World. Group Processes Intergroup Relations, 2005, 8 (3): 291–308.

　　调查工具以研究六的结果为测量条目，刻板印象内容模型的中国版问卷分别测量热情和能力的词汇，"待人热情的"、"友好亲和的"、"诚实正直的"、"值得信赖的"和"有能力的"、"有才能的"基本被涵盖，遂不再单独列出刻板印象内容模型的相关信息。问卷同样采用Likert五点量表法，1代表"非常不同意"到5代表"非常同意"，与前述研究保持评定指标和描述的一致性。在问卷的指导语方面略有改变，在同样强调"请注意，这里我们关注的不是你个人的观点和想法，而是在你看来身边大多数人的看法"时，只是被试的评价对象仅为农民工这个单一群体。

　　根据研究五和研究六的结果，问卷已经具有较好的内部一致性信度和结构效度，便直接分别计算测量道德、社交性和能力条目的平均值，以形成农民工群体的三个刻板印象内容分值，用于随后的单因素方差分析。此外，为了与研究三中关于农民工群体的结果进行比较，仍将道德和社交性测量条目合并计算平均值，以得到刻板印象内容模型的热情值，从而分析维度补偿现象。

　　按照刻板印象内容模型的参照偏好假设，即使农民工群体不是社会原型群体，但自我评价属于内群体评价，应该符合这一假设。然而，单因素方差分析发现，能力、社交性和道德的平均值存在显著差异，$F(2, 300) = 23.755$，$p \leqslant 0.001$，呈现社交性（$M = 3.9239$）、道德（$M = 3.6238$）、能力（$M = 3.1644$）依次递减的结果，即农民工的内群体评价自然存在一种"此高彼低"的维度补偿现象。但需要指出的是，按照各均值在5点量表标尺的绝对位置，单纯以3作为划分刻板印象高低的标准，则能力均值的3.1644尚可归入高分行列，然而这一比较形式并不具有统计学的分析支撑，只能为后续的研究提供一种启发。

　　为了更加明确这一现象对刻板印象内容模型的参照群体偏好假设的挑战，将道德和社交性测量条目进行合并计算均值，具体数据处理过程为分别计算每一名农民工被试的道德和社交性均值，得到相应的热情均值，再与能力均值进行配对t检验。结果发现热情（$M = 3.7738$）显著高于能力，$t = 6.471$，$p \leqslant 0.001$。与此同时，两者在$p \leqslant 0.05$水平上呈现一定的相关性，佐证了农民工被试对自身评价的一种稳定性。就是说，即使有农民工对自身的能力给予高评价，但热情的评价却更高，两者之间稳定地保持差异。

在研究三的结果中，根据刻板印象内容模型的中国版问卷，大学生被试评价农民工为高热情—低能力群体，对农民工的热情（$M = 3.1510$）评价显著高于对其能力（$M = 1.9901$）的认可，但两个维度之间并未存在显著相关。由此可见，农民工群体未表现出内群体偏好的同时，与大学生这一外群体对其的评价呈现趋势一致性现象。农民工这种"此高彼低"的刻板印象维度补偿现象只能表明维度间的相关关系，无法阐释社交性和道德维度的高评价是否基于低能力的刻板印象认知。若要证明维度补偿过程中三者之间存在"由于此低方才彼高"的逻辑关系，仍需进一步的研究。根据以往的刻板印象研究同样发现了类似这种"此高彼低"的刻板印象维度补偿现象，可以说，这是群际认知的一个普遍现象，也有可能成为群体接受不利于内群体的某些群际互动和行为时的应对方式。

二、研究八：刻板印象内容的共识补偿现象（一）

社会认同理论解释外群体偏好现象的核心概念是共识性歧视（consensual discrimination），指各群体之间对低群体地位看法达成共识，并正确感知群体关系的现象，在共识性地位（consensual status）的基础上，强调某一群体对群际地位的主观感知与客观赋予实现同一性时，其成员会在某些情况下表现出与这种群体地位相符的行为[1]。对此，系统公正理论提出，系统公正动机会使低地位群体成员做出与其内群体利益相违背的行为。关于研究七的结果，可以说，农民工群体违背内群体偏好的刻板印象内容特征就是一种不利于自身利益的行为。但正如 Martin 在《不公正的承受力》[2] 中指出的那样，社会生活中许多低收入者、穷人等受歧视者，尽管群体地位处于明显的劣势，却仍然能容忍这种不公平的存在。究其原因，或许低地位群体在认同自身某些因素处于绝对劣势的同时，反而在相对意义上存着一种补偿

---

[1] Tajfel H., Turner J. C. An Integrative Theory of Intergroup Conflict. The Social Psychology of Intergroup Relations, 1979, 33: 47.

[2] Martin J. The Tolerance of Injustice, Relative Deprivation and Social Comparison: The Ontario Symposium. Hillsdale, NJ: Erlbaum, 1986, 4: 217 - 242.

机制，以使其得以接受不利于自身利益的认知和行为❶。

　　本研究的被试由农民工和城市居民两部分样本构成。农民工样本延用研究七的被试，即在实际研究过程中，研究七的所有被试继续完成研究八的测量题目。相匹配的城市居民样本选择"出生并成长于大城市，拥有城市户口"的本科及硕博学生101名，其中，男47人，女54人，平均年龄22.3岁（标准差 = 1.27）。选取这类样本代表城市居民的原因在于大学生也是城市居民，而较为开放的大学生活环境并没有减少他们与农民工的接触机会，加之他们来自全国各地的特性比单一省市（比如，天津市）的城市居民更有利于避免不必要的地域性偏见或刻板印象的干扰。农民工被试在整个被调查过程中并不知晓其回答的内容由多个研究构成，城市居民被试之前未参加过类似的相关研究。

　　研究工具由三部分组成，一部分是研究六所获得的所有测量条目，用来明确两类被试群体对彼此的刻板印象内容评价，另一部分是刻板印象内容模型量表的群体特征测量条目，包含对"经济收入"、"社会声望"、"资源占有"、"权利占有"和"竞争性"的评价。因为，两类群体对彼此地位是否存在共识性认知是探讨共识性歧视及刻板印象共识补偿的基础，也是研究八的前提，所以采用较为成熟的刻板印象内容模型对群体特征的测量方式。最后一个部分是偏差地图，采用Cuddy，Fikse和Glick❷以及研究一中问卷的中国化版本测量群际间的情绪唤醒和行为反应情况。其中，情绪唤醒包括歧视（轻视和反感）、钦佩（赞赏和敬佩）、同情（可怜和同情）和嫉妒（嫉妒和妒忌），行为反应包括主动助长（保护和帮助）、主动伤害（攻击和欺负）、被动助长（交往和密切合作）和被动伤害（排斥和贬低）❸。

　　两类被试在填答的问卷内容上，除了人口学调查题目略有不同外，其他题目均相同，即面对同一问题，两类群体分别要对自己所属的内

　　❶　程婕婷、管健、汪新建："共识性歧视与刻板印象：以外来务工人员与城市居民群体为例"，载《中国临床心理学杂志》2012年第4期，第543~546页。
　　❷　Cuddy A. J. C., Fiske S. T., Glick P. The BIAS Map: Behaviors from Intergroup Affect and Stereotypes. Journal of Personality and Social Psychology, 2007, 92: 631–648.
　　❸　程婕婷、管健、汪新建："共识性歧视与刻板印象：以外来务工人员与城市居民群体为例"，载《中国临床心理学杂志》2012年第4期，第543~546页。

群体和对方所属的外群体给予评价，从而分为四组数据，即农民工的内群体评价、农民工对城市居民的外群体评价、城市居民的内群体评价和城市居民对农民工的外群体评价。数据分析过程中，依次用 m－s（农民工对内群体评价），r－m（农民工对城市居民评价），r－s（城市居民对内群体评价）和 m－r（城市居民对农民工评价）的下脚标区分同一变量的上述四组数据。比如，研究七的所有数据将直接归类为 m－s 用于分析，与此同时，令其继续按照研究七的指导语，以"身边大多数人"的视角对城市居民的各项刻板印象内容条目进行评价，进而获得 r－m 数据。城市居民被试按照同样的指导语完成同样内容的问卷，只是鉴于以大学生为样本，其具有较高的理解能力，并未有任何调研人员介入问卷的填答过程。

　　在刻板印象内容模型描述群体特征的词汇中，"权利占有"和"社会声望"用于群体社会地位的测量，研究发现，农民工和城市居民一致认可城市居民的地位较高，而农民工的地位偏低，并且两类群体对城市居民的高地位认可程度没有显著差异，只是农民工群体的自我地位感知要高于城市居民对其地位的评价（见表3.1）。

表 3.1　社会地位的内－外群体评价

评价特性	比较双方	M—M	t	d
趋势一致性	r－m 与 m－s	3.4184—2.1719	11.128 ***	1.583
	r－s 与 m－r	3.4531—1.5714	12.783 ***	2.803
程度差异性	r－m 与 r－s	3.4184—3.4531	－0.084	0.014
	m－r 与 m－s	2.1719—1.5714	0.392 ***	0.854

注：*** 表示 $p \leqslant 0.001$。

　　两类群体在刻板印象内容的三个维度的一致性评价上，达成了共识，认为城市居民的能力显著高于农民工，社交性和道德则显著低于农民工。在程度差异方面，两类群体对城市居民的能力和道德的评价没有显著差异，却在其他方面均出现显著的程度差异，城市居民内群体的社交性和道德评价显著低于农民工对其社交性的认可，而农民工对内群体刻板印象内容的三个维度评价均显著高于城市居民对其的认知（见表3.2）。

　　由此看来，城市居民高于农民工的社会地位在两类群体中已然形成共识，并基于社会地位与能力的显著正相关性，进一步证实了农民工和城市居民一致认可城市居民的高能力和农民工的低能力。可以说，农民工接受了对内群体并不有利的低能力刻板印象，这正是共识性歧视的表现。

表 3.2　刻板印象内容的内—外群体评价

刻板印象内容	评价特性	比较双方	M—M	t	d
能力	趋势一致性	r－m 与 m－s	3.4455—3.1584	2.794 **	0.396
		r－s 与 m－r	3.4581—1.9901	15.686 ***	2.161
	程度差异性	r－m 与 r－s	3.4455—3.4581	－0.402	0.063
		m－r 与 m－s	1.9901—3.1584	－11.188 ***	1.487
社交性	趋势一致性	r－m 与 m－s	3.1842—3.9238	－6.378 ***	0.871
		r－s 与 m－r	2.7089—3.2505	－4.833 ***	0.686
	程度差异性	r－m 与 r－s	3.1842—2.7089	4.119 ***	0.574
		m－r 与 m－s	3.2505—3.9238	－5.977 ***	0.829
道德	趋势一致性	r－m 与 m－s	2.8020—3.6238	－6.806 ***	0.958
		r－s 与 m－r	2.7772—3.0842	－2.886 **	0.406
	程度差异性	r－m 与 r－s	2.8020—2.7772	0.227	0.032
		m－r 与 m－s	3.0842—3.6238	－4.563 ***	0.642

注：*** 表示 $p \leqslant 0.001$，** 表示 $p \leqslant 0.01$。

　　然而，农民工对自己的低社会地位认可明显要高于城市居民对他们低地位的评价，证明的确存在地位认可程度上的差异。这种差异同样表现在刻板印象内容的认知评价中，即所有群体都会认为高地位群体的能力偏高，低地位群体的社交性和道德偏高，但农民工认为自己的能力并不像城市居民评价的那样低，相反社交性和道德维度也要高于城市居民对自己的评价。这在一定程度上表明，低地位群体认可自己在现实社会生活中的绝对能力水平和社交性与道德的程度时，却在内外群体的相对刻板印象比较中存在自我感觉尚好的现象，从而可能削弱其改变低社会地位的动机，从认知水平实现刻板印象内容的共识补偿。

　　利用单因素方差分析，通过两种策略比较偏差地图的四类数据，一种是情绪唤醒或行为反应间的差异比较，另一种是同一情绪唤醒或行为反应内的差异比较。农民工所属的"高热情—低能力"群体丛主要唤起人们的同情情绪，城市居民所属的"低热情—高能力"群体丛则主要唤醒人们的钦佩和嫉妒情绪❶，这一结果在本研究中得到部分验证，即两类群体仅在对城市居民的钦佩和对农民工的同情方面达成共识。不同的是，城市居民对农民工的歧视程度显著较高，农民工同情和钦佩自我的程度显著较高（见表 3.3）。

表 3.3　情绪、行为间的差异比较

a　情绪间的差异比较

| | 情绪唤醒 | | | | | | |
	歧视	钦佩	同情	嫉妒	F	p	ω^2
r - m	2.569	2.990	2.248	2.322	11.324	0.000	0.069
m - s	1.634	3.356	3.307	1.658	119.429	0.000	0.468
r - s	2.109	2.856	1.762	2.634	33.417	0.000	0.194
m - r	3.500	2.079	3.317	1.230	168.911	0.000	0.556

b　行为间的差异比较

| | 行为反应 | | | | | | |
	主动助长	主动伤害	被动助长	被动伤害	F	p	ω^2
r - m	2.931	1.594	2.941	1.941	58.839	0.000	0.300
m - s	3.708	1.490	3.327	1.505	214.997	0.000	0.614
r - s	2.421	2.010	3.356	1.901	62.541	0.000	0.314
m - r	2.634	2.931	1.797	3.198	46.193	0.000	0.251

　　每一种情绪唤醒的四类交叉对比结果显示，两类群体钦佩城市居民的程度没有显著差异，却显著低于农民工的自我钦佩程度。两类群体嫉妒城市居民和同情农民工的程度没有显著差异。城市居民歧视农民工的程度显著高于农民工对其歧视程度同时，两者均显著高于群体内的歧视程度（见表 3.4）。

　　在偏差地图的行为反应中，农民工对城市居民的两种助长行为均显著高于伤害行为，城市居民对农民工的两种伤害行为均显著高于助长性行为。两类群体对城市居民的被动助长行为明显（见表 3.4）。

　　农民工内群体被动助长行为显著高于其对城市居民的被动助长同

---

❶　Vinacke W. E. Stereotypes as Social Concepts. The Journal of Social Psychology, 1957, 46 (2): 229 – 243.

时，与城市居民的内群体被动助长程度没有显著差异。农民工内群体的主动助长行为显著高于其他主动助长行为。城市居民主动伤害行为显著增强的同时，其群体内部的主动伤害程度也显著高于农民工对两类群体的主动伤害。两类群体对城市居民的被动伤害程度相同，显著低于城市居民对农民工的被动伤害程度（见表4）。

表 3. 4　情绪、行为内的差异比较

		r－m	m－s	r－s	m－r	F	p	ω^2
情绪唤醒	歧视	2. 569	1. 634	2. 109	3. 500	72. 306	0. 000	0. 346
	钦佩	2. 990	3. 356	2. 856	2. 079	39. 881	0. 000	0. 224
	同情	2. 248	3. 307	1. 762	3. 317	79. 760	0. 000	0. 369
	嫉妒	2. 322	1. 658	2. 634	1. 230	46. 258	0. 000	0. 252
行为反应	主动助长	2. 931	3. 708	2. 421	2. 634	36. 742	0. 000	0. 210
	主动伤害	1. 594	1. 490	2. 010	2. 931	68. 483	0. 000	0. 334
	被动助长	2. 941	3. 327	3. 356	1. 797	69. 730	0. 000	0. 338
	被动伤害	1. 941	1. 505	1. 901	3. 198	77. 908	0. 000	0. 364

偏差地图对情绪和行为的分类以热情和能力为刻板印象认知基础，而本研究却以社交性、道德和能力作为刻板印象内容，并试图从共识性的程度差异视角解释研究三的情绪唤醒和行为反应的"二元化"现象。与此同时，尚未验证三个维度与偏差地图的情绪和行为，以致这个解释过程难免有些不符合逻辑之处。但鉴于研究六的结果是将道德从原有的热情维度中抽离出来，并且与社交性存在显著正相关，这一点通过两类群体交互评价时道德与社交性的结果相似亦有所体现，所以，比较两类群体的偏差地图时，暂且不明确区分道德和社交性对情绪和行为的影响差异，也就是说，在一定程度上将两者重新合并为刻板印象内容模型的热情维度。

两类群体的刻板印象偏差地图的比较结果显示，农民工相对较低的能力确实得到了两类群体共同的同情，并没有被城市居民强烈的排斥和贬低，而农民工自认为能力高于城市居民的评价也使得他们对自己的同情程度略低于城市居民的同情，符合偏差地图的高热情低能力群体丛的情绪唤醒。城市居民获得两类群体相同程度的能力评价则引发了同等程度的嫉妒情绪和交往、密切合作的行为反应。农民工对城市居民的社交性和道德评价高于城市居民内群体评价的这种程度差异，则引发农民工对城市居民的主动助长行为高于城市居民的内群体行为反应，符合偏差地图关于高热情引发积极性行为的假设。另外，在歧视和钦佩情绪的唤醒方面，两群体表现出更加钦佩内群体，均是源自对内群体的能力肯定，而农民工对城市居民较高的钦佩程度却与城市居民的自我钦佩程度没有差异，并受到城市居民的反感与轻视，也再一次表明两类群体一致认可城市居民高能力和农民工低能力，同时存在认可程度的差异。这一结果体现共识性歧视下，农民工群体对城市居民群体的外群体偏好，地位和能力的差异不仅没有降低他们的主动助长倾向，反倒令其被城市居民所歧视的同时，仍能对城市居民的高能力表示钦佩。

整体上看，农民工和城市居民对彼此的刻板印象内容评价基本符合刻板印象内容模型对社会群体的归类，但偏差地图在单一群体内或单一群体之间所表现出的二元情绪唤醒和行为反应倾向，的确说明了两群体对农民工群体存在共识性歧视。处于低地位的农民工群体，在单独评价两类群体的偏差地图时，并没有与其分别所归属的"高热情—低能力"群体丛和"低热情—高能力"群体丛的情绪唤醒和行为反应完全一致，一方面说明偏差地图能够在一定程度上预测某一类群体受到的情绪唤醒和行为反应；另一方面，也应该认识到，单一群体并不一定表现出与其所属的群体类型引发同样的情绪唤醒和行为反应，类似共识性歧视的因素都有可能导致偏差地图的预测偏差。所以，在评价单一群体时，既要基于偏差地图的整体引导，又要注意该群体所特有的内部特征和外部环境，尤其是群体间互动时的相对地位与关系等情况。此外，不同群体对社会地位、刻板印象存在认知趋势相同的情况下，有可能出现认知程度差异，这为社会优势理论（social dominance theory）和系统动机理论等从绝对地位高低解释外群体偏好现象以及低地位群体安于现状或争取平等的行为，提供了新的思考方向。当然，刻板印象内容模型的热情维度受到社交性和道德的挑战，也有可能成为偏差地图出现预测偏差的潜在原因，需要进一步的研究。

不难看出，刻板印象内容确实存在一种共识性的程度差异现象，本研究称其为共识补偿。也正是这种补偿认知，为违背内群体偏好现象的低地位群体行为提供了一个新的解释角度，也为群体接受不利于内群体的群际互动和行为时，提供了一种趋于认知协调的补偿性途径。

三、研究九：刻板印象内容的时间补偿现象（一）

提出刻板印象内容的时间补偿现象假设，是基于 Albert[1] 所建立的时间比较理论（Temporal Comparison Theory，TCT）。时间比较理论将同一个体按照时间序列划分为不同的个体自我，以一种发展视角实现自我评判和认知。这一理论是 Albert 通过对 Festingger 的社会比较理论（Social Comparison Theory，SCT，1954）进行概念转换而建立[2]，即把同一时间点不同个体间的比较，转换为不同时间点的自我作为不同的个体进行比较。所以，时间比较的重点在于时间的选择，比如，时间过去比较（temporal – past comparison）是现在与曾经的自我之间比较，时间将来比较（temporal – future comparison）则是现在与未来的自我之间比较。根据与现在自我的比较结果又可分为上行比较（upward temporal comparison）和下行比较（downward temporal comparison），以现在的自我为基准，若认为曾经或未来的自我较好，则属于上行比较，反之则为下行比较。孙炳雯和郑全全认为人们进行时间比较更多的是为了使现在的自我感觉好一些或者说得到一个满意的现在的自我评价，而不是为了得到一个精确的自我评价[3]。那么，刻板印象作为一种社会认知，是否在群体层面的群际互动和群体行为当中，也存在时间比较现象？尤其是那些明显处于社会生活劣势地位的群体，比如研究七与研究八的农民工，他们之所以接受不利于自身利益的刻板印象，是否存在时间比较的作用，使其产生较为满意的自我评价，从而认可当前的内群体刻板印象？

本研究被试与研究七为同一批样本，也就是说，研究七的 101 名农民工被试在一次调查过程中完成的内容，分别为本节的三个研究提供了相应的数据资料。最后，本研究的有效被试为 63 人，其中，男24 人，女 39 人。被试的流失情况较为严重，其中，有 21 人直接拒绝

---

[1] Albert S. Temporal Comparison theory. Psychological Review, 1977, 84 (6): 485.

[2] 孙炳雯、郑全全："在社会比较和时间比较中的自我认识"，载《心理科学进展》2004 年第 2 期，第 240 ~ 245 页。

[3] 同上。

完成调查，另外 17 人回答的内容不具有任何参考意义，比如，"不知道"，"无所谓"，"没注意过"，"答不出来"等，基本属于隐性拒绝回答。

在研究七的研究过程中提到，所有农民工被试在调研员的协助下完成调查内容。研究七与研究八的数据收集以 Likert 的五点量表为基础，属于量化研究，调研员的任务是为被试解读题目并确定其回答内容的五点分类。而本研究的调查数据则以质性研究为导向，采用开放式问题的形式，由调查员以访谈者身份获取相应的信息。之所以不沿用 Likert 量表形式，首要原因是设置时间比较性的题目，需要被试对不同时间点的自我进行逐一评判，刻板印象内容问卷的测量条目共为 17 个，尽管研究七已经获得了被试对当前农民工群体的评价，但若对过去和未来做出相应的判断，则测量题目个数至少再增加 34 个，这对被试的耐心、精力和理解能力都具有较高的要求，而农民工群体恰恰在此方面较为薄弱。此外，本研究提出刻板印象内容的时间补偿假设，可以说，是受到个体层面的认知理论影响，尚未获得群体层面相关理论和研究的支撑，遂采用更能反映被试真实想法的开放式问题，明确这种刻板印象内容的时间补偿现象是否存在。

共设置三个开放式问题，问题的表述形式一致，仅在涉及刻板印象内容的不同方面有所差异，具体问题为"如果说，农民工在城市打工的时间越来越长，他们的能力会越来越好，您同意这句话吗？为什么？可列举身边人的经历说明"，其他两个问题依次将"能力"替换为"社交性"和"道德"。被试在回答每个问题时，调研员都必须较为自然地追问"过去与现在相比，哪个更好呢？"以及"将来与现在相比，哪个更好？"等相关含义的问题，将被试引向时间比较方面。调查过程中，为了便于被试理解三个核心词汇的含义，调研员需要从前述测量的具体条目内容着手，引导被试将三个概念具体化为相应的测量条目内容，在被试已经依次对农民工和城市居民完成各测量条目内容的等级评定后，十分有利于他们对三个核心词汇的理解。在回答问题过程中，始终由调研员完成对被试回答内容的逐字逐句记录，即使被试的回答存在语病或表达不通顺，调研员也无权利进行更正。只有在被试使用某些地方特殊用词，调研员无法明确该词的拼写或含义时，可以向被试了解后直接记录该词语的含义，而无需如实记录该词语的拼写。

　　对于所有被试的回答内容，由两名全日制博士研究生进行整理和编码，一名是本书的撰写者，另一名是语言学专业的一年级博士研究生，两人首先对每名被试是否同意上述三句进行判断，随后将被试解释同意与否的理由按照时间过去比较和时间将来比较进行一级分类，并进一步根据上行比较、下行比较、平行比较完成二级分类。最后，两人逐一将分类结果比对，当出现归类不一致现象时，首先通过彼此讨论协商统一结果，若无法实现统一，则寻找另外一名心理学专业的博士研究生予以定夺。

　　编码者的归类结果显示，农民工分别在能力、社交性和道德三个方面表现出不同的时间比较方式，虽然以过去时间比较居多，但是并不存在明显的可归纳性规律。

表 3.5　农民工群体刻板印象内容的时间比较

时间类型	对比方向	举　例
时间过去比较	上行比较	真有那傻啦吧唧的，干 há（东北土话，"什么"）都不行，老早儿的卷被活（发 huo 音，指被褥行李）走人了，说是回去种地，估摸刨地都忘了
		真见过以前好的穿一条裤子，现在谁都不搭理谁
		以前看着老实巴交的人，现在心眼儿贼多着呢，好多话都不敢唠了
	下行比较	A 已经当包工头了，他刚跟我们出来时，连电钻都用不流和（河北土话，音译，liu huo，指熟练）
		我们村儿那 B 出去打工前在村儿里就是一土鳖，一棍子打不出个屁来，现在过年回去见到他，那嘴也挺能白话的，有一次我往家里拉煤，他还搭把手呢
		出来打工都挺不容易，能搭把手的，也就老乡了，越来越被信任了
	平行比较	C 混的不咋地，活不少干，钱也没挣到，跟在家里种地差不离儿，出来受罪
		都是老家一个村儿的，在家啥关系，在这就啥关系，我一老乡，在家帮村儿里的老太太收苞米，到城里，苞米是没得收了，人家还帮一个卖早点的大爷拉煤呢，那大爷听说是城里的低保户，没儿没女的
		没什么改变，过去好的，现在也好，过去不好的，现在也不好

时间类型	对比方向	举　例
时间将来比较	上行比较	我遇见过几个当服务员的小丫头，一看就心眼多，脑瓜子活分（fen，机灵），能混出个人样来
		还别说，这见识广了，不是人干的事儿，以后也少了
		这年头，城里人都不信我们，想有活儿干，耍不了啥心眼儿
	下行比较	没手艺真不行，每天抢大锤，快干不动了，轻松的活儿，学不会啊
		有些老乡越来越没法搭呼，以前就看不顺眼，进城更是学了一堆臭毛病，以后越来越完蛋，看着吧
		农民工出来就是想多整点儿钱，不犯法，挣点儿是点儿，谁还管什么信用不信用，只要有钱，怎么着都成
	平行比较	干来干去都一德行，我们也没本事，以后也提升不到哪去
		要说哥们儿铁着呢，以后也不会变，心眼好，对谁都好，必须得（发 dei）
		以后也不会改变吧，咱庄稼人，都挺老实的，就这样了，改不了

注：英文字母 A、B、C 分别指代被试所提到的人名。

　　能力方面，对打工时间越长，能力越来越好持肯定态度的被试，以时间过去比较的解释居多，并主要表现为下行比较，即认为农民工现在的能力比其刚进城市务工时强，若有被试提及时间将来比较，则以上行比较为主，认为农民工的能力会越来越强，也有被试表示无法判断将来的情况或者主张现在已经是农民工最大的能力，难以再有所提升。

　　对社交性方面的态度则表现为肯定与否定的数量相差不多，在 63 名被试的结果里，有 24 名认为农民工的社交性会随着务工时间的增长而增强，有 19 名持相反的态度，还有 11 名认为农民工的社交性基本保持不变，其余 9 名以"没了解"，"这咋看得出来"，"不知道"，"有好有坏"，"说不准"等回答未能给出明确的态度。在 24 名肯定农民工社交性越来越好的被试中，仍以同过去比较的下行比较居多，较少提及时间将来比较。反而认为农民工的社交性会越来越差的被试，按照过去、现在、将来的时间顺序表示农民工会越来越冷淡，并且，冷淡的原因或多或少涉及城市人对农民工的影响。

　　对道德方面的态度，除了 1 名被试从时间过去比较和时间将来比较均表示出农民工的道德会越来越好外，其余被试普遍认为农民工的道德要么维持不变，要么从过去到未来越来越差，具体内容见表 3.5。

可以说，依据上述结果并不能充分验证刻板印象内容的时间补偿现象具有必然性和普遍性，但也无法推翻这一现象存在的可能性，毕竟农民工被试在其较低的能力刻板印象内容方面，主要表现出时间过去比较的下行比较和时间将来比较的上行比较，即认为农民工群体的能力会越来越高，有可能成为群体成员接受不利于自身的低能力刻板印象的原因。而对于社交性和道德两个维度，农民工群体具有明显的内群体偏好，这也受到城市居民群体的认可，所以，农民工在这两个处于优势地位的刻板印象内容方面，并不具有较为一致性的时间比较类型和方向。当然，刻板印象内容的三个维度间具有本质的区别，亦可能导致时间比较的不同，从而有必要进一步研究时间补偿现象，以明确其是否存在于群体互动之中的群体刻板印象认知调节。

另外，根据第一章第二节提出刻板印象内容的时间补偿假设时，仅建立过去时间比较的模式，并未涉及未来时间比较，但在实际访谈过程中，为平衡问题的内容，避免过于侧重过去时间比较，故以较为自然的追问形式引入将来时间比较，并且，农民工被试在各刻板印象内容维度方面均有一定的将来时间比较特征。对此，后续研究拟在验证时间补偿假设的基础上，继续探索能力、社交性和道德的时间将来比较规律，作为时间补偿假设的补充性研究，以探究时间补偿现象是否具有延续至未来时间的可能性。

四、讨论

本节三个研究完全基于农民工群体的问卷式调查结果，旨在对三种刻板印象内容补偿现象进行初探。数据通过被试的主观反映获得，并且没有给予任何外界刺激，是对其刻板印象认知现状的直接体现，这也是 Fiske 等人验证刻板印象内容模型及相关研究所常用的数据收集方式和研究方法。

研究七通过比较能力、社交性和道德之间的差异，发现刻板印象内容模型的参照群体偏好并未适用于农民工群体。被试在肯定农民工群体的高社交性和高道德同时，对能力的认可程度偏低，以致呈现出一种"此高彼低"的认知特征，反而符合刻板印象内容模型对外群体贬抑的假设规律。当然，这种"此高彼低"的结论是针对同一群体的不同刻板印象内容之间的相对比较，并不以任何客观指标作为基准，去明确评价结果的绝对高低程度。与此同时，这种高低不同的差异基于静止的视角，是对某一空间、某一时间点的群体认知的主观反应，并将其限定于单一群体的认知结果，缺乏动态的、交互的分析视角。所以说，即使存在刻板印象内容的维度补偿现象，也不能全面代表刻板印象内容的特点，尤其是基于时间的动态变化和不同评价主体与对象的交互变化两方面同样存在探究空间。更何况，研究七所获得的刻板印象内容"此高彼低"的结果，是对农民工群体的认知现状体现，尚未涉猎三个维度间受外界刺激作用而产生高低变化的补偿性。加之，根据研究四对心理卷入影响刻板印象内容的研究结果判断，刻板印象内容的维度具有不稳定性，十分有必要从不同视角探讨维度的特征。

对此，刻板印象内容的共识补偿和时间补偿现象假设被提出。共识补偿从群际交互视角分析刻板印象内容的静态特征，发现群际认知具有趋势一致性的同时存在一定的程度差异，这有助于对农民工群体的刻板印象内容"此高彼低"的维度补偿现象予以补充，即农民工做出低能力的内群体评价，看似违背刻板印象内容模型的参照群体偏好假设，实则农民工以一种相对较高的低评价维持着内群体偏好。

在尚未得此结果之前，研究三基于刻板印象内容模型和偏差地图对中国社会典型群体的行为分析出现"二元化"现象，难以从模型的理论逻辑进行推理解释，并且伴随着外群体偏好行为的出现，缺乏相应数据支持社会优势理论和系统公正理论的解释，即前者认为低地位群体成员的社会优势取向决定其反抗现状还是接受现状的行为发生，后者则提出系统公正动机会使低地位群体成员做出与其内群体利益相违背的行为❶。还有社会认同理论的共识性歧视概念也仅强调不同群体之间对低地位群体的看法达成共识。三个理论的共同点无疑是已经从逻辑上默许了一致性的共识性认知对群体行为的影响。并未考虑不同群体间一致性的共识过程中，若存在程度上的认知差异，同样有可能造成绝对的内群体贬抑和外群体偏好等假象背后，其实存在着相对的内群体偏好和外群体贬抑。所以，从刻板印象内容的共识补偿视角，

---

❶ 李琼、刘力："低地位群体的外群体偏好"，载《心理科学进展》2011 年第 7 期，第 1061～1068 页。

按照偏差地图的理论逻辑，可以较好地解释"二元化"的行为反应。

　　对此，研究八根据社会认同理论的共识性歧视概念，从农民工和城市居民两类群体对彼此的社会地位感知为起点，依次对刻板印象内容、情绪唤醒和行为反应进行了趋势一致性和程度差异性的双重比较，发现引入程度差异的比较视角后，对刻板印象内容构建的群体丛引发"二元化"行为基本符合刻板印象内容模型对认知、情绪和行为三者关系的理论框架。更重要的是，这种刻板印象内容的共识补偿为低地位群体，或者说受歧视群体，在群际互动过程中起到了一种认知协调的作用，维持刻板印象内容的维度间处于相对稳定与平衡的状态，就是低刻板印象内容的群体即使认可相应维度的劣势，亦可能通过共识补偿得以缓解，令其自身接受现状，并作出符合这一共识补偿的行为。

　　在验证刻板印象内容的时间补偿假设方面，研究九以开放问题的形式由调研员询问被试，所获得文字性资料只能证实时间补偿存在于农民工群体的刻板印象认知中，尚缺乏统计学意义的数据支持。其实，社会比较也好，时间比较也罢，目的均在于获得自我满足的认知，并非追求正确的客观事实。Wilson 和 Ross 发现大学生进行自我描述时频繁存在时间比较现象[1]后，进一步证实处于不同时间距离的自我对自尊的影响作用也存在差异[2]，由此推断，一方面，时间比较确实存在于个体层面的认知，并发挥着协调的作用，另一方面，时间比较的类型和方向是分析时间比较影响认知的关键因素，也是描述时间比较作用的切入点。在这两方面，刻板印象内容的时间补偿假设首先面临的挑战是群际层面的刻板印象认知是否存在时间比较，即使研究九的开放式问题"农民工在城市打工的时间越来越长，他们的能力会越来越好，您同意这句话吗？"强调农民工群体，而非某一具体的农民工个人，但从被试的回答内容不难看出，他们所做出的判断多是基于身边的单一个体现象，偶尔会采用"几个人"、"有些"、"我们"等主语描述多数人的行为现象，所以，这些信息推论群际层面的时间比较现象

　　[1]　Wilson A. E., Ross M. The Frequency of Temporal – self and Social Comparisons in People's Personal Appraisals. Journal of Personality and Social Psychology, 2000, 78 (5): 928.

　　[2]　Ross M., Wilson A. E. It Feels Like Yesterday: Self – esteem, Valence of Personal Past Experiences, and Judgments of Subjective Distance. Journal of Personality and Social Psychology, 2002, 82 (5): 792.

略显薄弱。其次，有关被试的时间比较类型和方向，研究九的文字结果通过编码归类只具有频次统计的数据意义，又受制于每名被试进行时间比较的类型和方向各有侧重，导致研究结果仅能在孰多孰少的层面进行粗略的比较分析。但鉴于时间比较的类型和方向在刻板印象内容三个维度之间初露差异性端倪，有必要通过后续研究进一步探讨。

在验证三个刻板印象内容的补偿现象假设同时，能力、社交性和道德这三个维度表现出了一定的差异。依据刻板印象内容模型对中国大陆典型群体的结构划分，农民工群体被归入高热情—低能力群体丛，本节研究七通过计算社交性和道德的平均值还原为热情值，同样证实农民工群体的热情高，并显著高于能力评价，以致在农民工群体中所表现出的刻板印象内容"此高彼低"现象，只能是由社交性和道德，或者两者之一，对能力进行补偿。

在共识补偿方面，农民工群体的三个维度评价均显著高于城市居民对其的评价，说明维度间的高低补偿现象并未影响共识补偿，即从整体视角比较农民工与城市居民对农民工群体的认识，前者表现出一种"自我感觉良好"的刻板印象认知特点。所以，如果从程度差异角度并未发现三个维度间具有差异。反倒是在两类群体对城市居民的能力和道德刻板印象上，具有一致性的、毫无差异的高能力和低道德评价，甚至在社交性方面，农民工对城市居民的评价显著高于城市居民对自身的认可，总的来看，"自我感觉良好"的认知特点并没有在城市居民群体中有所体现。具体而言，社交性和道德再一次出现评价结果的不同，从群体数据的实证方面佐证研究五和研究六将道德内容从热情维度中抽离的必要性。

针对"自我感觉良好"的群体差异，从共识补偿现象发生的根源分析，低社会地位是先决条件，并在此基础上，出现外群体偏好和内群体贬抑两种不利于群体利益的行为倾向，只是可以借助共识补偿从相对意义上同样实现内群体偏好，可谓是低地位群体有别于高地位群体的特有现象。对于城市居民来说，他们恰恰被研究三视为高社会地位群体，以致在不受任何外界刺激的自然反应下，无需通过共识补偿实现相对意义上的内群体偏好，因为他们自身已经具有了较高的社会地位和较多的社会资源，完全有资格体现出绝对意义上的内群体偏好。

能力、社交性和道德的时间补偿现象也表现出一定的维度间差异性，当然这种差异性仅局限于频数多少的比较，至于统计学意义的差异与否仍需要后续的进一步研究。在粗略分析三个维度的时间比较类型和方向时已经发现，能力和道德的时间比较类型和方向较为集中，前者以时间过去比较的解释居多，并主要表现为下行比较，后者则倾向于稳定性或者时间过去比较的上行比较和时间将来比较的下行比较，即能力越来越好，道德要么不变要么越来越差。而社交性的时间比较类型和方向略有分歧，受被试所处的农民工群体的小环境影响较大，因为在对社交性做出时间比较的解释时，农民工普遍采用的主语偏向于群体性词汇，如"我们村"、"我们"、"哥们儿"、"就工地上那拨儿人"等，这可能与社交性刻板印象主要体现在人际活动过程中有关，令被试自然从所处的人际环境出发进行时间判断。但也恰恰从被试解释三个刻板印象内容维度的主语差别看出，对群体的能力认知依赖于群体成员的个体表现，对社交性的认知则从内群体成员间以及同外群体成员间的互动去评价，对道德的认知则是两者兼而有之。所以，在探讨时间补偿现象的过程中，社交性与道德的差异又有所体现。

综上所述，刻板印象内容的三种补偿现象得到一定程度的验证，尤其是基于共识性歧视概念所证实的共识补偿，不仅发现低地位群体较为特殊的刻板印象内容特征，还对其内群体贬抑和外群体偏好行为提供了新的解释思路。只是本节对三种补偿现象的研究仍有诸多不完善的方面，比如，这些补偿只是普遍存在于任何条件下的静态现象，还是会具有基于特定刺激后的动态反应特征？既然三个维度已经在本节研究中的补偿现象里表现出一定的差异性，那么这些差异性又具有哪些规律？均是亟待完善和进一步研究的内容。

第二节　刻板印象内容补偿现象——以大学生为例

在本章第一节的开篇之处提到已有研究普遍选取大学生为被试[1][2]，

---

[1]　Esses V. M. , Dovidio J. F. The Role of Emotions in Determining Willingness to Engage in Intergroup Contact. Personality and Social Psychology Bulletin, 2002, 28 (9): 1202 – 1214.

[2]　Cuddy A. J. , Fiske S. T. , Glick P. When Professionals Become Mothers, Warmth Doesn't Cut the Ice. Journal of Social Issues, 2004, 60 (4): 701 – 718.

故第一节的三个研究打破惯例，以农民工为被试获得一系列刻板印象内容补偿现象的相关结果，对本书的研究假设起到了一定的验证作用。然而，第一节的研究可谓是对农民工群体固有的刻板印象认知特征的调查，是挖掘一种已然存在的客观性事实规律，属于将刻板印象内容补偿现象置于静态视角下的再现，正如在本章第一节的讨论部分结尾处提到，这些刻板印象内容补偿现象是否具有动态反应倾向或特征，需要从实验心理学的"刺激—反应"这一基本研究范式出发，进一步研究刻板印象内容补偿现象。

关于社会群体认知的心理现象实验研究，直接取材于社会现实的真实刺激或应激性事件，并以现实环境被载体是最理想的实验条件，与此同时也是可遇不可求的最难实现的实验条件。鉴于此，本节再次选取系列再生法为主要研究方法，以信息传递作为刺激变量，通过自编的刻板印象内容问卷测量，探究刻板印象内容补偿现象的动态特征。选择系列再生法的主要原因就是其以记忆为出发点，以信息再现为反映刻板印象特征的方式，比较贴近日常生活中常用的人际沟通方式之一，可以说，系列再生法本身所特有的信息传递过程就是一种模拟社会现实的动态刺激情境，这亦能成为深入挖掘刻板印象内容补偿现象动态变化规律的切入点。

至于本节研究选择的被试回归于大学生，主要考虑到两点问题，一是根据前文研究发现大学生的刻板印象内容特征为典型的内群体偏好，无论是刻板印象内容模型的热情和能力两个维度，还是将道德内容从热情维度分离后的三个方面，大学生对内群体的刻板印象内容均属于高评价的认可状态，而不像农民工群体一样存在某一方面的低评价，并且同时处于高评价的不同维度间的认可程度没有显著差异，这为研究刻板印象内容补偿现象的动态变化提供了良好的客观前提，即若大学生被试出现刻板印象认知的波动，尤其是维度间程度差异的变化，可直接从系列再生法所提供的信息特征分析原因。另外一点理由是，大学生群体本身所具有的智力和理解力等优势以及群体成员的集中性生活特征，为研究的顺利开展提供了便利的先决条件，众多心理学研究，包括本书提到的刻板印象内容领域的相关研究，均是考虑到大学生群体的这一特征，从而导致大学生群体作为主要被试已然成为当前心理学研究，尤其是不限定特定群体的心理学研究的主流趋势。

一、研究十：刻板印象内容的维度补偿现象（二）

本书在提出刻板印象内容的维度补偿现象假设时，指出这种维度间绝对性的"此消彼长"特征可能是一种动态的变化结果。研究七证实农民工群体"此高彼低"的维度补偿现象仅是对客观事实的静态反应，难以从中剥离导致维度补偿现象是来自于农民工群体所固有的社会认知，还是由于社会环境的多种否定性负向刺激日积月累而引发的反应性结果。所以，针对刻板印象内容的维度补偿现象假设，有必要通过否定性或者劣势特性的刻板印象内容信息刺激，测量和观察被试因此在其他刻板印象内容方面的感知变化，以验证因果关系的方式完善刻板印象内容的维度补偿现象。另外，研究一在对刻板印象内容模型进行本土化验证后，从心理卷入视角证实模型自身存在动态变化，由此，十分有必要将刻板印象内容评价置于实际的群体心理和行为环境中，观察其稳定形态或者变化规律。

本研究中，以天津市某教育部直属重点高校的全日制在校本科大学生为被试选取对象，共获得有效被试 556 人，涵盖该校环境科学、社会学、哲学、管理学、生物科学、语言学等人文社会科学类、理工类、经商类主要专业。这些被试首先被分成两部分，第一部分有效被试为 128 人，其中，男 53 人，女 68 人，有 17 人未填写性别，平均年龄 20.1 岁（标准差 2.17），未填写性别的 17 人同样未填写年龄信息，他们不接受系列再生法的信息传递刺激而直接完成相应的刻板印象内容测量问卷，以反映该被试群体样本所固有的刻板印象内容认知特征，作为另外一部分被试接受信息传递刺激后的比较对象，可将其视为本研究的控制组。另一部分被试可视为实验组，共有 428 人，其中，男 176 人，女 237 人，平均年龄 20.0 岁（标准差 2.02），有 15 人未填写性别和年龄等人口学变量信息，他们每 4 个人被自由分配到一组，构成一条系列再生链，共有 107 条，其中 37 条接受否定大学生能力方面的刻板印象内容信息刺激，36 条接受否定大学生社交性方面的信息刺激，34 条则接受否定大学生道德方面的信息刺激，本实验最初设计共有 120 条系列再生链，三种信息刺激各有 40 条，由于实验过程中出现个别被试的信息复述量趋近于零甚至为空白，以致其所处的系列再生链中断，从而发生链条数不同程度的减少，加之自由分配被试是在平衡年龄、性别、专业等人口学变量信息后进行的，存在具有相同人口学特征的学生通过完成该实验的被试了解到相关信息的可能性，若进行补充实验，被试或许已经受到污染，而从统计学角度考虑已有实验获得的数据仍在大样本量范畴，遂并未采取补充被试的措施。

研究过程中，首先是实验材料和测量工具的编制，对于控制组，被试仅需要完成根据研究六的结果所编制的刻板印象内容测量问卷，问卷依然延续 Likert 五点量表法，1 代表"非常不同意"到 5 代表"非常同意"，与前述研究保持评定指标和描述的一致性。但是，在指导语方面略有变化，并未如前述研究强调"在你看来身边大多数人的看法"，而直接说明"根据你的理解和观察，若用这句话描述大多数当代大学生，你的态度是怎样的?"，如此设计的原因在于后续对刻板印象共识补偿现象的研究中，需要对比被试直接评价大学生和其认为社会上大多数人对大学生评价两者之间的差异，也正是出于此原因，本研究的控制组数据不能沿用前述研究的结果，如研究三、研究五和研究六，这些研究同样以在校大学生为被试，并且测量问卷的内容基本一致，只是指导语侧重强调被试对周围人的态度观察后进行判断，与本研究的设计略有差异，遂控制组数据需要重新获得。

对于实验组，被试需要完成的测量问卷内容与控制组一样，只是在填答该问卷前需要阅读一定的文字材料，以完成系列再生法的实验环节。系列再生法的实验过程主要围绕阅读和复述的信息展开，尽管 Goodman 等人对系列再生法普遍采用虚构材料而得出结论的外部推广效度提出了质疑，建议相关研究适当考虑采纳真实情境的材料❶，但鉴于难以控制真实材料的变量与研究假设的关系，大多数研究依然编制虚拟材料。本研究为验证刻板印象内容补偿现象需向被试分别展示大学生在能力、社交性、道德三方面的否定性信息，在现实的社会环境中，确实不乏这类信息的真实材料，只是集中体现三者中某一方面的材料较少，并且与问卷相应的测量题目有所偏差，于是，本研究首先进行阅读材料的编写。

---

❶ Goodman R. L., Webb T. L., Stewart A. J. Communicating Stereotype – relevant Information: Is Factual Information Subject to the same Communication Biases as Fictional Information?. Personality and Social Psychology Bulletin, 2009, 35 (7): 836 – 852.

Kashima 研究刻板印象内容一致性和非一致性信息的传递规律发现，完整的故事性记忆材料易导致故事的核心区域内容，比如故事发生的前因后果、情节出现的先后顺序等一致性信息被显著保持的现象❶，尽管其与同事 Lyons 随后发现这种现象并非稳定存在❷，为了谨慎起见，本研究编制记忆材料时，尽量避免事件性的叙述方式，以陈述客观"事实"的描述性语言，按照问卷测量题目的框架，分别体现刻板印象内容维度的否定性信息。比如，在能力维度方面，对"大学生是有能力的"这一测量题目的否定，编制"大学生在人们心中学历高、能力高的形象已经大不如从前了"、"一般二三本毕业的学生能力不行，是在大家可接受范围内的，对于名校，'985'和'211'的那些学生，着实令人费解"（注：鉴于被试均来自"985"和"211"高校学生，该句符合编制要求）、"一份纸质版的表格在 word 里编辑一模一样的电子版，字体、字号、行间距、表格的横格线什么的，总会多多少少出错"等，对"大学生是机智聪慧的"进行否定，则编制"就是不会举一反三，教一样学一样，不教，就有可能做不好出乱子，很多人没有一点就透的那种机灵劲儿"、"当真正涉及一些专业知识的运用时，普遍表现的是对所用知识的了解比较泛泛，知道有这么个知识点，究竟如何应用于实际，不是不会用，而是不敢用"；在社交性维度方面，"眉宇和举止间总会被人解读出不屑，给人一种冷漠不热情的感觉"、"大学生还有一个普遍存在的小现象是与工作单位的保洁员、保安沟通偏少，打招呼、聊天的微乎其微"对"大学生是热情热心的"进行否定，"凡事先想到保障自己不吃亏，也不愿多奉献自己的精力去承担一些与己无关的事情"否定"大学生是乐于助人的"；在道德维度方面，有"过去的大学生给人们的印象是诚实的、真诚的、纯真老实的、忠厚的，近些年，这种印象在不断的被刷新底线"、"大学生已经逐渐从真诚的、可靠的队伍中掉队"等较直白的直接否定测量道德维度题目的内容，也有"大学校园的开放为行政化、官僚化大开便利之门，学生将明哲保身，生人扑克脸熟人百媚生的道

---

❶ Kashima Y. Maintaining Cultural Stereotypes in the Serial Reproduction of Narratives. Personality and Social Psychology Bulletin, 2000, 26 (5): 594 - 604.

❷ Lyons A, Kashima Y. How Are Stereotypes Maintained through Communication? The Influence of Stereotype Sharedness. Journal of Personality and Social Psychology, 2003, 85 (6): 989.

行修炼得颇有水平"、"还有大学生进入职场后不断跳槽，大公司竞争压力大升迁难才华被淹没，小公司不规范没前途难以施展才华，总是有各种各样的跳槽理由，而这些理由大多指向外部环境，细细品来，频繁跳槽的背后是将工作视为赚钱的工具"等间接表明违背忠诚等道德内容的描述。

由于上述三个维度各自的测量条目均来自群体刻板印象特征的形容词，缺乏明确的操作定义对所有条目的测量过程进行界定，故被试对各条目存在理解差异的可能性，所以，虚拟阅读材料并未逐一区分各语句是否与具体条目的含义完全一致，而是以核心内容围绕相应维度展开为首要目的，分别编制了三篇依次否定大学生能力、社交性和道德，字数均控制在1100字左右。随后，1名心理学专业的硕士研究生和1名语言学专业的博士研究生根据问卷的17个测量条目，依次对三篇文章所表达的核心主题进行评判，以每篇文章是否分别传递相应的刻板印象内容否定性信息而提出修改建议，最终两人与研究者达成一致意见确定三篇虚拟阅读材料的终稿。

根据系列再生法的研究范式，每条系列再生链由4人组成，共传递3次信息，鉴于研究者仅有2名助理协助完成测试，为保证施测过程中被试严格按照实验流程的要求依次完成各环节，故每次实验将被试人数控制在30人左右，最多的一次人数为36人，最少的一次人数为27人。同一批次进行实验的被试均来自同一个班级，且该班级仅参与一次实验，若在该班级进行时有未能参加的学生亦不再被列入被试，从而避免已测试完成的学生向其透露信息而影响结果。

在施测过程中，实验室采取隔位就座的位置布局，事先将准备好的记忆材料放于每个座位上，且保证材料的内容被扣于桌面，被试不会在正式施测时看到任何内容。每次准备30份记忆材料和相应的测量问卷，三种记忆材料各10份，目的是来自同一个班级的被试的人口学变量信息相似程度较高，避免集中于单一的记忆材料链条，以此降低无关变量对施测结果的影响。当被试进入实验室后，在明确被告知不许翻动任何材料的前提下，可以自由选择就座的位置，以此实现被试的自由分组目的。

被试正式阅读记忆材料前，实验员需要明确告知指导语："感谢各位同学前来参与这个心理学实验，我们这次实验的目的是想了解人们如何同他人谈论自己获得信息。所以，你们将通过一篇文章获取信息后，完成一些简单的任务，关于这些任务，我将在接下来的各个环节时，再做相应的说明。首先，你们每一个人将会读到一篇来自实际访谈的信息整理稿，只需要读两遍就可以了。此时，你们的任务就是记住它，以便在随后的实验环节中可以用自己的话将内容转述给下一个人，而下一个人会完成同样的任务，再向第三个人转述，当然，除了你之外，不会有其他人看到你所阅读的信息稿，所以，不必担心你的转述内容正确与否或者好坏之分，不要有心理负担。还有一点要注意，请在阅读具体信息内容的同时务必理解整篇文章的含义。好，该环节的实验要求讲完了，你们现在可以阅读眼前的材料，当你阅读完两遍后，请举手示意。如果有同学对刚才所说的实验要求不理解，也请举手示意。"

实验员和两名助理实验员的任务首先是收取阅读材料，当被试举手示意已经阅读完两遍材料后，三个人就近将材料收回，并观察未完成阅读任务被试是否为增强记忆而增加阅读次数，判断依据为实验前已经对阅读 2 遍材料的时间进行过初步测试和统计，若有人明显超过一定的时间范畴则存在增加阅读次数的可能，此时，实验员可上前与其沟通并回收记忆材料。待所有被试完成阅读环节的任务后，实验员在助理实验员收取材料的同时，告知被试在自己位置前的一张白纸上画出自己家的房屋结构俯视图以及家具的位置摆放，时间限定为 5 分钟，并强调尽可能地描绘详细且没有好坏之分。该环节的目的是干扰记忆，以防被试短时记忆对信息复述的影响。5 分钟后，要求被试将记忆的内容写在画有家居结构图的背面，该环节没有时间限制，待被试完成书写后举手示意，三名实验人员会就近将书写内容收回，并告知被试认真阅读问卷的指导语后按要求对 17 个测量条目作出等级性的态度判断。至于被试复写的记忆材料，将在每次实验后由三名实验员分工输入电脑后形成铅字打印版，作为系列再生链下一位置的被试阅读材料。在信息录入过程中，要求实验员一定"原样"输入，即使被试的复述内容出现错别字、语句不通顺、语法错误等，也不能擅自进行修改。

根据刻板印象内容维度补偿假设和研究过程的控制，本研究主要从三方面分析数据，首先是 128 名被试直接填答刻板印象内容测量问卷的结果，作为控制组，该部分数据分别对能力（$M = 3.5728$）、社交性（$M = 3.4993$）和道德（$M = 3.4546$）的平均值进行单因素方差分析，得出 F 值 1.450，显著性 $p = 0.236$，表明三个维度间没有显著差异，按照刻板印象内容模型对群体丛的划分规律和研究三所获得的中国社会群体框架结构，可推断 128 名被试对大学生的内群体评价属于高认可情形，并且三个维度的高评价之间不存在程度上的差异。也就是说，维度间并未发现"此高彼低"的补偿现象。

其次是针对 428 名实验组被试的数据进行两类分析，第一类是按照维度划分，将实验组和控制组的数据进行维度内的均值比较，即比较实验组被试接受否定性维度信息的刺激后，对大学生群体的三个维度的评价是否与控制组出现差异。结果发现，否定性刻板印象内容评价信息能够引发被试一定的维度补偿现象，不同维度信息刺激后的"此消彼长"情况具有明显不同（见表3.6）。

表3.6 维度内的刻板印象内容补偿现象比较

被试位置	否定性信息刺激维度	各维度内的评价与控制组比较								
		能力 vs 3.5728			社交性 vs 3.4993			道德 vs 3.4546		
		实验组	t	d	实验组	t	d	实验组	t	d
整体	能力	3.3609	-3.287 ***	0.396	3.6993	3.352 ***	0.407	3.5557	1.512	0.184
	社交性	3.7153	2.110 *	0.257	3.5201	0.321	0.039	3.4549	0.004	0.001
	道德	3.6305	0.808	0.100	3.7148	3.585 ***	0.442	3.1860	-3.455 ***	0.426
位置1	能力	3.2865	-2.902 **	0.558	3.6261	1.292	0.240	3.6908	2.041 *	0.376
	社交性	3.9187	2.788 **	0.560	3.3343	-1.648	0.305	3.5590	0.912	0.175
	道德	3.5242	-0.465	0.089	3.7132	2.148 *	0.424	3.0154	-3.581 ***	0.661
位置2	能力	3.2575	-3.145 **	0.592	3.7331	2.822 **	0.493	3.4037	-0.607	0.099
	社交性	3.7500	1.726	0.323	3.5139	0.149	0.029	3.4375	-0.209	0.034
	道德	3.7290	1.538	0.309	3.7377	2.534 *	0.553	3.3176	-1.347	0.244
位置3	能力	3.4656	-1.101	0.216	3.7106	2.175	0.410	3.5726	1.344	0.224
	社交性	3.5069	-0.663	0.130	3.5102	0.109	0.021	3.4028	-0.470	0.096
	道德	3.5819	0.088	0.017	3.6213	1.241	0.250	3.1118	-3.460 ***	0.620
位置4	能力	3.4340	-1.326	0.237	3.7275	3.018 **	0.506	3.5557	1.226	0.198
	社交性	3.6855	1.133	0.221	3.7222	2.241 *	0.419	3.4201	-0.408	0.067
	道德	3.6870	0.746	0.161	3.7868	2.852 **	0.552	3.2993	-1.043	0.216

注：*** 表示 $p \leqslant 0.001$，** 表示 $p \leqslant 0.01$，* 表示 $p \leqslant 0.05$。

独立样本 t 检验显示，在不考虑信息传递对被试影响的前提下，所有阅读相应否定性信息的被试与控制组相比，至少出现另外一个维度评价上升的"彼长"维度补偿现象，且被提升的维度仅为能力和社交性，而道德维度则表现出一定的稳定性。当分别阅读三个维度的否定性刻板印象内容信息时，被试对该维度的评价变化也略有不同，即"此消"仅体现在能力和道德维度的明显降低，社交性却没有显著变化。综合来看，当被试接受任一维度的否定性信息刺激时，均未出现三个维度同时"此消彼长"的变化趋势，而是至少有一个维度的评价保持不变。这种情况伴随着系列再生法的信息传递演变逐渐加深，越来越多的实验组的维度评价与控制组之间没有显著差异，位置 1 的比较结果接近于整体情形，只是当能力维度被否定时，实验组的社交性评价反而与控制没有差异，道德评价却显著升高；延续到位置 2 时，在保持与整体情形基本一致的情况下，社交性的否定性信息刺激并没有使能力维度的评价有所提升，道德的否定性信息刺激则令被试依然坚信大学生群体的道德居于较高水平；而分析位置 3 和位置 4 的结果发现，仅有能力的评价不再伴随信息刺激的变化而变化，控制组的道德评价在位置 3 时出现反弹，否定刺激再次令其降低，其余均保持与控制组一致，反倒是社交性在位置 4 的结果一致显著高于控制组。

纵观整体和各位置处维度评价变化，仅有能力维度的差异变化符合刻板印象内容维度假设，社交性则是在其他维度被否定时，几乎全部显著高于控制组，而在自身被否定时，则保持与控制组一致的评价，自始至终并未出现任何评价降低的情形，道德维度的评价变化基本与社交性相反，控制组仅在受到道德否定性信息刺激的时候才有可能降低道德的评价，除了位置 1 时否定能力的信息刺激令道德评价在 0.05 水平上显著提升外，在其余任何能力和社交性的信息刺激条件下，控制组的道德评价均与实验组相同。由此推断，否定性刺激的呈现确实对群体的刻板印象内容维度间"此消彼长"的补偿现象起到诱发作用，只是两者之间的因果关系并不具有必然性，尤其是社交性的否定性信息刺激仅令能力维度在整体和位置 1 时出现提升的"彼长"补偿现象外，其自身和道德维度基本保持不变，至于位置 4 时社交性的异常提升因仅出现这一次特例，可能存在无关变量的影响，暂且不予深入分析。加之道德维度较能力和社交性而言，更具有保持不变的稳定性，说明"此消彼长"的维度补偿现象不具必然性的同时，也进一步表明道德与能力和社交性存在一定的差异，有必要从刻板印象内容模型的热情维度抽离出来。

实验组被试数据的第二类分析是抛开控制组，直接对整体和不同位置的维度间数据进行单因素方差分析，结果发现，在不同维度的否定性信息刺激作用下，被试在各维度间的评价出现不同程度"此高彼低"的变化结果（见表 3.7）。

表 3.7　维度间的刻板印象内容补偿现象比较

a　否定能力的信息刺激作用下的维度补偿现象

被试位置	社交性	道德	能力	F	p	ω^2
整体	3.6993	3.5557	3.3609	17.905	0.000	0.071
位置1	3.6261	3.6908	3.2865	5.632	0.005	0.077
位置2	3.7331	3.4037	3.2575	10.960	0.000	0.152
位置3	3.7106	3.5726	3.4656	2.630	0.077	0.029
位置4	3.7275	3.5557	3.4340	3.601	0.031	0.045

b　否定社交性的信息刺激作用下的维度补偿现象

被试位置	能力	社交性	道德	F	p	ω^2
整体	3.7153	3.5201	3.4549	9.605	0.000	0.038
位置1	3.9187	3.3343	3.5590	8.390	0.000	0.120
位置2	3.7500	3.5139	3.4375	4.172	0.018	0.055
位置3	3.5069	3.5102	3.4028	0.562	0.572	0.008
位置4	3.6855	3.7222	3.4201	4.393	0.015	0.045

c　否定道德的信息刺激作用下的维度补偿现象

被试位置	能力	社交性	道德	F	p	ω^2
整体	3.6305	3.7148	3.1860	33.059	0.000	0.136
位置1	3.5242	3.7132	3.0154	12.725	0.000	0.187
位置2	3.7290	3.7377	3.3176	10.348	0.000	0.155
位置3	3.5819	3.6213	3.1118	11.476	0.000	0.170
位置4	3.6870	3.7868	3.2993	4.127	0.019	0.058

在刻板印象内容的否定性刺激作用下，大学生群体出现明显的维

度间评价差异可谓是维度补偿现象的直接结果。尤其是前述维度内的独立样本 t 检验分析发现提升维度评价，有利于避免将维度间的差异评价单纯归结为被试受否定性信息刺激而降低相应维度评价所致。不可否认，根据表3.6的独立样本 t 检验，能力和道德维度的否定性信息刺激确实令被试在该维度上出现不同程度的内群体评价降低，以致可能成为维度间差异的重要原因，但伴随其他维度同时出现评价提升的结果，最终呈现出因否定性信息刺激引发维度间"此消彼长"的变化过程而形成各维度"此高彼低"的补偿结果。

具体表现为当被试感知能力维度被否定时，无论是所有控制组被试，还是分处在不同系列再生链位置的部分被试，均对社交性的内群体评价显著高于对能力的认可，这一现象在控制组的整体数据以及位置1和位置2时，是社交性评价的提升和能力评价的降低共同作用的结果，而在位置3和位置4时，则单纯由于社交性的评价提升所致，至于道德维度在维度间比较的变化过程，基本因被试对其评价呈现由高到低回归实验组评价水平的趋势介于社交性和能力的评价之间。在被试接收社交性的否定性信息刺激时，基本呈现能力评价显著高于社交性和道德水平的结果，并且主要来自于能力评价显著提高的作用，因为社交性和道德的评价基本与控制组水平一致而保持不变，即使在位置4时社交性的评价出现异常提高，并显著高于道德维度，也仍与能力维度的评价没有显著差异，可见，社交性的否定性刺激对提升大学生内群体的能力评价具有明显的作用，在此过程中，社交性对道德维度的影响程度较低，更加凸显道德维度的稳定性。当被试阅读否定大学生道德的信息后，始终呈现能力和社交性的评价之间没有显著差异，与此同时，两者显著高于大学生对内群体的道德认可。导致这一现象的主要原因是道德维度评价的显著降低，尽管社交性的评价显著提高，但其与能力之间没有显著差异，而能力评价结果又同控制组保持一致，所以，在无法排除无关变量的影响情况下，对于这一结果，只能说受道德的否定性信息刺激，社交性评价的提升进一步拉开了道德评价与社交性和能力的差距，并不能充分说明"此高彼低"的维度评价差异完全来自于"此消彼长"的维度补偿。

总体来看，任一维度的否定性信息刺激均导致被试对大学生内群体的评价呈现"此高彼低"的变化结果。只是，仅有能力维度的否定性信息刺激作用下，基本同时呈现能力评价降低以及社交性或道德评价升高的"此消彼长"维度补偿现象，在其他两个维度的否定性信息刺激方面，要么是"此消"趋势明显，要么是"彼长"效果突出，表现出三个维度不仅从表征群体刻板印象的具体内容方面存在差异，连各自的动态变化过程亦不能简单地一概而论。

最后，系列再生法对信息传递的传统分析逻辑显示，系列再生链不同位置之间的信息量存在差异。本节在介绍自行编制的三种阅读材料时提到分别以刻板印象内容三个方面为核心内容，未明确界定各语句与测量条目所用形容词之间的逐一对应关系，以致出现单一语句包含多种测量形容词或者多种语句描述同一测量条目含义的情况，所以，在统计不同系列再生链位置上每名被试的信息再现量时，由两名编码者进行编码确认，一名编码者是研究者本人，另一名则是不了解该实验内容的心理学专业硕士研究生，两人以句子为单位，若与原文内容大致相同则判定为信息再现，计入再现信息量，复述错误或者自行增加的内容均视为无用信息，最终比对两人的编码结果，对于意见不一致的信息进行讨论分析达成共识。编码结果显示否定大学生能力方面的阅读内容共包含32条信息，其中，为避免首因效应和近因效应增强被试记忆的作用，段首2条信息和段尾1条信息为刻板印象无关信息，不计入再现信息总量，故共有29条关于大学生能力的刻板印象不一致信息。同理，否定大学生社交性的阅读材料共有23条信息（段首1条和段尾1条无关信息），否定道德方面的材料有26条信息（段首1条和段尾2条无关信息）。最终以平均数形式统计各位置的再现信息量，详见表3.8。

表3.8　维度内的位置间刻板印象内容评价比较

否定性信息刺激维度	维度内	系列再生链位置				F	p	ω^2
		位置1	位置2	位置3	位置4			
能力	能力	3.2865	3.2575	3.4656	3.4340	1.448	0.231	0.009
	社交性	3.6261	3.7331	3.7106	3.7275	0.432	0.730	0.012
	道德	3.6908	3.4037	3.5726	3.5557	2.331	0.077	0.005
	再现信息量	32.55%	27.31%	19.76%	14.07%	—	—	—

续表

否定性信息刺激维度	维度内	系列再生链位置				F	p	ω^2
		位置1	位置2	位置3	位置4			
社交性	能力	3.9187	3.7500	3.5069	3.6855	3.378	0.020	0.0472
	社交性	3.3343	3.5139	3.5102	3.7222	3.220	0.025	0.044
	道德	3.5590	3.4375	3.4028	3.4201	0.870	0.458	0.003
	再现信息量	32.61%	24.04%	19.87%	13.87%	—	—	—
道德	能力	3.5242	3.7290	3.5819	3.6870	0.793	0.500	0.005
	社交性	3.7132	3.7377	3.6213	3.7868	0.817	0.487	0.004
	道德	3.0154	3.3176	3.1118	3.2993	1.785	0.153	0.017
	再现信息量	33.58%	29.31%	15.73%	14.09%	—	—	—

注：在事后检验中，社交性的否定信息刺激中，能力方面位置1显著高于位置3；社交性方面位置1显著低于位置4。

数据表明，确实存在信息再现量的递减趋势。由此，不同位置的被试受此影响，刻板印象内容的否定性信息通过系列再生法对其影响程度是否存在差异，可以通过单因素方差分析进行检验。结果表明，在任一维度的否定性信息作用下，被试即使对该维度的评价均值呈现从位置1到位置4的升高趋势，对其他维度呈现降低趋势，但基本难以达到统计学意义上的显著性（见表3.8）。

由此可见，否定性刻板印象内容的信息在系列再生的传递过程中，可以说仅在控制刺激有无的水平上发挥了作用，难以伴随着信息传递的演变，进一步引发刻板印象内容维度补偿现象的程度变化。也就是说，只要被试接触到否定性的刻板印象内容信息刺激，无关乎信息描述的翔实或者简单程度，对同一维度的评价基本保持一致。其实，单纯地根据系列再生链条的不同位置进行比较，忽略了信息量这一重要的干扰变量，而且，系列再生法分析信息传递的主要统计量就是每一个位置处的各种信息再现的保持数量，只是这种计量方式完全以位置为划分单位，忽略不同位置处若存在信息量相同或者同一位置处出现信息量的再现差异等情况。所以，有必要从信息传递过程中的信息量变化着手分析其与维度评价关系，并非完全限制于位置变量的影响，毕竟处于同一位置的被试有可能阅读不同信息量的刻板印象内容。

对此，本书打破系列再生法的位置界限，拟以记忆信息量为分组标志，从信息传递的数量视角出发，验证刻板印象内容补偿现象的变化规律受刻板印象再现信息量的影响，伴随被试再现信息量的降低，维度间的补偿效应减弱。结果显示，针对能力和社交性两方面，否定性信息刺激的数量主要作用于该内容的认知评价，随着被试再现信息量的降低，能力和社交性的内群体评价显著提升，道德自始至终保持不变。在能力和社交性分别被否定的情况下，其余两方面内容未表现出任何伴随再现信息量减少的降低反应，外加道德被否定时三方面的无差异变化，总体看来，再现信息量与维度补偿效应关系的假设不成立（见表3.9）。

表 3.9 维度内不同信息量的刻板印象内容评价比较

| 否定性信息刺激维度（阅读信息量） | 维度内 | 再现信息量 | | | | F | p | ω^2 |
		>30%	30% ~ 20%	20% ~ 15%	<15%			
能力（29）	能力	3.2334	3.2467	3.4822	3.5597	3.414	0.019	0.047
	社交性	3.6364	3.5980	3.8380	3.7121	2.326	0.077	0.026
	道德	3.4801	3.5473	3.5903	3.6506	0.741	0.529	0.005
社交性（23）	能力	3.6939	3.6741	3.6886	3.8031	0.398	0.755	0.013
	社交性	3.3067	3.5200	3.5630	3.6851	3.147	0.027	0.043
	道德	3.5446	3.4922	3.3398	3.4291	1.271	0.287	0.006
道德（26）	能力	3.6337	3.7315	3.4598	3.6562	0.899	0.443	0.002
	社交性	3.7791	3.6710	3.6198	3.7344	0.773	0.511	0.005
	道德	3.2209	3.2655	3.1500	3.1125	0.380	0.768	0.014

尽管再现信息量无法影响维度补偿效应，但仍不能否认信息量对内群体刻板印象评价的作用，毕竟能力和社交性的变化受再现信息量的影响，有别于系列再生位置的无差异现象，出现评价程度的递进变化，使得否定性信息的作用并非仅限于"有无"对比，而是存在从数

量"多少"角度介入分析的新途径。并且，这种变化仅发生在能力和社交性方面，再一次体现提取道德内容的必要性。

　　另外，仿照基于系列再生位置对维度补偿效应的数据分析模式，难以发现补偿效应的痕迹，详见表 3.10。比如，伴随否定能力的刺激信息再现量降低，刻板印象三方面的内群体评价同时呈现增高的趋势，以致当再现信息量高于 20% 时，实验组的能力评价值显著低于控制组，而两组在社交性和道德方面不存在差异，反倒是再现信息量低于 20% 时，实验组和控制组的能力评价一致，社交性和道德方面或多或少出现实验组显著高于控制组的现象。在否定大学生社交性的信息刺激方面，可以说再现信息量的多少未产生任何有效作用，实验组和控制组的数据自始至终没有显著差异。道德方面的内群体评价与再现信息量的关系也有其特有现象，并且与系列再生链的位置作用相似，未令内群体的能力评价产生变化，在被试表现不同再现信息量时，道德内群体评价的实验组分值普遍显著低于控制组，社交性的评价则恰好相反。

表 3.10　维度内的刻板印象内容补偿现象比较（再现信息量）

再现信息量	否定性信息刺激维度	各维度内的评价比较								
		能力 vs 3.5728			社交性 vs 3.4993			道德 vs 3.4546		
		实验组	t	d	实验组	t	d	实验组	t	d
>30%	能力	3.2334	-3.378 ***	0.534	3.6364	1.384	0.221	3.4801	0.226	0.041
	社交性	3.6939	0.881	0.176	3.3067	-1.454	0.297	3.5446	0.758	0.156
	道德	3.6337	0.600	0.096	3.7791	2.410 *	0.476	3.2209	-2.116 *	0.368
30% ~ 20%	能力	3.2467	-2.444 *	0.483	3.5980	1.049	0.167	3.5473	0.946	0.161
	社交性	3.6741	0.784	0.149	3.5200	0.245	0.037	3.4922	0.407	0.066
	道德	3.7315	1.062	0.227	3.6710	1.740	0.293	3.2655	-1.466	0.323
20% ~ 15%	能力	3.4822	-0.959	0.147	3.8380	3.643 ***	0.562	3.5903	1.560	0.244
	社交性	3.6887	1.121	0.188	3.5630	0.457	0.093	3.3398	-1.105	0.200
	道德	3.4598	-0.704	0.170	3.6198	1.172	0.207	3.1500	-2.084 *	0.452
<15%	能力	3.5597	-0.077	0.020	3.7121	2.111 *	0.372	3.6506	2.292 *	0.387
	社交性	3.8031	1.745	0.350	3.6851	1.458	0.295	3.4291	-0.301	0.048
	道德	3.6563	0.627	0.115	3.7344	2.223 *	0.370	3.1125	-2.813 **	0.493

注：＊＊表示 $p \leqslant 0.01$，＊表示 $p \leqslant 0.05$。

对比再现信息量和系列再生位置的维度间刻板印象内容补偿现象（见表3.11和表3.7），结果基本一致，即使出现细微的差别，不同的再现信息量也没有影响三个维度间应有的补偿变化。伴随再现信息量的减少，维度间的补偿效应减弱，尤其是在低于15%再现量的情况下，分别否定三个维度均无法再出现补偿现象，各维度之间的内群体评价一致。

表3.11　维度间的刻板印象内容补偿现象比较（再现信息量）

a　否定能力的信息刺激作用下的维度补偿现象

再现信息量	社交性	道德	能力	F	p	ω^2
>30%	3.6364	3.4801	3.2334	6.465	0.002	0.076
30%–20%	3.5980	3.5473	3.2467	5.221	0.007	0.071
20%–15%	3.8380	3.5903	3.4822	7.484	0.001	0.088
<15%	3.7121	3.6506	3.5597	0.791	0.458	0.016

b　否定社交性的信息刺激作用下的维度补偿现象

被试位置	能力	社交性	道德	F	p	ω^2
位置1	3.7126	3.3248	3.4375	4.945	0.009	0.058
位置2	3.8010	3.6424	3.5536	2.189	0.117	0.022
位置3	3.6769	3.5091	3.3665	4.128	0.018	0.045
位置4	3.6607	3.7295	3.5085	1.560	0.218	−0.006

c　否定道德的信息刺激作用下的维度补偿现象

被试位置	能力	社交性	道德	F	p	ω^2
位置1	3.6054	3.7500	3.2357	10.031	0.000	0.125
位置2	3.6082	3.6152	3.1287	11.525	0.000	0.171
位置3	3.7229	3.8088	3.2096	13.375	0.000	0.175
位置4	3.4524	3.6310	3.1357	2.245	0.115	0.038

所以，运用系列再生法探索刻板印象时，该方法本身便存在再现信息量和系列再生位置的正向递进关系，即随着再生位置的延续，再现信息量量递减（见表3.8），那么，再现信息量对维度补偿效应的影响类似于系列再生位置，可谓合情合理。

二、研究十一：刻板印象内容的共识补偿现象（二）

本章第一节的研究八对刻板印象共识补偿现象的探讨，选择农民工和城市居民两个群体，主要原因是两者具有明显的社会地位差异，且身份背景符合我国城乡划分的结构特征。基于两类群体对农民工低地位的共识性地位认知，共识补偿现象的出现可谓是顺理成章的自然结果，并能有效解释群际互动的复杂情绪唤醒和行为反应状态。只是，在社会生活中，彼此互动的两个或多个群体之间并非时刻拥有社会地位差异，以致刻板印象内容的共识补偿现象能否脱离群体低地位的共识认知后依然存在，而普适于各类社会群体，成为值得研究的刻板印象内容现象之一，这也是研究十一的焦点。

与研究八的两类群体被试一样，本研究需要大学生群体和非大学生群体两类被试。大学生群体被试沿用研究十的所有 556 名在校生，第一部分 128 人，不接受任何外界信息刺激，按照研究要求完成调查问卷的测量，另一部分 428 人，在完成研究十的测验过程中，填答本研究的调查问卷。非大学生群体被试以本人未经历过正规高等院校本科及以上教育为筛选标准，共获得 45 名有效被试，其中，男 19 人，女 26 人，平均年龄 25.4 岁（标准差 10.55），学历涵盖中专、高中、初中、小学，职业身份有初高中学生、军人、中学教师、钟点工、农民、快递员、保安、厨师、流动商贩、收银员，这 45 名被试之前均未接受过任何关于刻板印象的调查或研究。

被试沿用研究十的同时，研究过程也是在研究十的基础上，增加刻板印象内容测量问卷的内容，以实现获取相关数据的目的。

本研究通过控制刻板印象内容测量问卷的指导语获得数据。针对大学生被试的指导语为"通过你的观察和判断，表明社会上大多数人对当代大学生的态度"，针对非大学生群体的被试指导语为"通过你的观察和判断，表明你本人对当代大学生的态度"。关于问卷内容，依然采用研究六的刻板印象内容测量条目，以 Liket 五点量表形式，由 1 代表"非常不同意"至 5 代表"非常同意"。

对于非大学生群体的被试，由研究者本人直接采取面对面调查的填答方式，首先为被试讲解问卷的指导语和题目，若被试对测量条目的含义理解没有明显偏差，则由其自行填答 17 个测量条目，若被试无法明晰条目含义，则由研究者通过举例解读的方式逐一讲解题目，并明确其赞同程度的等级，协助完成判断任务。

对于大学生群体的被试，无论是控制组，还是实验组，每人在完成研究十的所有环节后，判断社会上大多数人对当代大学生各项刻板印象内容的态度即可。唯一不同的是，阅读否定大学生能力方面刻板印象内容信息的被试，仅需要就"想象力丰富的"、"有思想的"等7条测量能力的条目，从社会大众的视角作出判断，阅读否定大学生社交性方面刻板印象内容信息的被试，则仅判断"热情热心的"、"有责任心的"等6条测量社交性的条目，被试阅读否定大学生道德方面的刻板印象信息时，判断"耿直坦率的"、"诚实真诚的"等4条测量道德的条目即可。控制组被试因未接受任何相关信息刺激，需要对上述17个测量条目逐一从社会大众视角进行判断。

以大学生为研究对象探讨刻板印象内容的共识补偿现象，分析策略与农民工有所不同。一方面，根据研究三对中国社会群体结构划分情况来看，大学生群体属于高热情—高能力，可推断其能力、社交性和道德基本处于被社会大众认可的优势评价，而农民工群体则在能力方面具有明显的劣势评价；另一方面，农民工群体与城市居民群体的特有互动现象，使得从两者对彼此的评价中剖析共识补偿现象成为可能，大学生群体则缺乏典型的互动对象。而且，大学生对于个体人生发展来说只是特定时期的身份，其社会地位并非像特定职业或固定身份背景的群体一样基本定型，所以，为脱离共识社会地位探讨刻板印象内容共识补偿现象提供有利前提的同时，亦无需深究大学生群体的社会地位。对此，本研究的数据分析主要从大学生的内群体评价、感知的外群体评价和实际的外群体评价三个角度着手。

首先，在未接受任何刻板印象内容的否定性信息刺激情况下，控制组被试完成内群体评价和感知的外群体评价，配对 t 检验的结果发现，大学生认为外群体对其的评价与内群体评价一样高，且三个方面表现出不同程度显著性的相关关系（见表3.12）。

结合维度间的单因素方差比较结果，无论是内群体评价还是感知的外群体评价，能力、社交性和道德的认可水平均没有显著差异（见表3.13）。就内群体评价而言，大学生表现出明显的内群体偏好，这在研究十的分析中已经提到过。从大学生内群体感知外群体评价的结果不难看出，大学生群体认为他人眼中的自己同样具有较高的刻板印象内容评价。一方面表现出大学生内群体偏好的自信，另一方面为刻板印象内容的研究可以从"社会大多数人"视角考察内群体评价的可行性提供了支持。

表 3.12　控制组的内群体评价与感知外群体评价比较

刻板印象内容	内群体评价	感知的外群体评价	t	r	d
能力	3.5728	3.5904	-0.279	0.464***	0.026
社交性	3.4993	3.5326	-0.551	0.444***	0.052
道德	3.4546	3.5723	-1.761	0.209*	0.196

注：*** 表示 $p \leqslant 0.001$，* 表示 $p \leqslant 0.05$。

表 3.13　控制组内群体评价与感知外群体评价的维度间差异

	能力	社交性	道德	F	p	ω^2
内群体评价	3.5728	3.4993	3.4546	1.450	0.236	0.001
感知的外群体评价	3.5904	3.5326	3.5723	0.327	0.721	0.004

　　然而，将大学生感知的外群体评价与实际的外群体评价进行独立样本 t 检验后发现，群体外成员对大学生群体的评价依然符合外群体贬抑的刻板印象认知规律，并且没有表现出共识性刻板印象的特征（见表 3.14）。非大学生群体的 45 名被试对大学生的能力方面表现出高度的认可，却在社交性和道德的评价上略逊一筹，只是从数值上的直观表现看，两者相对较低的评价并没有对大学生群体表现出否定性态度，符合研究三基于刻板印象内容模型对中国社会群体的划分，将大学生群体归属为"高热情—高能力"。

表 3.14　控制组的感知外群体评价与实际的外群体评价比较

刻板印象内容	感知的外群体评价	实际的外群体评价	t	d
能力	3.5904	4.1500	-5.049***	0.881
社交性	3.5326	3.2778	2.569*	0.443
道德	3.5723	3.1444	4.315***	0.710

注：*** 表示 $p \leqslant 0.001$，* 表示 $p \leqslant 0.05$。

　　刻板印象内容的共识补偿现象假设的关键点，在于内外群体产生一致性刻板印象劣势评价，这对于大学生群体来说，恐怕并非如农民工群体的低能力评价那样显而易见，只是，从相对性着手，外群体对大学生社交性和道德的评价低于能力，使得大学生这两方面的刻板印象内容处于相对劣势的地位。进一步对比内外群体对大学生的刻板印象内容，这种相对性的劣势地位却没有体现在大学生的内群体以及感知的外群体评价之中（见表3.13）。反倒是大学生群体无论从内群体评价，还是感知的外群体评价，均给予了社交性和道德的高评价，且明显高于实际的外群体评价（见表3.14和表3.15）。

表 3.15　控制组的内群体评价与实际的外群体评价比较

刻板印象内容	内群体评价	实际的外群体评价	t	d
能力	3.5728	4.1500	-5.498***	0.986
社交性	3.4993	3.2778	2.373*	0.401
道德	3.4546	3.1444	2.857**	0.487

注：*** 表示 $p \leqslant 0.001$，** 表示 $p \leqslant 0.01$，* 表示 $p \leqslant 0.05$。

当实验组被试分别阅读研究十提供的刻板印象内容否定性信息后，在不考虑信息传递的影响因素下，能力和道德的内群体评价出现显著降低，社交性评价则保持不变（见表3.6"整体"部分的数据），与之伴随的感知外群体评价的变化中，只有道德评价存在显著降低，能力和社交性保持不变（见表3.16），唯独位置4的被试表现出三者的评价一致。可见，大学生对自己在他人心目中的形象具有一定的自信，能力和社交性的否定性信息并未撼动大学生自我感觉良好的状态，唯独在道德的否定性信息作用下，降低了他人眼中的内群体道德刻板印象，与其他两方面出现变化差异。

表 3.16　感知外群体评价的控制组与实验组比较

	刻板印象内容	控制组	实验组	t	d
整体	能力	3.5904	3.6861	1.271	0.153
	社交性	3.5326	3.5778	0.652	0.079
	道德	3.5723	3.3778	-2.560*	0.316
位置1	能力	3.5904	3.7452	1.276	0.235
	社交性	3.5326	3.4201	-1.003	0.180
	道德	3.5723	3.2813	-2.615**	0.464

续表

	刻板印象内容	控制组	实验组	t	d
位置2	能力	3.5904	3.5618	−0.250	0.050
	社交性	3.5326	3.7442	2.000*	0.385
	道德	3.5723	3.4467	−1.163	0.213
位置3	能力	3.5904	3.7934	1.714	0.326
	社交性	3.5326	3.6343	0.939	0.175
	道德	3.5723	3.2629	−2.839**	0.515
位置4	能力	3.5904	3.6004	0.084	0.016
	社交性	3.5326	3.5127	−0.193	0.039
	道德	3.5723	3.5202	−0.464	0.082

注：** 表示 $p \leqslant 0.01$，* 表示 $p \leqslant 0.05$。

当比较实验组整体在三个方面的内群体评价和感知的外群体评价时发现，大学生感知的外群体评价，除了道德略有降低外，保持不变的能力和社交性在同内群体评价比较时，继续出现差异，大学生群体显著降低了内群体的能力评价，加之道德评价的进一步下降，仅有社交性的内群体评价与感知的外群体评价相同，能力和道德的内群体评价显著低于其所感知的外群体评价（见表3.17）。这一现象伴随刻板印象内容否定性信息的传递而逐渐接近控制组的评价情况。

表3.17　实验组的内群体评价与感知外群体评价比较

	刻板印象内容	内群体评价	感知的外群体评价	t	r	d
整体	能力	3.3609	3.6861	−6.426***	0.417***	0.572
	社交性	3.5201	3.5778	−0.772	0.387***	0.103
	道德	3.1860	3.3778	−3.026**	0.398***	0.288
位置1	能力	3.2865	3.7452	−3.955***	0.289	0.783
	社交性	3.3343	3.4201	−1.134	0.743***	0.139
	道德	3.0154	3.3180	−2.331*	0.423*	0.430
位置2	能力	3.2575	3.5618	−3.722***	0.526***	0.597
	社交性	3.5139	3.7442	−2.134*	0.195	0.452
	道德	3.3176	3.4467	−1.338	0.533***	0.225

续表

	刻板印象内容	内群体评价	感知的外群体评价	t	r	d
位置3	能力	3.4656	3.7934	-3.429**	0.418**	0.617
	社交性	3.5102	3.6343	-1.086	0.257	0.221
	道德	3.1118	3.2629	-1.063	-0.032	0.236
位置4	能力	3.4340	3.6004	-1.603	0.469**	0.272
	社交性	3.7222	3.5301	1.873	0.249	0.423
	道德	3.2993	3.5202	-1.751	0.543***	0.288

注：*** 表示 $p \leqslant 0.001$，** 表示 $p \leqslant 0.01$，* 表示 $p \leqslant 0.05$。

那么，在刻板印象内容的否定性信息刺激下，大学生的内群体评价变化并没有改变能力和社交性与外群体评价的关系，仅在道德方面，内群体评价的降低使其与外群体评价没有显著差异。与此同时，分别接受社交性、能力和道德三方面否定性信息刺激的被试，在相应方面的内群体评价逐渐降低（$F = 11.877$，$p \leqslant 0.001$）。

从表3.18的比较结果看，大学生群体并未体现出与农民工群体相似的刻板印象内容共识补偿现象，即使当社交性和道德两方面受到外群体相对较低的劣势评价时，被试感知社交性受到否定，也没有降低其内群体评价，并伴随逐渐上升的趋势使得位置4被试的社交性内群体评价显著高于实际的外群体评价。而道德的否定性信息虽然导致内群体评价降低，但并不存在高于外群体评价的情况，而是与之相等。至此，刻板印象内容的共识补偿现象假设之于大学生群体不能得到有效验证，究其原因主要在于内外群体确实没有对大学生产生一致性的劣势评价，不符合共识补偿现象的假设前提。

表3.18　实验组的内群体评价与实际的外群体评价比较

	刻板印象内容	内群体评价	实际的外群体评价	t	d
整体	能力	3.3609	4.1500	-8.383***	1.361
	社交性	3.5201	3.2778	2.573*	0.432
	道德	3.1860	3.1444	0.372	0.064

续表

	刻板印象内容	内群体评价	实际的外群体评价	t	d
	能力	3.2865	4.1500	−7.029***	1.541
位置 1	社交性	3.3343	3.2778	0.443	0.099
	道德	3.0154	3.1444	−0.831	0.188
	能力	3.2575	4.1500	−6.894***	1.543
位置 2	社交性	3.5139	3.2778	1.947	0.439
	道德	3.3176	3.1444	1.276	0.296
	能力	3.4656	4.1500	−5.563***	1.254
位置 3	社交性	3.5102	3.2778	1.860	0.418
	道德	3.1118	3.1444	−0.243	0.056
	能力	3.4340	4.1500	−5.140***	1.1411
位置 4	社交性	3.7222	3.2778	3.535***	0.794
	道德	3.2993	3.1444	0.937	0.210

注：*** 表示 $p \leqslant 0.001$，* 表示 $p \leqslant 0.05$。

　　然而，结合表 3.17 和表 3.15 的分析结果发现，伴随刻板印象内容的否定性信息刺激，不仅被试的内群体评价发生不同程度的变化，连同其感知外群体评价也有所不同，通过单因素方差分析刻板印象内容三个维度间的整体差异发现，被试在感知外群体的评价时，能力和社交性没有显著差异，两者均明显高于道德（见表 3.19）。

表 3.19　实验组内群体评价与感知外群体评价的维度间差异

		能力	社交性	道德	F	p	ω^2
	整体	3.3609	3.5201	3.1860	11.877	0.000	0.048
	位置 1	3.2865	3.3343	3.0154	2.965	0.056	0.035
内群体评价	位置 2	3.2575	3.5139	3.3176	2.538	0.084	0.028
	位置 3	3.4656	3.5102	3.1118	5.516	0.005	0.083
	位置 4	3.4340	3.7222	3.2993	2.837	0.065	0.048
	整体	3.6861	3.5778	3.3778	8.928	0.000	0.036
	位置 1	3.7452	3.4201	3.3180	3.865	0.024	0.051
感知的 外群体评价	位置 2	3.5618	3.7442	3.4467	2.577	0.081	0.029
	位置 3	3.7934	3.6343	3.2629	6.442	0.002	0.098
	位置 4	3.6004	3.5301	3.5202	0.178	0.838	0.048

所以，综合上述数据分析，控制组被试在阅读否定大学生刻板印象内容的信息后，不仅在内群体评价方面有所变化，连同对外群体评价的自我感知也随之改变，而这种改变涉及能力和道德两个方面的降低，其中，道德已然被外群体评价为相对劣势的刻板印象内容。于是，将控制组被试的感知外群体评价同外群体的实际评价进行独立样本 t 检验发现，控制组降低对能力的外群体评价感知加重了与外群体实际对其高能力评价的差异，保持不变的社交性评价依然高于外群体对其相对劣势的认可度，只有在道德方面，控制组被试感知的外群体评价出现降低，使其处于三个维度间相对劣势的境地，却仍然高于外群体对其道德的实际评价（见表 3.20）。

表 3.20　实验组的感知外群体评价与实际的外群体评价比较

	刻板印象内容	感知的外群体评价	实际的外群体评价	t	d
整体	能力	3.6861	4.1500	−4.464 ***	0.753
	社交性	3.5778	3.2778	3.057 *	0.521
	道德	3.3778	3.1444	2.002 *	0.347
位置 1	能力	3.7452	4.1500	−2.818 **	0.623
	社交性	3.4201	3.2778	1.021	0.226
	道德	3.3180	3.1444	1.130	0.256
位置 2	能力	3.5618	4.1500	−4.641 ***	1.042
	社交性	3.7442	3.2778	3.743 ***	0.841
	道德	3.4467	3.1444	2.045 *	0.466
位置 3	能力	3.7934	4.1500	−2.609 *	0.580
	社交性	3.6343	3.2778	2.729 **	0.609
	道德	3.2629	3.1444	0.790	0.168
位置 4	能力	3.6004	4.1500	−4.038 ***	0.898
	社交性	3.5301	3.2778	2.131 *	0.454
	道德	3.5202	3.1444	2.404 *	0.543

注：*** 表示 $p \leqslant 0.001$，** 表示 $p \leqslant 0.01$，* 表示 $p \leqslant 0.05$。

经过一系列的数据分析，从严格意义上来说，在缺乏内外群体一致性的刻板印象内容劣势评价情况下，并未能完全验证刻板印象内容的共识补偿现象假设。之所以说是"未能完全验证"，其原因在于表 3.20 所示的道德方面，内群体感知外群体评价和外群体的实际评价均表现出一致性的相对劣势地位，即低于对能力方面的评价，与此同时，内群体感知的外群体评价又高于外群体的实际评价，可谓是对共识补偿现象的一种非严格性验证，或者说共识补偿现象并非以单一的模式存在于群际刻板印象之中。而至于社交性的评价未表现出此现象，并不能直接说明该现象不存在于社交性方面，可能需要考虑无关因素的影响，也可能由于刻板印象内容的各个方面之间存在本质的认知规律差异，毕竟，研究十的维度补偿现象研究发现，实验组被试唯独在社交性方面的评价变化规律与其他两者略有不同。

大学生群体的内群体评价、感知的外群体评价与实际的外群体评价进行比较的数据分析当中，最值得关注的一点是实验组被试即使出现能力和道德的内群体劣势评价趋势的变化，所对应的感知外群体评价却仍保持较高水平，具体表现为在能力方面，接受否定性信息刺激并未影响被试对外群体评价的感知，且高于相应的内群体评价，在道德方面，实验组被试感知外群体的评价结果虽然低于控制组，但显著高于其内群体的评价。加之，社交性方面在各类数据中始终保持相同程度的高评价水平。由此推断，大学生在降低内群体评价时，仍倾向于认为外群体对其依然保持较好的刻板印象认知，或者如道德那样，感知外群体的评价略有下降，但实则尚高于外群体的实际评价。其实，无论是大学生群体的内群体评价，还是感知的外群体评价，可谓同属于该群体的自我认知范畴，尤其是在道德方面的认知变化，基本符合"从程度差异上，内群体的自我认知评价高于外群体对其的评价"的共识补偿现象的核心思想。

表 3.21　感知外群体评价的控制组与实验组比较（再现信息量）

	刻板印象内容	控制组	实验组	t	d
>30%	能力	3.5904	3.6769	0.796	0.144
	社交性	3.5326	3.5774	0.395	0.072
	道德	3.5723	3.3794	-2.014 *	0.352
30%~20%	能力	3.5904	3.5087	-0.672	0.124
	社交性	3.5326	3.5573	0.247	0.046
	道德	3.5723	3.2435	-2.965 **	0.608

续表

	刻板印象内容	控制组	实验组	t	d
20% ~15%	能力	3.5904	3.6984	0.992	0.176
	社交性	3.5326	3.6784	1.280	0.249
	道德	3.5723	3.3203	−1.932*	0.369
<15%	能力	3.5904	3.9042	2.168*	0.538
	社交性	3.5326	3.5304	−0.020	0.004
	道德	3.5723	3.5391	−0.302	0.049

注：** 表示 $p \leqslant 0.01$，* 表示 $p \leqslant 0.05$。

此外，继研究十从信息传递视角分析刻板印象内容的评价差异之后，本研究在各分析环节，同样针对系列再生链4个位置被试的独立数据进行了相应的整理，并未发现信息传递顺序与被试评价变化的明显关系，所以，也需要考虑信息传递过程中信息量对被试的影响。

根据系列再生位置的分析结果，大学生群体的刻板印象内容共识补偿效应有别于农民工群体的共识补偿效应形式，以感知外群体评价显著高于内群体评价的方式呈现，并且在道德维度方面尤为明显。

从表3.21的结果看出，否定性的社交性信息刺激自始至终不具备数量影响评价变化的作用，而道德方面的比较结果与系列再生位置的变化情况相似，在再现信息量大于15%时，实验组感知外群体评价的结果一直低于控制组，相比于表3.16所示系列再生位置的传递结果中，位置2打断道德在位置1到位置3的实验组显著低于控制组趋势，而出现两组比较相同的情况，信息量影响群体认知的规律更加明显，并且再现信息量小于15%时，实验组和控制组感知外群体评价相同，进一步表明信息量减少后的否定性信息刺激减弱。另外，基于否定社交性的再现信息量，可以肯定地说，该信息刺激始终未改变大学生感知外群体对其的评价，这一结论无法从系列再生位置的分析中得出，毕竟表3.16的位置2处，实验组和控制组的数据出现显著差异，打破位置1到位置4数据看似保持一致的整体性。

表 3. 22　实验组的内群体评价与感知外群体评价比较（再现信息量）

	刻板印象内容	内群体评价	感知的外群体评价	t	r	d
>30%	能力	3. 2334	3. 6769	− 4. 359 ***	0. 184	0. 840
	社交性	3. 3067	3. 5774	− 2. 757 **	0. 573 ***	0. 435
	道德	3. 2209	3. 3794	− 1. 612	0. 407 **	0. 268
30% ~20%	能力	3. 2467	3. 5087	− 2. 847 **	0. 621 ***	0. 410
	社交性	3. 5200	3. 5573	− 0. 473	0. 372 *	0. 085
	道德	3. 2655	3. 2435	0. 193	0. 328	0. 041
20% ~15%	能力	3. 4822	3. 6984	− 2. 459 *	0. 369 *	0. 415
	社交性	3. 5630	3. 6784	− 1. 058	0. 525 **	0. 183
	道德	3. 1500	3. 3203	− 1. 192	0. 572 **	0. 227
<15%	能力	3. 5597	3. 9042	− 2. 796 *	0. 331	0. 667
	社交性	3. 6851	3. 5304	1. 304	0. 074	0. 292
	道德	3. 1125	3. 5391	− 3. 204 **	0. 396 *	0. 557

注：*** 表示 $p \leqslant 0.001$，** 表示 $p \leqslant 0.01$，* 表示 $p \leqslant 0.05$。

再看实验组内群体评价与感知外群体评价之间的关系，首先是伴随再现信息量的减少，受社交性否定信息的影响，被试对其认知的变化呈现稳定的趋势，有别于表 3. 17 的系列再生位置分析，出现仅位置 2 与其他三处结果差异的情形。面对两类分析中均出现一次感知外群体评价显著高于内群体评价的情况，再现信息量分组的分析结果更能体现信息刺激的作用。其次，当再现信息量低于 15% 时，被试感知外群体的评价显著高于内群体评价，与两者在其他三组再现信息量时无显著差异不同，主要原因是再现信息量的减少降低对被试的刺激，对道德的外群体评价感知同控制组相同（见表 3. 21），加之内群体评价难以受到刺激信息的量化干扰，基本保持一致（见表 3. 9），从而出现这样的结果。

表 3. 23 的分析结果较表 3. 20 而言，主要不同在于社交性维度的变化，正如表 3. 9 所示被试受到社交性信息刺激的情况下，随着再现信息量的减少，对社交性的内群体评价呈现递增趋势，较系列位置间忽高忽低的无规律现象，更能体现刺激信息的作用。

道德之重：社会群体刻板印象内容的维度变化

表 3.23　实验组的内群体评价与实际的外群体评价比较（再现信息量）

	刻板印象内容	内群体评价	实际的外群体评价	t	d
>30%	能力	3.2334	4.1500	−7.596 ***	1.612
	社交性	3.3067	3.2778	0.225	0.051
	道德	3.2209	3.1444	0.560	0.119
30%~20%	能力	3.2467	4.1500	−6.629 ***	1.475
	社交性	3.5200	3.2778	2.261 *	0.498
	道德	3.2655	3.1444	0.836	0.204
20%~15%	能力	3.4822	4.1500	−5.794 ***	1.221
	社交性	3.5630	3.2778	2.009 *	0.459
	道德	3.1500	3.1444	0.033	0.008
<15%	能力	3.5597	4.1500	−3.820 ***	1.027
	社交性	3.6851	3.2778	3.302 ***	0.736
	道德	3.1125	3.1444	−0.211	0.046

注：*** 表示 $p \leqslant 0.001$，* 表示 $p \leqslant 0.05$。

　　基于系列再生位置的分析已经发现，大学生群体的共识补偿效应仅围绕道德维度展开。表 3.24 的结果更进一步体现出道德维度的评价易受否定性信息刺激影响，被试的内群体评价从信息量低于 30% 开始，便始终显著低于能力和社交性的评价，然而在感知外群体评价时可谓不受信息量的影响，同能力和社交性旗鼓相当，所以，针对道德维度的这一现象，凸显大学生群体即使认知到自身的不足，也可能通过自我感觉在他人心目中保持良好形象的方式应对。

表 3.24　实验组内群体评价与感知外群体评价的维度间差异（再现信息量）

		能力	社交性	道德	F	p	ω^2
内群体评价	>30%	3.2334	3.3067	3.2209	0.254	0.776	0.012
	30%~20%	3.2467	3.5200	3.2655	3.515	0.033	0.045
	20%~15%	3.4822	3.5630	3.1500	3.739	0.027	0.051
	<15%	3.5597	3.6851	3.1125	8.888	0.000	0.137
感知的外群体评价	>30%	3.6769	3.5774	3.3794	2.815	0.064	0.029
	30%~20%	3.5087	3.5573	3.2435	2.721	0.071	0.031
	20%~15%	3.6984	3.6784	3.3203	3.007	0.054	0.038
	<15%	3.9042	3.5304	3.5391	2.776	0.067	0.137

· 158 ·

最后，从再现信息量的角度，再次对比被试感知外群体评价与实际的外群体评价，与表3.20根据系列再生位置分析的结果基本相似，但被试感知外群体对其社交性的评价始终高于实际的外群体评价，道德方面的变化趋势也更具规律性，直到再现信息量低于15%时才出现显著差异。

表3.25　实验组的感知外群体评价与实际的外群体评价比较（再现信息量）

	刻板印象内容	感知的外群体评价	实际的外群体评价	t	d
>30%	能力	3.6769	4.1500	−3.775***	0.801
	社交性	3.5774	3.2778	2.128*	0.475
	道德	3.3794	3.1444	1.797	3839
30%~20%	能力	3.5087	4.1500	−4.444***	0.982
	社交性	3.5573	3.2778	2.370*	0.517
	道德	3.2435	3.1444	0.674	0.164
20%~15%	能力	3.6984	4.1500	−3.545***	0.747
	社交性	3.6784	3.2778	0.981**	0.678
	道德	3.3203	3.1444	0.757	0.239
<15%	能力	3.9042	4.1500	−1.593	0.428
	社交性	3.5304	3.2778	2.032*	0.453
	道德	3.5391	3.1444	2.503*	0.541

注：*** 表示 $p \leqslant 0.001$，** 表示 $p \leqslant 0.01$，* 表示 $p \leqslant 0.05$。

值得一提的是，在大学生内群体的高能力认可同时，外群体对大学生的能力评价更高，加之能力否定性信息刺激作用下，大学生内群体评价降低的趋势伴随再现信息量的减少而回升，所感知的外群体评价也表现出相同的变化，以致当再现信息量低于15%时，被试感知外群体对其能力的评价首次出现与实际外群体评价持平的情况，可以说，在大学生群体的优势刻板印象方面，具有自我感觉在他人心目中保持更好形象的认知。

三、研究十二：刻板印象内容的时间补偿现象（二）

在第一节以农民工为被试探讨刻板印象内容的三个补偿现象假设时，唯独对时间补偿现象采取文字分析的方法，仅从被试表述的内涵视角进行推论，缺乏数据的统计分析证明，略有欠妥之处。所以，研究十二从数据分析视角探讨大学生群体的刻板印象内容时间补偿现象。并且，大学生群体有别于农民工群体所表现出的外群体偏好倾向，而是具有典型的内群体偏好特质，这是社会群体认知的普遍现象，以此为基础的研究结果更有助于推及到大多数社会群体的认识之中。尤其是本研究继续贯彻本章第二节整体的研究思路，采取刺激—反应模式，对比大学生群体在自然状态和否定性的信息刺激情形下，各刻板印象内容所表现出的时间补偿现象规律，以此推断不利于群体利益的刻板印象评价对其认知的影响。

　　本研究的被试全部来自研究十，可以说，556 名被试在一次的实验或调查中完成了研究十到十二的所有要求。整个过程中，被试对此并不知情，只是按照实验员的要求逐步完成实验测试的各个环节。

　　对于控制组被试，他们仅需要在研究六所获得测量问卷基础上，按照类似于研究十的指导语"根据你的理解和观察，若用这句话描述大多数当代大学生，你的态度是怎样的?"的要求，分别对"当代大学生刚刚进入大学时"和"当代大学生即将毕业离校时"两个时间段的大学生群体刻板印象内容进行评价即可，从而与对当代大学生当前的直接评价进行比较，用于发现大学生群体的刻板印象内群体评价在时间维度上的固有规律。对于实验组被试，仅关注他们在接受某一否定性刺激的印象内容信息后，在该内容方面，对大学生刚刚进入大学、现在和即将离校的三个时间点评价，即与研究十一的判断情形类似，阅读否定大学生能力方面刻板印象内容信息的被试，仅需要就"想象力丰富的"、"有思想的"等 7 条测量能力的条目进行三个时间点的判断，以此类推，阅读否定社交性方面信息的被试，仅判断社交性的 6 条测量条目，阅读否定道德方面信息的被试，则判断 4 条测量道德的条目即可。

　　需要指出的是，所有被试填答的看似整体实则为三个研究设计的问卷，在结构安排方面也有一定考量，毕竟在三个研究过程中，均需要使用被试对大学生群体当前的刻板印象内容各维度所判断的结果，并且这是所有比较分析的核心数据，所以，在问卷设计时，首先指导语要求被试对当代大学生的在校表现进行评价，其次针对所阅读否定性信息的类别差异，指导语依次强调社会上大多数人对大学生的评价、当代在校大学生刚刚进入大学时、当代在校大学生即将毕业离校时这三种不同的评价视角。

128 名控制组被试对大学生群体入学之初、在校期间和离校之际的刻板印象内容进行评价的结果表明，能力、社交性、道德三者的时间比较完全不一致（见表 3.26）。通过单因素方差分析三个方面分别在三个时间段的数据，发现控制组被试认为大学生群体的能力始终保持在较高的水平上，是平行比较，而对社交性的评价则是时间过去比较的平行比较和时间将来比较的下行比较，即认为大学生群体在刚刚进入大学时和在校期间均保持较高的社交性，但即将毕业离校时便有所降低。至于道德的评价，则始终随着时间的延续，呈现显著的降低趋势，是时间过去比较的上行比较和时间将来比较的下行比较两者的综合结果。

表 3.26　控制组的刻板印象内容时间比较

刻板印象内容	入学之初	在校期间	毕业之际	F	p	ω^2
能力	3.4297	3.5728	3.5078	1.238	0.291	0.001
社交性	3.6589	3.4993	3.2135	10.323	0.000	0.046
道德	3.9746	3.4546	2.9180	67.839	0.000	0.258

无论是能力和社交性表现时间过去比较的平行比较，还是社交性和道德的时间将来比较的下行比较，被试按照时间顺序对大学生群体的刻板印象内容评价未出现任何的升高趋势，与农民工的文字分析结果略有不同，当然，这不能成为证明大学生与农民工群体的差异之所在，毕竟两者的分析方法不同，不存在直接比较的基础。只是，在没有任何劣势刻板印象内容认知的前提下，关于时间补偿现象的假设情形，未伴随大学生群体固有的内群体偏好判断所出现。

当实验组被试阅读不同方面的刻板印象内容否定性信息刺激后，分别对内群体三个时间段的能力、社交性和道德判断，同样出现差异性结果（见表 3.27），并且在不考虑系列再生法的位置效应影响的前提下，这些结果与控制组的变化趋势有所不同。首先是能力方面，实验组被试的内群体评价明显按照从过去到将来的时间顺序呈现显著提高的趋势，即时间过去比较的下行比较和时间将来比较的上行比较，其次是社交性方面，被试反倒认为大学生入学之初的社交性相对较低，在大学期间和毕业之际并无差异，呈现时间过去比较的下行比较和时间将来比较的平行比较，可以说，这与控制组被试的社交性评价在时间顺序的趋势变化上完全相反。最后，仅有道德方面，控制组与实验组的评价结果相一致，认为大学生群体的道德随着时间流逝呈现下降趋势。

表 3.27　实验组的刻板印象内容时间比较

刻板印象内容	入学之初	在校期间	毕业之际	F	p	ω^2
能力	2.7506	3.3609	3.5832	80.331	0.000	0.265
社交性	3.2362	3.5201	3.4882	8.540	0.000	0.034
道德	3.3957	3.1860	2.8711	16.764	0.000	0.072

　　不难看出，实验组相较于控制组的刻板印象内容认知变化，具有较为明显的时间补偿特征。实验组面对大学生群体的能力方面被否定时，明显降低了对大学生入学之初的能力评价，表现出过去时间比较的下行比较，与之对应的是提升了对大学生离校之际的能力预期，使得大学生群体的能力整体呈现越来越好的变化。而社交性方面的变化亦大同小异，同样是对过去评价的降低和对未来评价的提高。唯有道德方面的评价趋势保持不变。

　　通过独立样本 t 检验对比实验组和控制组对不同时间段的刻板印象内容评价数据，发现两组评价趋势的差异性结果主要来自于实验组显著降低的刻板印象评价（见表 3.28）。在能力方面，即使两组被试对大学生离校之际的评价没有显著差异，但在另外两个时间段内，实验组受否定能力的信息影响，明显将大学生的评价降低为相对劣势的地位，并且对于入学之初时间段的劣势评价更加明显，以致呈现表 3.27 中，大学生在入学之初的能力显著低于在校期间的结果。在社交性方面，变化情况显而易见，鉴于两组被试对大学生在校期间的评价没有显著差异，以致实验组对大学生入学之初的评价显著降低成为打破控制组在上述两个时间段平衡的关键，与此同时，与控制组相比，实验组对大学生毕业之际更加优势的评价，使得出现将来时间比较的平行比较。在道德方面，尽管两组被试的评价趋势相同，但实验组同样呈现了显著降低对大学生入学之初和在校期间两个时间段的评价，只是降低的程度并不足以缩减与大学生毕业之际的评价差距，而且否定性的道德信息也没有改变两组被试对大学生离校之际较低的预期性评价。

表 3.28　控制组和实验组的刻板印象内容时间比较

刻板印象内容	时间段	控制组	实验组	t	d
能力	入学之初	3.4297	2.7506	8.444 ***	1.02158
	在校期间	3.5728	3.3609	2.685 **	0.32789
	离校之际	3.5078	3.5832	-0.930	0.11326
社交性	入学之初	3.6589	3.2362	4.715 ***	0.57158
	在校期间	3.4993	3.5201	-0.278	0.03352
	离校之际	3.2135	3.4882	-2.896 **	0.35486
道德	入学之初	3.9746	3.3957	6.498 ***	0.80186
	在校期间	3.4546	3.1860	3.367 ***	0.41465
	离校之际	2.9180	2.8711	0.457	0.05653

注：*** 表示 $p \leq 0.001$，** 表示 $p \leq 0.01$。

　　通过对表 3.28 的分析，大学生被试的内群体偏好现象受到了否定性刻板印象内容信息的改变，在时间序列上的评价变化得以验证刻板印象内容的时间补偿现象假设，比如，当能力方面受到质疑的时候，被试的时间过去比较的下行比较表明其认为大学生过去的能力更低。社交性方面不仅如此，被试还提升了对未来的肯定，也可以视为一种时间补偿现象，只是将时间点推移至现在和将来，群体通过唤醒对未来更好的认知以应对当前被否定的现实。

　　受系列再生法的系列位置效应影响，实验组被试对各刻板印象内容否定性信息刺激的时间补偿现象，在不同位置间存在一定的差异。尤其是在道德方面，无论是控制组的评价，还是实验组的整体反应，始终未表现出明显的时间补偿现象，却在位置 1 和位置 2 处略有体现，不仅对大学生在入学之初的道德评价显著降低，直至与对大学生在校期间的评价水平相同，并且，还在位置 1 处对大学生将来离校之际的评价显著提升，远远高于其他位置对此时间段的评价，当然这一略显异常的结果尚不能排除无关变量因素的影响。在能力方面，被试仅在位置 3 和位置 4 处降低了对大学生离校之际的能力评价，使其与对在校期间的认可没有差异，从而出现与整体评价趋势略有不同之处。社交性与能力的位置效应相比逐渐减弱，只是从位置 2 时便出现将来时间比较的平行比较现象，位置 3 和位置 4 则完全处于不同时间段的平行比较水平（见表 3.29）。

表 3.29　序列位置内的刻板印象内容时间比较

比较分组	刻板印象内容	系列位置	入学之初	在校期间	离校之际	F	p	ω^2
系列再生位置	能力	位置 1	2.5445	3.2865	3.5625	33.856	0.000	0.376
		位置 2	2.6409	3.2575	3.5595	21.487	0.000	0.270
		位置 3	2.9232	3.4656	3.5070	14.041	0.000	0.190
		位置 4	2.8865	3.4340	3.7039	16.726	0.000	0.222
	社交性	位置 1	2.9222	3.3343	3.7917	14.715	0.000	0.203
		位置 2	3.0602	3.5139	3.4259	7.684	0.001	0.110
		位置 3	3.3462	3.5102	3.3629	0.806	0.449	0.024
		位置 4	3.6194	3.7222	3.3690	3.013	0.053	0.036
	道德	位置 1	3.0640	3.0154	3.5590	5.185	0.007	0.077
		位置 2	3.1890	3.3176	2.6721	10.188	0.000	0.153
		位置 3	3.5971	3.1118	2.5051	25.848	0.000	0.328
		位置 4	3.7432	3.2993	2.7652	13.802	0.000	0.204
再现信息量	能力	>30%	2.5864	3.2334	3.4468	26.168	0.000	0.276
		30%~20%	2.7159	3.2467	3.4714	16.294	0.000	0.218
		20%~15%	2.8741	3.4822	3.7489	30.881	0.000	0.310
		<15%	2.8948	3.5597	3.7052	10.966	0.000	0.232
	社交性	>30%	2.9704	3.3067	3.6629	13.438	0.000	0.192
		30%~20%	3.0333	3.5200	3.4355	9.734	0.000	0.129
		20%~15%	3.4349	3.5630	3.5510	0.351	0.705	0.013
		<15%	3.5297	3.6851	3.3243	2.422	0.094	0.025
	道德	>30%	3.0709	3.2209	3.1814	0.470	0.626	0.017
		30%~20%	3.5017	3.2655	2.7345	9.161	0.000	0.158
		20%~15%	3.4968	3.1500	2.8370	5.031	0.009	0.103
		<15%	3.6100	3.1125	2.6506	15.817	0.000	0.199

　　另外，在延续研究十和研究十一的分析模式后，能力和社交性两个维度在不同位置和不同再现信息量的变化趋势一致，唯有道德维度出现些许差异。无论是表 3.26 针对控制组的分析，还是表 3.27 比较实验组的变化，道德维度一致呈现上行的时间过去比较和下行的时间将来比较，这一规律唯独在系列再生位置 1 和再现信息量大于 30% 两

种情形时被打破。如果说系列再生位置 1 的道德维度明显异于其他情形，可能受到异常值干扰而无法证实否定性刻板印象信息的时间补偿作用，那么，再现信息量大于 30% 时，过去、现在和将来三种时间的平行比较结果，可视为一种过渡性作用，介于道德维度的普遍性规律和系列再生位置 1 上行的将来时间比较之间，说明在大量的否定性信息刺激下，大学生群体可能存在道德维度上的时间补偿认知现象。

综上，刻板印象内容的时间补偿现象，得以在否定性刻板印象信息的作用下被验证，充分说明劣势刻板印象这一前提的重要性。另外，在群体层面表明时间比较与个体一样，存在过去与将来，上行、平行和下行的时间比较，虽然并没有验证这些比较的作用，但从个体层面推论，这可能有利于群体对当下产生一种较为满意的群体评价，尤其是像大学生这样具有一定社会优势地位的群体，一来具有明显的内群体偏好现象，二来又能普遍获得外群体较好评价，通过研究发现一旦受到劣势刻板印象的冲击，群体认知的不稳定性便有所凸显，那么，通过时间比较接受群体当下的现状，甚至倾向于维持固有的内群体偏好也是极有可能的。

本研究为验证否定性刻板印象信息刺激对大学生群体的作用，受研究十的研究过程与结论的启示，引入了将来时间比较视角。只是在过去时间比较和将来时间比较是否同时出现于被试的刻板印象问题上并未多做考虑，仅仅通过问卷的题目强行将两种时间比较同时作为大学生必须进行判断的内容，由此，并不能推断过去与将来时间比较是否一定会同时出现在大学生的时间补偿现象之中，也不能确定哪种时间比较占据主导作用，这一问题同样出现在研究九的访谈之中。

之所以有这样的考虑，是因为对过去和现在两个时间点来说，毕竟过去发生过可能用于判断的经验，现在则正在发生一些相关的事情，或多或少都可以为认知判断提供客观事实基础。但未来的时间点属于尚未发生，只能是个体或群体依据经验或主观意识的一种预测性或期许性判断。也正因如此，本研究最初提出刻板印象内容的时间补偿现象假设时，只针对现在和过去两个时间点，并未考虑时间将来比较的作用，尽管其在时间比较的研究中不可忽视。

所以，实验组被试在本研究所表现出的过去时间比较规律，在一定程度上验证了刻板印象内容的时间补偿现象，相伴测量的将来时间比较以体现延续过去时间比较趋势的惯性为主要特征，这是值得继续探究刻板印象内容时间补偿现象的一个可行方向。

四、讨论

在没有任何实验室刺激的自然条件下，研究发现大学生群体的内群体偏好现象与农民工群体具有明显的不同。第一，不存在维度补偿现象，能力、社交性和道德三个方面均是一致水平的内群体高评价。第二，由于不存在内群体贬抑，缺乏共识补偿现象假设的基础，以致比较内群体和外群体评价的过程中，明显的内群体偏好反倒在能力方面的认可较外群体评价更低，只有社交性和道德显著高于外群体对大学生的认可程度。第三，若按照时间补偿现象的比较模式，大学生群体在时间序列上不仅没有任何补偿表现，反倒有种越来越不尽如人意的意思，最为明显的就是对道德方面的评价。

这三种结果的出现，首先证实了大学生的内群体偏好和非大学生群体对大学生的外群体贬抑现象，符合刻板印象内容模型的基本假设，为采用基于该模型而拓展的能力、社交性和道德三方面研究刻板印象内容补偿现象，提供了事实依据和可行性基础。其次对劣势刻板印象在补偿现象中的前提性作用起到了良好的佐证，农民工与大学生的内群体认知差异其实仅在于能力方面，除此之外，两个群体对社交性和道德的评价均符合内群体偏好，但恰恰就是能力方面农民工的劣势和大学生的优势差异，令两个群体的整体刻板印象认知出现不同的规律。最后大学生与农民工群体的评价差异为研究群体刻板印象内容认知的动态性变化创造了契机，得以从固有的、静态的客观事实验证补偿现象，也能通过预设的实验刺激探究刻板印象评价变化与补偿现象的关系。

提到补偿现象的静态和动态，其实是指刻板印象内容评价的稳定与变化，导致补偿现象的伴随性发生，主要来自于研究四的启示，毕竟以农民工群体为例发现刻板印象内容模型并非具有恒定的不变性，既然如此，群体认知或许存在一定的变化规律。本节的三个研究正是在否定性刻板印象内容信息的刺激下，发现群体认知动态变化下的补偿现象，并且与静态情形略有不同。

在时间补偿现象上，大学生群体一贯的内群体偏好出现"此消彼长"的变化，最终呈现"此高彼低"的结果，离不开任意刻板印象内容的否定性信息刺激。只是与农民工固有的低能力、高社交性、高道德，"一低两高"的补偿现象不同的是，大学生群体主要是"一低一高一不变"，且并非在同一个刻板印象内容受否定时或者位于特定系列再生位置处的固定模式，还伴有"一低两不变"、"两不变一高"等多种变化形式。如果说这些变化确实存在某种规律的话，那就是若某方面的刻板印象内容被否定，呈现一定的劣势时，大学生群体至少出现降低该方面的评价或提升其他两者之一认知水平的一种反应，从始至终均未出现如农民工群体那样的"一低两高"现象。

对此，暂先不考虑系列再生的信息演变对大学生被试的影响，单从三个刻板印象内容方面着手，首当其冲的依然是研究六将道德从刻板印象内容模型的热情中抽离出来的问题，这一问题基本将贯穿本书的所有研究。无论是上述陈列的哪种大学生群体的补偿现象，除了社交性受到质疑时，道德与社交性的评价保持不变外，社交性和道德均未在其他同样的情形下表现出同性质的变化。而鉴于社交性在整个研究过程中的变化较为异常，道德和社交性仅存的这点变化同质性依然有待考究。所以，尽管刻板印象内容模型将两者合二为一，研究六也发现两者具有高相关性，但通过维度补偿现象，再一次表明道德与社交性的不同。

从三个方面各自的表现来看，当分别否定大学生群体的能力和社交性时，道德维度基本保持不变是造成难以出现"一低两高"现象的主要因素，也就是说，相较于能力和社交性而言，道德更具有稳定性，这种稳定性并不能直接表明道德评价不易改变，而是说难以受其他两方面的影响而发生变化，因为在能力的否定性信息刺激作用下，主要表现为社交性的评价提升，反之则是社交性被否定，能力的评价显著提升。

对于社交性，否定性的信息刺激并未降低大学生的内群体评价，或许由于实验材料的设置有失偏颇，尽管通过严格的内容校对，仍难免不符合众多大学生对社交性的理解，或许导致这一结果的更主要原因还是社交性的特质，毕竟测量社交性的形容词更加贴近人格特质的描述，加之人格作为一种相对稳定的心理行为模式，不难推断社交性具有稳定性的可能，但仍需要进一步的研究论证。而且道德方面的形容词同样具备类似人格特质的特征，却并未如社交性一样保持不变，大学生还是会降低对道德的内群体评价。此外，在否定其他两方面时，普遍出现社交性的评价提升，又成为否定社交性稳定的直接表现，这种只提升不降低的社交性评价可能是大学生保持良好群体形象的策略。

之所以考虑到大学生保持良好群体形象的层面，是因为在验证大学生群体刻板印象内容的共识补偿过程中，发现大学生受刻板印象的否定性信息刺激影响，即使降低了内群体评价，也难以降低其自认为的外群体评价，通俗地讲，就是在认可自身劣势刻板印象的同时，仍坚信在外群体面前保有较好的形象。所以，对于典型的内群体偏好群体，这一现象是否普遍存在，值得进一步的扩展性研究。

在共识补偿的验证过程中，外群体对大学生能力方面的高度认可，甚至是高于大学生内群体评价的程度，令无论是客观存在的刻板印象劣势，还是通过提供实验条件刺激刻板印象感知由优势变为劣势，都难以符合共识补偿现象的验证前提，所以，大学生群体的共识补偿现象结果中，并未出现优势刻板印象内容更加高于外群体评价的情形，与农民工群体在社交性和道德方面相对优势的内群体评价略有不同。外群体贬抑的评价主要针对大学生的社交性和道德两方面，当然这种贬抑是相对于能力的高评价而言，并非像城市居民普遍否定农民工能力的那种绝对性贬低。继维度补偿发现社交性的否定性信息刺激难以降低大学生对此的内群体评价后，再一次未能产生共识补偿现象的必备前提。而在仅存的道德方面，劣势刻板印象的内群体评价在否定性的道德信息刺激后出现，尽管数值上略高于外群体评价，但并不具备统计学意义上的显著差异。至此，可以说，从交互视角并未验证刻板印象内容的内群体评价趋于劣势变化后存在共识补偿现象。

导致这一结果的原因，可能是劣势性的刻板印象内容变化并不具备共识补偿，也可能是共识补偿现象离不开共识性的低社会地位作用，在验证农民工与城市居民群体刻板印象内容的共识补偿现象中，两类群体对农民工低社会地位的共识性认知可谓是根基之所在，目前来看，大学生内群体和外群体恰恰缺乏此共识性。

虽然大学生与外群体的交互认知难以证明共识补偿现象，但验证该现象的过程中，发现大学生表现出劣势刻板印象的内群体评价时，通过对外群体评价保持较高的感知，来达成与外群体实际评价的共识水平，就是前面讨论提到的大学生坚信自身仍然具有良好的群体形象。若打破共识补偿现象假设对内群体评价和实际的外群体评价这两者比较的范式界定，单从群体为接受不利于自身的劣势刻板印象，而在与外群体互动过程中出现某种认知特征，这一本书提出共识补偿现象的初衷考虑，可以说，大学生内群体与外群体的评价同样存在某种共识，只是这种共识需要引入大学生对外群体评价的感知，继而形成大学生的内群体评价、感知外群体的评价和实际的外群体评价这三方面的比较，并出现感知外群体的评价继续保持较高的水平，且显著高于实际的外群体评价，以此令大学生群体产生"我即使在某方面略差，但并没有被他人看穿，他们依然认为我较好"的感觉，形成一种类似"自欺欺人"的共识认知。不能否认，这样的补偿性认知同样有可能成为群体接受不利于内群体利益的劣势刻板印象评价的方式。

在验证时间补偿现象的假设中，道德与社交性的差异性再次有所体现，主要来自于道德有别于社交性和能力的时间比较方式，这值得日后对其展开深入研究。由于大学生属于个人成长经历过程中的阶段性群体身份，在时间延续方面，并非像农民工这样的职业性群体身份一样，具有较长的时间生命力，所以，实验研究的设计选取大学生的入学之初、在校期间和离校之际三个时间点，尽可能扩大大学生群体身份的时间比较距离。这样的比较，优势是将过去、现在和将来三个没有特定指向的时间概念具体化为更易进行判断的时间点，缺点则是打破了时间发展的连续性，将本应无断点的时间序列强制限定于特定位置的比较，优缺点之间存在不可调和的矛盾，需要实验方法的改进方能有所突破。

大学生对能力和社交性的群体认知变化符合时间补偿现象的假设，只是在符合程度上略有不同。至于道德，可以说，基本与时间补偿现象相反。对此，可以尝试从有无否定性信息刺激前后的对比角度剖析原因，大学生在无刺激情况下对内群体能力和社交性的直接判断，不受时间因素的影响而始终给予较高的认可，以至伴随否定性信息的刺激，内群体出现时间补偿现象乃至能力方面表现出的越来越强的评价趋势，或许正是基于内群体已有的高度偏好，坚信大学生能力和社交性的劣势刻板印象仅仅属于暂时性现象。但是道德的情况比较特殊，大学生在无刺激情况下尽管对道德的内群体评价同样保持在认可层面，却是由高度评价向勉强赞同的程度下滑，所出现的否定性信息刺激并不是与其固有认知相冲突，反倒是具有一定的符合成分，从而否定性信息的刺激作用并不明显，缺失了时间补偿现象的发生条件。

另外，从能力、社交性和道德的习得性分析，用于测量能力和社交性的各条目，普遍具有通过后天努力得以改变，甚至是提升的特征，加之大学良好的能力和社交性的培养环境，在校大学生面对劣势刻板印象，有理由表现出时间补偿现象，道德方面则更侧重于本质性的内容评价，各方面对其影响作用更加复杂，以致改变或提升的空间并不明确，甚至如研究十二的控制组被试直接对大学生的道德表现出降低趋势的评价。

最后，在本节的三种补偿现象分析中，始终从系列再生位置和再现信息量两个角度进行相互补充性的对比研究，主要原因在于系列再生法用于刻板印象研究的历程里，每个系列再生位置所再现的信息多少以及内容如何是探究被试刻板印象认知规律的重要数据来源。并且，系列再生法以 Bartlett 的记忆研究为基础，受个体记忆规律的影响，使得被试的再现信息量普遍伴随系列再生位置的延续而递减，两者之间可谓存在必然的相互关系，所以，无论是基于系列再生位置分析还是根据再现信息量研究，理论上，刻板印象内容的三个维度在信息刺激作用下的不同补偿现象，不会因这两种分组方式的比较而大相径庭。事实上也的确如此，两种分组方式的分析结果十分相近，在基本保持一致的变化规律的前提下，夹杂一定的差异。

对比两种分组方式的分析结果发现，基于再现信息量的刻板印象内容变化规律更具有连续性，也就是说，在四组再现信息量的比较过程中，各类数据保持递增、递减或者不变的情形，没有出现波浪状的数据起伏，相比之下，四个系列再生位置的数据则出现些许高低起伏。由此，若是依托系列再生法剖析刻板印象内容的补偿效应的变化规律，依据再现信息量进行分析应该更加合理。与此同时，也不能完全否定系列再生位置的分组作用，因为尚未控制再现信息内容、实验程序、被试的记忆认知等因素的干扰，比如，不同的再现信息内容是否具有同样的刺激作用、实验过程告知被试处于何处系列再生位置、被试之间的语言表达和记忆能力是否有差异等等。除此之外，从系列再生位置和再现信息量两者具有较高一致性正向关系的角度出发，可以考虑将二者结合后，拓展系列再生法应用于刻板印象研究的综合分组指标，有助于获得更具推广效度的研究结果。

第四章　总　论

从本书书名和研究结构不难看出，本书关于刻板印象内容的探讨，主要以道德的提取为切入点进行两方面的研究，第二章关于围绕模型的不稳定而提出道德维度的模型完善，以及第三章探索群体认知的补偿现象并关注道德维度的变化，看似平分秋色，共同支撑本书架构的两部分，实则后者的分量略重，因为这是将刻板印象内容从理论上的模型向工具性应用方面拓展的新尝试，也是将来源于群体认知实践的理论提炼，回归现实，继续挖掘群体认知规律的一种研究思维模式。

第一节　结　论

本书总共由三组研究构成，第一组包括研究一、研究二和研究三，是继中国学者对刻板印象内容模型和偏差地图进行本土化研究，重复完成本土化研究内容，指出二者需在中国文化背景下的修订展望后，从不同视角再次验证模型的不完善性，确定从道德内容入手修订刻板印象内容模型的思路。第二组为第二章第二节的三个研究，采用刻板印象的经典测量方法收集并筛选描述刻板印象内容的词汇，随后探索和验证适用于中国社会群体的刻板印象内容维度和测量条目。第三组即为对补偿现象依次展开探讨的研究七到研究十二，以农民工和大学生群体为被试，验证三种补偿现象。

一、偏差地图分离

虽然整篇文章总是出现"刻板印象内容模型和偏差地图"的字样，其实，刻板印象内容模型实属偏差地图的认知部分，只是从二者的发展历程看，刻板印象内容模型作为偏差地图的基础，无论是理论建构，还是应用性研究，具有尤为突出的独立性，令研究者习惯将其与偏差地图并列表述。

偏差地图的分离是指对群体的刻板印象认知、情绪唤醒和行为反应不符合偏差地图对三者之间一一对应关系的假设。研究选取大学生被试对农民工子女、农民工、农民三个群体的偏差地图进行判断。被界定为高热情—高能力的农民工子女与属于高热情—低能力的农民工、农民，均唤醒了被试相同的情绪和行为反应，并且这种反应按照偏差地图的假设是理应针对高热情—低能力群体的。可以说，大学生被试对农民工子女这个当前中国社会的特有群体刻板印象、情绪唤醒和行为反应，并不支持偏差地图的假设，为其理论建构的缜密性带来了一丝撼动。

二、社交性和道德划分中国社会群体框架结构的作用不同

112 名大学生被试采用刻板印象内容模型的本土化问卷，依次评价农民工、蓝领等来自研究一确定的中国大陆社会典型群体，以及本书涉及的农民工子女群体，共 33 个群体。用"有能力的"和"有才能的"得分的平均值计算"能力"；用"待人热情的"和"友好亲和的"平均值代表"社交性"；用"诚实正直的"和"值得信赖的"平均值表示"道德"；"热情"则进一步由"社交性"和"道德"计算平均值而来。

在聚类分析过程中，"能力"始终是不可替代的分类指标，主要针对"社交性"和"道德"的作用进行比较。研究发现，分别以"社交性"和"道德"为指标进行群体的聚类，分组情况具有明显差异。

首先，依据"能力"和"热情"的聚类结果基本符合研究一的研究，仅在老人群体的归属方面略有不同，本研究将老人归入研究一所定义的高热情—高能力群体，而研究一则发现老人归入高热情—低能力群体，但从老人的能力值基本介于这两类群体能力平均值来分析，的确容易出现归属不定的摇摆情况。

其次，依据"能力"和"热情"聚类被归入低热情—高能力的群体，包括男人、海归、知识分子、科学家、企业家、白领、体育明星，在"能力"和"道德"指标的分类中，与大学生、北方人、教师、常驻外国人被归入高热情—高能力的群体，共同组成高道德—高能力群体。伴随男人等 7 个具有高能力群体的出现，蓝领、老人、农民工子

女和女人即使同样拥有高道德，但基于相对较弱的能力得分，与所有的高热情—低能力群体组成高道德—低能力群体。

最后，无论是"社交性"划分还是"道德"指标，有一些群体表现出热情和道德评价的一致性，罪犯、无业游民、乞丐三个群体始终被认为是低能力、低社交性、低道德的，也就是低热情的；农民、穷人、农民工、低保人员、残障人员、下岗人员则被认为是低能力、高社交性、高道德的，即高热情的；大学生、北方人、教师是高能力、高社交性、高道德的，也是高热情的；商人、私营企业主、公务员、南方人、领导干部、城市人、演艺明星、富人是高能力、低社交性、低道德的，即低热情的。

当"社交性"和"道德"同时作为聚类指标时，无论是以各自分开独立划分还是合而为一共同作用，聚类结果与前述结论均略有不同，但更加贴近使用"社交性"和"能力"时分组情况。相比而言，道德对社交性的分类影响较小，而社交性对道德的影响则较大。尽管对 33 个群体的社交性和道德值进行配对 t 检验发现，两者普遍具有显著的相关性，但部分群体却同时存在不同程度的差异性，所以，"社交性"和"道德"并不是可以相互替代的关系。

三、道德是刻板印象内容的新维度

研究四、研究五、研究六首先采用文献二次检索的形式收集国内外描述各类群体特征的词汇，形成一个包括 241 个形容词的刻板印象词库，由 88 名来自大学生和上班族的被试根据日常使用频率对每个词进行判断，获得 39 个高频使用词汇。

其次，由 217 名在校大学生分别对农民工、穷人、大学生、教师、城市人、富人、乞丐和罪犯这 8 个群体逐一进行 39 个词汇的刻板印象评价，所有评价分值用于探索性因子分析，发现基于不同群体的因子数量和因子内容有差异，农民工、乞丐、罪犯、城市人和富人均提取出两个因子，第一个因子的测量条目要么仅体现"热情"，比如罪犯、城市人和富人的"热情热心的"、"友善亲和的"、"善解人意的"、"讨人喜欢的"和"有责任心的"，要么增添"道德"成分，比如农民工和乞丐还包括"诚实真诚的"、"耿直坦率的"、"忠厚老实的"和"可信赖的"。另外，大学生、教师和穷人提取出三个因子，虽在测量条目上略有差异，但三个因子的核心内容基本一致，分别是"道德"、"热情"和"能力"。并且，值得注意的是，无论是两个因子还是三个因子，被命名为"能力"的因子总是居于最后的因子位置，也就是说，在群体刻板印象中，道德和热情的地位比能力更为重要。

最后，另外 272 名大学生被试再次对上述 8 个群体进行刻板印象的评价，用于验证性因子分析，只是测量条目被缩减为探索性因子分析中被保留下来的"耿直坦诚的"等 15 个词汇，以及原版刻板印象内容问卷中不被这 15 个词汇涵盖的"有能力的"、"有技能的"、"有才能的" 3 个词汇，最终共有 18 个测量条目。结果，验证性因子分析证实三个因子的模型最为合理，第一个因子被命名为"道德"，包括"耿直坦率的"、"诚实真诚的"、"可信赖的"和"忠厚老实的"；第二个因子是"社交性"，包括"热情热性的"、"有责任心的"、"善解人意的"、"友善亲和的"、"讨人喜欢的"和"乐于助人的"；第三个因子是"能力"，包括"想象力丰富的"、"有思想的"、"有能力的"、"善于思考的"、"机智聪慧的"、"有技能的"和"有才能的"。显而易见，这样的因子测量条目比刻板印象内容模型的中国版问卷更加丰富。

四、内群体的刻板印象内容具有补偿现象

第三章分别选取农民工和大学生为被试，前者是高热情—高道德—低能力群体，后者是高热情—高道德—高能力群体，两个群体从内群体视角表现出不同的刻板印象内容补偿现象。但是，农民工群体的补偿现象是其于日常生活中自然形成的，而大学生群体则被置于否定性信息刺激的实验环境中，所表现出的补偿现象是一种认知变化的反应。

（一）维度补偿——农民工的内群体贬抑和大学生的此消彼长

对于农民工群体，不仅外群体将其评价为低能力，101 名农民工被试对内群体的能力评价即使达到 5 点评定量表的 3.1644，属于中等偏上的认可程度，但也显著低于社交性（$M = 3.9239$）和道德（$M = 3.6238$）的内群体评价。

相比之下，128 名大学生被试在不接受任何实验刺激的情形下，对能力（$M = 3.5728$）、社交性（$M = 3.4993$）和道德（$M = 3.4546$）

三者的评价属于典型的内群体偏好，即无显著差异的高能力、高社交性、高道德。但分别接受能力、社交性和道德否定性信息刺激的另外428名实验组被试，则表现出不同类型的此消彼长的维度补偿变化。

阅读否定大学生能力信息的128名被试，对内群体的刻板印象内容表现出不一致的变化，能力评价显著低于控制组，社交性的评价显著高于控制组，道德评价则与控制组相同。伴随被试处于系列再生链的位置延续，所阅读的否定性信息量减少，出现能力评价逐渐回升，社交性的评价除了在位置1处显著高于控制组后，其余位置均与控制组相同，而道德评价则自始至终没有变化。

144名阅读否定大学生社交性信息的被试，与控制组相比，则在未影响社交性的内群体评价的同时，显著提升了能力和道德的评价，仅出现了"彼长"的变化，并且这种变化不受系列位置或者信息量因素的影响而呈现递变趋势。

至于阅读否定大学生道德信息的136被试，内群体的评价变化可谓与阅读社交性否定信息的被试相反，仅表现出"此消"，即内群体的道德评价显著低于控制组，能力和社交性的评价则与控制组相同，同样不受系列位置或者信息量影响而呈现递变趋势。

当否定大学生能力和社交性时，三个维度间的差异普遍伴随系列再生位置的推进和信息量的减少而缩小，但是，否定大学生道德时，直到系列再生链的位置4或者再现信息量小于15%时，被试的内群体道德评价才略有回升，其余位置或再现信息量处均一直显著低于能力和社交性。

（二）共识补偿——农民工和大学生自我感觉良好的方式不同

严格来说，只有农民工被试的分析结果证实了刻板印象内容的共识补偿假设，大学生被试也体现出内群体认知评价高于外群体的趋势，只是需要借助自我感觉在他人心目中依然保持良好形象的方式而完成。

对共识补偿假设的验证，需要以被试群体与外群体的互动为基础。农民工来自乡村，生活于城市的背景，令他们与城市人的群体互动频繁且广泛，结果发现，农民工和城市人一致认可农民工的社会地位较低后，对农民工的能力评价也是一致性的偏低，只是在程度方面，农民工内群体的能力评价显著高于城市人对其的外群体评价，从而表现出共识补偿现象。在社交性和道德方面，虽然不是农民工群体的劣势刻板印象内容，但城市人认为相对于农民工的能力而言，两者已经具有较高的水平，却仍显著低于农民工的内群体评价。

对于大学生的共识补偿探讨，主要从内群体评价、感知的外群体评价和外群体评价三方面着手分析，前两者由大学生被试完成，后者由非大学生被试直接对大学生群体的刻板印象内容进行评价。结果发现，外群体对大学生的能力评价较高，社交性和道德略低，由此一来，可能发生共识补偿现象的刻板印象内容就局限于社交性和道德这两方面。但是，控制组和实验组被试对社交性和道德的内群体评价始终高于外群体，未出现劣势刻板印象内容的共识补偿现象。

但是，面对被否定的刻板印象，大学生被试以自我感觉在他人心目中依然保持更好形象的补偿形式予以应对。当控制组在三个方面的内群体评价与感知的外群体评价完全一致时，受到能力和道德否定性信息刺激的被试显著降低了对两者的内群体评价，但感知的外群体评价则相对较高，只有社交性的评价仍保持一致。与此同时，实验组与控制组在感知外群体评价时，仅在道德方面出现实验组略低的情形。所以，实验组被试受否定性信息刺激影响而认可自身能力和道德的劣势时，仍坚信自己在外群体眼中依然有相对较好的刻板印象，甚至这种良好刻板印象的程度根本不受否定性信息的刺激。并且，这种自我感觉良好的形式与系列再生链的位置或者再现信息量的多少关系较小，顶多在再现链的端点位置，或者再现信息量最大（小）时出现与其他位置、再现信息量的些许差异。

（三）　时间补偿——农民工和大学生时间过去比较的下行比较

农民工和大学生群体均表现出不同程度的刻板印象内容时间补偿现象，按照时间比较的类型表述，就是时间过去比较的下行比较和时间将来比较的上行比较，从而形成从过去到现在、直至未来的上行发展趋势。当然，两类群体的研究结果只能验证时间补偿现象，不能区分群体对时间的选择，是倾向于时间过去比较还是时间将来比较，或者两者皆而有之。

受补偿现象研究过程的整体性影响，同一批农民工被试进行时间补偿部分的调查时已经存在流失现象，最终采用结构式的开放性问题获得相应信息，从内容含义发现农民工群体存在各类时间比较现象，基于简单的频次统计，在能力方面以时间过去比较的下行比较居多，对社交性方面随时间发展而积极变化的可能性持肯定和否定的数目相差不多，在认同农民工的社交性已经有所发展的被试中，以选择时间过去比较的下行比较为主。至于道德方面，农民工被试普遍选择的是要么过去时间比较和将来时间比较的平行比较，即保持不变，要么是过去时间比较的上行比较和将来时间比较的下行比较，即越来越差。所以，农民工群体的时间补偿现象主要发生在能力和社交性两个方面。

大学生被试的时间补偿现象具体到刻板印象内容的三个方面而各不相同。可以说，在没有任何实验条件刺激下，控制组未表现出任何时间补偿现象，能力方面是自始至终的平行比较，社交性是时间过去比较的平行比较和时间将来的下行比较，道德则是完全与时间补偿现象相反的时间过去比较的上行比较和时间将来比较的下行比较。

当实验组被试受到能力的否定性信息刺激后，呈现出明显的时间补偿现象，并且伴随系列再生位置的推进和再现信息量的减少，才在时间将来比较上出现平行比较。受否定社交性信息刺激的影响，实验组与控制组对社交性的时间比较完全相反，呈现时间过去比较的下行比较和时间将来比较的平行比较，但在系列再生链的位置 1 和再现信息量高于 30% 时，则表现出典型的时间补偿现象，但伴随位置延续和再现信息量减少，逐渐呈现时间过去比较和时间将来比较的平行比较。对于道德，控制组被试始终未能表现出完整的时间补偿现象，当不考虑系列再生位置和再现信息量的影响，被试认为大学生当前的道德显著高于过去和将来，除了在系列再生链的前半段和再现信息量大于 20% 时，出现时间过去比较的平行比较和唯一的时间将来比较的上行比较之外，实验组和控制组的时间比较保持一致。

第二节　讨　论

本书自始至终贯穿的一条研究主线便是道德与刻板印象内容的关系，或者更为具体地说，是道德与中国社会群体刻板印象内容的关系，不论是因子分析验证道德的存在，还是实验情境下道德与能力、社交性屡见不同的变化，都成为支持道德独立于刻板印象内容的佐证。另外，在现有条件下完善的刻板印象内容模型，用于测量群体的认知变化规律，是受到模型自身的动态变化启示，借助多元化视角验证群体认知的补偿现象，以期从社会心理出发挖掘调整认知的身份力量。

（一） 道德之于中国社会群体刻板印象的必要性

刻板印象内容模型的 warmth（热情）维度可谓涵盖了人类的 competence（能力）范畴之外的大多数特质，道德（morality）自然涵盖其中，这才铸就 Leach 等人❶和 Brambilla 团队❷❸从刻板印象内容的重要性角度，证明居于首要地位的道德应成为表征刻板印象的内容之一。在刻板印象内容模型进入中国的历程中，尽管学者们纷纷表示道德于中国文化有着特殊的、重要的意义和作用，但截至目前关于刻板印象内容模型的正式发表刊物中，尚未有文章针对道德与刻板印象内容的关系进行详细的探讨，或许是道德早已内化于中国人的点滴心理与行为之中，形成生活常识而超越了学术论证的必要，抑或是道德这一伦理学、哲学、心理学等多学科关注的问题，有着深奥且繁琐的内涵，难以通过简单的数据分析而定论。

即便如此，本书仍坚持探索了道德在社会群体认知过程中的内涵，这是受刻板印象内容模型的理论影响，基于道德与人性不可分离的关系，从社会大众的日常生活用语中提炼一种表征道德的形式。结果，基于探索性和验证性因子的经典分析模式，"耿直坦率的"、"诚实真诚的"、"可信赖的"和"忠厚老实的"四个形容词组成的因子最能用道德予以命名。

也许用道德概括这四个形容词有大材小用之过，毕竟日常生活中处处有道德涉足的地方，其含义之广，表现之丰富，不是几句话就能描述得清楚与恰当，更不用说微不足道的四个形容词。但是，借用梁漱溟的观点"凡行事合于礼俗，就为其社会所崇奖而称之为道德；反之，则认为不道德而受排斥。礼俗总是随其社会所切需者渐以形成出

---

❶ Leach C. W., Ellemers N., Barreto M. Group Virtue: The Importance of Morality (vs. Competence and Sociability) in the Positive Evaluation of In – groups. Journal of Personality and Social Psychology, 2007, 93 (2): 234 –249.

❷ Brambilla M., Sacchi S., Rusconi P., Cherubini P., Yzerbyt V. Y. You Want to Give a Good Impression? Be Honest! Moral Traits Dominate Group Impression Formation. The British Psychological Society, 2012, 51 (1): 149 –166.

❸ Brambilla M., Rusconi P., Sacchi S., Cherubini P. Looking for Honesty: The Primary Role of Morality (vs. Sociability and Competence) in Information Gathering. European Journal of Social Psychology, 2011, 41 (2): 135 –143.

现，而各时代各地方的社会固多不同，那么，其礼俗便多不相同，其所指目为道德者亦就会不同了。然而不同之中总有些相同之点，因为人总是人，总都必过着社会生活"●，由此，对刻板印象内容模型的修订是以群体为对象的认知研究，既然从众多描述群体特质的形容词里提取出上述四个，那么，就可以断定，它们是群体互动过程中对道德内涵的表征。

即使个体以所属群体的成员身份与他人进行个体间互动时，他人对其道德的判断有可能源自四个形容词所代表的内容，因为是针对其所属群体，并非直指该成员个人。所以，基于中国群体的词汇调查在符合刻板印象内容模型的理论同时，发现这四个形容词所表征的内容就可以视为道德，是群体指向性的刻板印象内容。或许使用"诚信"等词定义这四个形容词组成的因子也可，但鉴于刻板印象内容模型中已然涉及道德方面，并且国外学者证实道德对刻板印象的重要性时，采用的 honest（honesty）、sincere、trustworthiness（trustworthy）等词，在语义上与这四个形容词已有共同之处，故直接使用含义广泛的道德一词定义四个形容词自有其合情合理之处，哪怕它们更符合"诚信"等词的内涵，也说明群体互动的刻板印象内容道德维度以侧重"诚信"等具体方面为特征。

暂且抛开能力和热情，或者能力、社交性和道德等分类在刻板印象领域的定义与表征，单就日常生活中，个体对他人或者其他群体的认知而言，其实不外乎身心指向，身更侧重相貌、形体、智力、举止等具有物质载体特征的外在体现，心则倾向修养、品质、性情等内在修为，在身心交融乃至合二为一的作用下，许多认知和评价难以界定是身属性还是心属性，更多为身心兼而有之。若按此视角看待刻板印象内容模型的能力和热情维度，前者的身属性明显，后者亦有明确的心指向，然而，也因此难以凸显身心共同作用的维度。

当本书将道德内容从刻板印象内容模型的热情维度中抽离出来后，剩余的部分同国内外学者的发现一致，可被定义为"社交性"，本书中的研究所获得的具体形容词为"热情热心的"、"有责任心的"、"善解人意的"、"友善亲和的"、"讨人喜欢的"、"乐于助人的"，这些词

● 梁漱溟：《人心与人生》，上海人民出版社 2011 年版，第 202 页。

多数是身心结合，以心影响身的行为体现。由此，能力、社交性和道德在群体刻板印象内容可谓具有不同的身心属性，能力偏重身，群体成员或者基于先天的身体因素或者是后天的习得以掌握多种能力形式；道德则偏重心，无论是合乎礼俗，还是对生活实践的感悟，均是一种内心自觉。与此同时，能力和道德这两者在群际认知过程中，无需过多依赖于群际互动作为载体才能得以显现，也就是说，两者更具有本质性的特征。但社交性，从对其命名便可知，群际互动是群体形成社交性认知的重要途径，以致社交性与道德有明显的相关关系，是由心及身的双重属性。所以，分别用道德和社交性表征群体的刻板印象内容，较单纯地将两者结合在一起而言，更具有合理性。

此外，在因子分析提取刻板印象内容的道德维度之后，补偿现象的实验室研究结果从维度变化的差异中折射出道德的必要性。尽管补偿现象得到不同程度的验证，但不可否认，能力、社交性和道德这三个维度并未体现自身独特的、有规律性的认知变化，只是在社交性与道德是分是合的抉择上，以两者多次不同的变化趋势而表明各自独立的必要性。

在研究过程中，道德和社交性具有明显的相同之处——排除干扰和易下行发展，排除干扰是指当其他两个维度受相应的否定性信息刺激影响而出现下降趋势的认知变化时，道德或者社交性普遍保持不变。易下行发展是从时间补偿分析发现，道德和社交性普遍出现时间过去比较的上行比较或者时间将来比较的下行比较，尤其是大学生对道德的内群体评价，以这两种比较方向的结合为主。反正，大学生和农民工群体普遍表现出对能力的积极发展认知，而对道德和社交性倾向于消极的变化预测。

道德和社交性所表现出的主要不同点为稳定性上的差异。在否定性信息刺激的作用下，社交性的稳定性更强，基本保持不变，反而道德表现出趋于劣势评价的变化。这与研究一设置心理卷入情境后发现大学生对农民工的社交性评价降低和道德保持不变恰好相反，原因可能来自两方面，一是内群体和外群体评价之别，本书是基于内群体评价的结果，而心理卷入情境是针对外群体而言；二是情境刺激的差异，心理卷入和否定性信息是两种不同的情境。

在道德和社交性的稳定性问题上，两者的变化基本不符合补偿现象的假设。受社交性的否定性信息刺激，大学生并没有降低社交性的内群体评价，连同感知他人的外群体评价也一并保持相应水平，即使在时间比较视角上出现时间补偿现象，也是三个维度中伴随系列再生位置递进和再现信息量减少而最快恢复平行比较状态的。所以，在社交性维度上，大学生群体具有明显的内群体偏好，甚至可以说，具有明显的稳定的内群体偏好。道德方面则不尽然，表现出易受否定性信息刺激的影响，随之降低内群体评价，呈现相对意义上的内群体贬抑，当然，能力维度也在否定性信息刺激下出现贬抑情况。只是更加贴近人性本质的道德理应成为捍卫内群体偏好的重要刻板印象内容，如此易被否定的表现，着实要对群体层面的道德进行更为深入的研究。

若是将本书获得的道德不稳定性结果，与 Leach 等人[1]和 Brambilla 团队[2][3]发现道德具有重要性的论证相结合，倒是可以解释在我国社会，人们为什么于日常生活中强调诚信，并且社会大众又何以普遍认为一旦失信于人后重建诚信困难之极。因为，道德的重要性主要作用于自己在他人心目中的形象塑造，使得人们十分重视自身道德形象的维护，而之所以要尽心维护则可能来自于道德认知评价的不稳定性，就连道德的内群体偏好现象在外界的否定刺激作用下都出现劣势变化，更不用说已然普遍存在于群体间的外群体贬抑，当受到否定刺激时，一致性的刻板印象信息进一步加深已有的认知，加剧道德形象的摧毁。在一定程度上，道德所表现出的不稳定性具有衬托其重要性的作用，以此愈加凸显道德对群体刻板印象认知的作用。所以，研究社会群体的刻板印象内容，道德是不可或缺的重要维度，尤其是我国社会文化自古至今都在强调道德的力量，以致道德之于中国社会群体的刻板印象内容理应具有必要性。

---

[1] Leach C. W. , Ellemers N. , Barreto M. Group Virtue：The Importance of Morality（vs. Competence and Sociability）in the Positive Evaluation of In-groups. Journal of Personality and Social Psychology, 2007, 93（2）：234-249.

[2] Brambilla M. , Sacchi S. , Rusconi P. , Cherubini P. , Yzerbyt V. Y. You Want to Give a Good Impression? Be Honest! Moral Traits Dominate Group Impression Formation. The British Psychological Society, 2012, 51（1）：149-166.

[3] Brambilla M. , Rusconi P. , Sacchi S. , Cherubini P. Looking for Honesty：The Primary Role of Morality（vs. Sociability and Competence）in Information Gathering. European Journal of Social Psychology, 2011, 41（2）：135-143.

（二） 补偿现象是刻板印象内容的认知变化规律之一

刻板印象内容的群体认知受情境刺激影响而发生变化，以致刻板印象内容模型及本书新定义的三个维度不具备静态不变性，而是动态可变的。这种变化无非就是在或高或低中表现出一定的规律，而补偿现象恰恰是普遍存在于认知理论和变化中的形式之一。

补偿，好比失衡的天平被恢复平衡的操作，要么下沉的一方减少些重量，要么为质量小的一方增加砝码，也好比被不同内容所割据的一个完满的圆，当其中的某一领域有所缺陷而出现漏洞时，其他方面会有所补充以维持整体的完满。和谐可谓是个体于日常生活中必不可少的最佳状态之一，社会也因群体以及多方因素的和谐而稳定，一旦被打破或受到冲击，想必个体、群体、社会的首要反应和目标便是重回平衡，无论是回复原先状态的平衡，还是达到全新的平衡。

其实，无论是个体认知还是群体认知，或者经典的认知理论，或者渺小的认知现象，都有可能从补偿视角予以解读。比如，Festinger 的认知失调理论（cognitive dissonance theory），思路就是固有的心理平衡到新旧认知冲突的失衡，最终采用调试方法重获平衡。即使平衡发生在不属于同一范畴的态度与行为之间，只要通过改变已有认知、增加新的认知、调节认知的重要性、改变行为等多种方法回归整体平衡即可，毕竟人的认知、情绪、意志、行为等等是一体性的。Dollard 等人提出以及 Berkowitz 修订的挫折攻击假设（frustration - aggression hypothesis），也包括当个体遭遇挫折、痛苦等影响内心平和的刺激，唤起攻击行为以实现排解发泄的情形，从而达到将额外产生的负性情绪或感知觉得以剔除的效果。还有许多类似社会赞许、社会交换等我们耳熟能详的心理学理论和观点或多或少包含补偿性的现象。

所以说，补偿之于心理活动已是屡见不鲜。本书以农民工为被试研究该群体的刻板印象内容，是基于无条件刺激下对农民工认知的客观事实的总结归纳，采用刻板印象内容模型的静态视角，发现农民工已然形成了明显的维度补偿现象，与内群体普遍具有的高社交性、高道德相比，能力方面确实存在一定的劣势，反映出农民工群体不得不认可一个不利于内群体发展的刻板印象。然而，这种略带内群体贬抑的认知特征或许因维度补偿现象的存在，成为农民工群体安于现实的原因之一，毕竟优势与劣势同在要比满盘皆负令人容易接受的多。

农民工与城市人群体的交互认知从程度差异证实共识补偿，也是将补偿现象从绝对补偿向相对补偿的一种拓展。农民工群体在能力维度上的评价显著高于城市人对其的评价，明显是在讲述"我们并没有你们想象中那么差"的潜台词。虽然，在社交性和道德方面的内群体评价同样高于城市人对其的认可，好似农民工的内群体评价整体具有高于外群体评价的趋势，而非针对劣势刻板印象内容的特有现象，难以推断补偿现象是为接受劣势刻板印象而产生，但不能否认这个原因存在的可能性，也不能否认劣势刻板印象所具有的补偿现象对于农民工群体的作用。

农民工在三个维度上不同的时间比较不能用优势和劣势刻板印象内容总结分类，能力和社交性以过去时间比较的下行比较居多，反映出农民工群体对当前自身的能力和社交性的认可与接受程度，符合时间补偿的假设，只是农民工对于道德维度则持相反的态度。暂且不论三个维度评价差异性的原因何在，单就农民工群体较为劣势的能力而言，在时间的纵向发展过程中出现曾经的能力更为不足的认知现象，便足以表明时间补偿对于农民工接受当前劣势刻板印象内容可能产生的重要作用。

否定性信息对大学生的内群体刻板印象认知起到了显著的刺激作用，原本具有典型内群体偏好的大学生对自身的能力、社交性和道德给予了一致性的高度认可，并坚信他人眼中的自己也是如此，只是在时间比较上出现对社交性和道德不同程度的劣势评价趋势，能力方面则始终保持高水平评价。然而，这样的内群体偏好没能以稳定之势应对否定信息的影响，随机发生了不同程度的补偿现象，为补偿机制用于弥补或者恢复固有的认知平衡的目的，提供了有利的实验数据和刺激—反应范式的逻辑推理。

所以，刻板印象内容的补偿现象既有群体固有认知规律的属性，又是群体调整认知平衡的策略，兼具静态与动态的同时，略带一定差异。首先，维度补偿的动态此消彼长不一定同时发生在三个维度上，而是以"一消一长一不变"居多，从验证性因子分析得到三者的相关关系不同，可以推断三者间的交互影响存在任意两者所独享的可能性，需要进一步的研究讨论。

其次，大学生的共识补偿通过感知外群体评价依然维持在高水平而实现，与农民工直接以劣势的内群体评价高于外群体对其评价完全不同。对于如此差异的结果，尚不能排除研究设计方面的缺陷所造成的污染，即农民工群体的共识补偿现象是基于其与城市人的交互评价而得，大学生群体虽然也进行对比外群体评价的环节，但不像城市人对于农民工具有特定意义且日常产生频繁互动的外群体那样，大学生的外群体是多种群体的混合，以致探索大学生共识补偿现象的过程缺乏群体互动这一因素。然而，两个群体的共识补偿差异不能忽略内群体以及外群体对其刻板印象内容认知的固有不同，毕竟农民工的内群体评价是高热情、高道德、低能力的，与外群体评价一致，大学生的内群体评价是高热情、高道德、高能力的，与外群体对其低热情、低道德、高能力的评价不相符。倘若按照农民工群体的共识补偿现象分析逻辑，大学生群体在外群体对其评价相对属于劣势的社交性和道德两个方面，已然表现出内群体评价显著高于外群体评价，只是因为不符合共识补偿现象关于"这种补偿发生在内群体劣势刻板印象内容"的这一假设前提，不能严格称之为两个群体具有相似的共识补偿现象。

最后，农民工和大学生的时间补偿现象的相似性较多。尽管研究方法有所不同，却不影响两个群体凸显较为一致的时间补偿现象。农民工群体所表现的静态时间补偿主要集中于过去时间比较的下行比较，反映出内群体缺乏积极的心态和提升的自信，或许受当前社会环境以及接受群体低社会地位的影响，有种不得不向命运低头的感觉，以致不敢对未来产生积极的预测。大学生群体在无否定性信息刺激作用下，不仅不存在刻板印象内容认知的时间补偿，反而与时间补偿近乎相反。可以说，大学生仅具有动态的时间补偿，并且同样集中于过去时间比较的下行比较，否定性信息刺激确实引发大学生发生部分时间补偿现象，根据研究所选用的将来时间点为毕业离校之际，大学生除了对能力表示积极的肯定预期外，依然对自身的社交性和道德持较为消极的态度，要么平行比较，要么下行比较。与农民工相似，大学生有可能丧失对内群体的信心，倘若如此，令其缺乏自信的原因应该与农民工不同，或许是大学生意识到大学期间的环境、人文等多种因素，的确已经日渐暴露出对其社交性和道德的侵蚀。

总而言之，补偿现象的验证既打破了刻板印象内容认知的静态性，又为剖析群体认知成因、挖掘影响群体认知的原因以及预测群体认知变化提供了新的研究视角。

第三节　创新、意义、不足、展望

创新、意义、不足与展望，四个方面总是相伴而生。细心研习前人成果总会发现一些疏漏，也会受到研究思路的启迪，知识的延续因此而生，内容或者方法的创新自是水到渠成，并从理论和现实两方面凸显研究意义，方能衡量一番劳作的价值，只是世上难有完美之事，不得不正视内在的能力不足与外在的条件有限，更何况知识的海洋与人类的心理是如此浩瀚与奥妙，每一次基于前人成果展开研究并继而对未来提出展望，都是为接近完美而努力，本书亦不例外。

（一）创新点

本书的首要创新是对刻板印象内容的道德方面的探索，前人研究提出道德作为刻板印象认知的重要方面，在刻板印象内容模型中应具有独立支撑单一维度的地位。另外，中国传统文化对道德修养极其重视，中国社会群体很有可能通过道德的认知影响刻板印象的形成与判断。虽然在刻板印象内容模型的中国本土化方面，基于我国群体数据对道德内容的研究已经出现，包括本书的研究一在内，却普遍存在直接使用刻板印象内容模型表征道德的测量框架和题目，要知道，这些框架和题目是分析西方群体数据而得到的结果，能否跨越中西方文化差异直接用于我国，缺乏一定的研究和论证。所以，本书第二章第二节的所有研究，复制群体刻板印象研究的经典方法，按照刻板印象内容模型的理论思路，提取并验证了道德维度的存在。

与此同时，本书关于道德方面仍有一个创新点，就是对道德维度的验证并不仅仅局限于最初的因子提取，而是延至后续的补偿现象探讨时，讨论道德与社交性、能力的不同变化，从群体实际的刻板印象内容评价进一步表明道德维度的必要性，对道德的探讨可谓是自始至终贯穿于全书的一条研究线索。

其次，继刻板印象内容模型的静态性受已有研究的冲击后，本书不仅选取新的情境刺激进行验证，并且针对不同刻板印象内容的群体从描述现状和应激反应两个方面着手分析，发现刻板印象内容三个维度的动态性可以反映群体的认知变化规律，即补偿现象。在三种补偿现象中，共识补偿引入了群体互动视角，与单纯测量群体的刻板印象内容相比，更加贴近社会群体形成认知的外部环境。时间补偿将针对个体自我的时间比较概念拓展至群体，以时间顺序描述刻板印象内容的变化规律，打破刻板印象的单一时间点限制，与维度补偿、共识补偿形成横向比较与纵向发展交错的研究思路。

最后，在本书的研究方法上，突破系列再生法以再现信息量反应刻板印象的常规思路，记忆材料不存在刻板印象一致性信息和非一致性信息的区别，完全选取非一致性信息，即否定大学生刻板印象内容的信息，以致被试无需通过记忆不同种类信息的数量来反映刻板印象。系列再生法的主要用途是尽可能模拟社会现实的信息传递方式，向被试展示实验刺激，发挥其工具性，结合刻板印象内容问卷，测量处于不同系列再生位置或者再现不同信息量的被试反应。

（二）研究意义

刻板印象是社会心理学的重要研究领域之一，被广大学者普遍关注的同时，关于刻板印象的内涵、研究方法也在伴随着社会变迁和文化差异凸显而不断进行调整与修订。刻板印象内容模型尽管经过十余个国家和地区的跨文化验证，乃至包括我国的数据，其基本理论假设普遍得以验证，只是在结合特定的现实情境时出现不稳定的预测状态，从而打破现有的完善性，出现亟待弥补的疏漏。

本书的理论意义主要体现在基于对刻板印象内容模型及偏差地图的又一次本土化验证结果，从道德着手完善刻板印象内容模型的维度，并基于我国社会群体的刻板印象形容词获得测量能力、社交性和道德维度的条目，是对刻板印象内容模型更进一步的本土化探索，也为刻板印象的研究提供了更为完善的一种模型及测量方法。

另外，从多角度归纳刻板印象内容的变化规律，为改变不利于某些社会群体的刻板印象或者消除偏见起到了解决方法的启示效果，更为剖析社会群体为何安于接受甚至形成不利于内群体的刻板印象认知提供了新的解释。针对大学生群体展开的刺激—反应式的实验研究结果，体现了群体应对刻板印象否定性信息时通过补偿思维维持认知平衡，既完成了群体认知现象规律的描述，也从侧面反映出群体面对不利于内群体的刻板印象内容时的应对方式，由此，可以为丰富群体甚至是个体应对类似情形时的方法提供一种新的研究思路。

还有，研究利用系列再生法的信息传播特性，打破刻板印象受制于静态方法的测量，尽可能模拟社会生活现实中信息传播对于各类群体成员彼此间刻板印象形成的影响，提升了实验室研究结果的外部推广效度，同时丰富了系列再生法应用于刻板印象研究的工具多样性。

从现实角度分析，印象是个体之间互动的重要内容之一。无论个体以个人名义还是群体角色进行互动，留下符合他人期望的印象、令人深刻的印象、使人满意的印象等等都是日常生活中期望获得的人际评价，以此为后续的互动奠定良好的认知基础。那么，究竟从哪些方面着手进行印象的塑造，刻板印象内容模型本身提供了良好的指标式引导，本书经过进一步修订后获得的能力、社交性和道德三个维度，以及 17 个形容词的测量条目，更加符合中国文化背景下的印象内容，有助于为中国人的印象塑造起到启示意义，当然，三个维度和 17 个测量条目也可能成为测量和判断中国人或中国群体的印象的指标与标准。

以农民工及其子女为研究对象和被试，可以说，是体现本书研究结果的现实意义的主要方面。自从农民脱离土地涌入城市，成为我国社会转型时期的特殊群体以来，备受学者的广泛关注。有时候，不论他们以怎样朴实的品质、勤劳的双手在城市中辛苦劳作与生存，却始终无法摆脱不利于自身发展的境遇，甚至遭受不公平待遇。本书所发现的农民工群体的补偿现象有助于从认知层面了解他们接受并安于事实的成因，类似取长补短的维度补偿、自我感觉良好的共识补偿以及优于曾经的时间补偿，这是农民工群体的刻板印象内容特征，也有可能是其日积月累形成的认知应对方式。与此同时，对农民工及其子女的刻板印象研究，也有助于探索社会大众对他们的真实看法、态度和行为，尤其是负面、消极的，由此探索改变甚至消除歧视和偏见等方法，必定能为群体和谐、社会稳定做出一定的贡献。

最后，为解读大学生心理状态做出了尝试。伴随目前的在校大学生普遍出生于 1990 年以后，社会流行话题又总是围绕"80 后"、"90 后"字眼展开，并且社会大众对"90 后"的评价往往是略带贬抑的追求个性特色，普遍关注他们缺乏理想与信念、过分自我、自私自利的问题，其实是对当前大学生的一种负性冲击，本书借助刻板印象内容视角，以刻板印象非一致性信息刺激大学生，获得他们的三种补偿反应，一方面有助于明确大学生维持内群体认知平衡的应对方式，另一方面为调整大学生的认知，甚至是消极认知增加了社会心理学的干预方法。更主要的是，从社会心理学的刻板印象视角了解当代大学生，尽学者的学术之力勾勒大学生的真实形象。

（三）　研究的不足

条件有限是不可避免的事实，缺憾与不足是当前研究必然存在的瑕疵，也是启迪新思路与新课题的重要契机。本书在研究对象、研究方法、研究内容等多方面存在不同程度的问题，具体表现如下。

第一，研究对象的局限性。纵观本书所有研究，其实只以农民工、农民工子女、大学生为研究对象，即使在探索并验证刻板印象内容的道德因子时，还涉及穷人、教师、城市人、富人、乞丐和罪犯，但并未对各群体刻板印象内容进行针对性分析。众所周知，任何群体都有其存在于社会之中的独特性，刻板印象内容模型即使以简练的维度进行有效的描绘与归类，依然只能表达群体的共性特征。所以，受人力、物力和财力的限制，本书仅选取有限的研究对象进行模型完善和补偿现象研究，即使较好地验证了研究假设，也并不具备向其他群体进行推广的较高的外部效度，因为研究过程中缺乏对农民工可以代表高热情、高道德、低能力群体，以及大学生可以代表高热情、高道德、高能力群体的论证，在进行验证和探索刻板印象内容的因子时为何选取农民工、穷人、大学生、教师、城市人、富人、乞丐和罪犯这八个群体，也缺乏坚实的理论和数据支持。另外，对补偿现象的验证仅通过农民工和大学生两个群体完成，尚缺乏其他刻板印象内容维度组合类型的群体的数据情况。

第二，研究方法有待完善。从样本的选择到工具的完备性与多样性是研究方法有待完善的主要方面。在样本方面，本书依然无法摆脱心理学实验研究普遍存在的样本局限性问题。即使在探索和验证道德因子的研究中，选取多省市多种学校的在校大学生为被试，尽可能完善样本的代表性，但始终受限于大学生这个单一群体。至于针对大学生群体开展的补偿现象研究，更是受到研究者的精力与客观原因所限，不仅将被试样本限定于一所高校的在校大学生，连同数量也是基本维持在统计学意义上的大样本范畴边缘，着实因为系列再生法的各系列再生位置是迷你的样本群，使其保证在大样本的前提下，整体的样本量已然高达400余人。在研究工具方面，以问卷法和系列再生法为主，两种方法本身便存在一定的缺陷与不足，这是所有研究方法的共性，需要在不断的理论分析和实际应用过程中予以完善，尤其是系列再生法，作为研究刻板印象的一种新思路，更有诸多问题亟待解决，比如，如何排除被试记忆能力差异的干扰、如何保证阅读材料更加符合客观事实并有效呈现相应信息等。本书的整体研究基于上述两种方法而主要采取数据分析，其实，缺乏了质性方法的介入，尤其是对农民工群体验证时间补偿现象时，所获得文字内容只有通过质性分析才能发挥最大的研究价值，更能了解调研对象最原始、最真实的心理状态，所以，实现量化与质性分析的有机结合才是完成刻板印象相关研究的最有效工具。

第三，研究内容需要完善。本书集中探讨刻板印象内容模型的修订与完善，并且以情境改变刻板印象认知判断的研究成果，结合特定群体的偏差地图分离的本书研究结论为突破点，加之国外研究团队证实道德的重要性，方完成预期目标。只是，能力、社交性与道德共同表征的刻板印象内容，能否被称之为刻板印象内容模型的新版本，尤其是三个维度对社会典型群体的框架结构划分以及基本模型假设等问题，尚缺乏明确的理论假设与论证。国外研究主要是从工具性视角发现群体互动中道德的重要性，本书亦通过特定群体的刻板印象内容特征与反应进行推论，可谓缺少坚实的理论支撑。另外，偏差地图是基于刻板印象，将其与情绪、行为统一于三维整体，是反映刻板印象影响群体互动的重要模型之一，针对研究发现偏差地图的分离、行为反应的"二元化"等现象，本书缺乏充足的精力进行研究探讨，而是仅仅局限于刻板印象内容方面的完善，未能完成认知、情绪与行为的全面修订。

最后，研究目标需要拓展。任何学术研究成果如果不能为现实服务，或者成为其他应用性研究的前提与启示，那么，成果的价值将大打折扣。心理学作为研究以人的心理活动与行为打交道的学科，更应该大力推行研究结果的现实转化。但是，本书的研究虽涉及特定群体的刻板印象探索，却仅仅停留于规律层面的探讨，对于实践，顶多起到一定的启示作用，缺乏后续的干预性研究，比如，刻板印象内容的补偿规律能否用于调整群体乃至个体的认知，从而实现调整不合理情绪和行为，令其保持和谐的平衡状态。只有以理论应用于实践为研究目标，关于刻板印象内容的研究才能不断查漏补缺与创新，发挥最大的价值。

（四）未来研究展望

通过前述总论部分的内容梳理，关于刻板印象内容的研究仍任重而道远，就目前情形来看，建议未来从如下几个方面展开研究：

第一，道德维度独立于刻板印象内容的理论探讨。国外学者从西方哲学对"人性"定义的角度提出道德的重要性，本研究在未进行相关理论分析的前提下，依托中国群体的数据同样获得道德维度，不可否认，人性的共性起到了一定的作用，但是，不能忽视不同群体所特有的社会和文化背景。在我国，"道"、"德"与"道德"一直是精神文明建设的重要方面，它们也是中国传统文化的精髓，众多古代思想家对道德的分析与阐述从未随时间流逝淹没在岁月长河之中，至今影响着我们的一言一行。所以，针对我国社会群体刻板印象内容的道德维度体现，应从传统文化与思想方面进行理论剖析，一方面形成坚实的理论支撑，一方面引导刻板印象内容应用于我国群体的合理应用与发展。

第二，更新原有刻板印象内容模型和偏差地图的理论假设。伴随原有的能力和热情维度被能力、社交性和道德所取代，虽然尚未实现不同国家与地区的跨文化验证，但已然撼动了热情独立支撑刻板印象内容维度的地位，原有模型和偏差地图的理论假设问题便相伴而生。能力和热情维度因二分独立只有此高彼低和相同这两类差异关系，当出现第三个维度后，三者之间的比较关系明显存在更为复杂的可能性，直接导致重新定义参照群体偏好与外群体贬抑的表现形式。另外，社会地位与竞争性分别对能力和热情的预测性，本身在中国群体中就未得到完全验证，若再面对重新确定的社交性和热情，想必要经过进一步的修订与完善。更为主要的是，偏差地图假设刻板印象内容模型的维度评价高低与情绪、行为的不同类型具有一定的对应关系，基于维度改变，认知、情绪和行为三维整体性的内在关系同样存在改变的可能，加之，原有刻板印象内容模型预测中国不同群体的情绪和行为时已经出现分离和"二元化"现象，表明偏差地图的稳定性必然有待考究。所以，刻板印象内容模型和偏差地图的理论假设均需要后续研究的重新修订与验证。

第三，探索刻板印象内容三种补偿现象的关系。本书对刻板印象内容补偿现象的验证过于松散，只是分别证实它们的存在，并没有深入探讨三种现象之间的相互关系。既然三种补偿现象同是针对刻板印象内容的变化而言，十分有必要对相互关系展开研究，在全面剖析刻板印象内容变化规律的同时，有助于增强利用补偿现象干预群体认知的工具性拓展。比如，不同的情境刺激是否导致群体表现不同的补偿现象，或者表现的多种补偿现象中存在主次之分与轻重之别；还有，补偿现象是否适用于个体互动时刻板印象认知变化，若适用，补偿现象是否受个体的性别、人格、自尊、自我效能等因素影响而有所差异，因为有研究发现自尊与刻板印象的关系，是个体存在冒着低自尊风险而将不利于所属群体的消极刻板印象进行个体的内化[1]，而且时间比较和社会比较概念本身便来自于个体的自我认识，高自尊者会进行更多的下行社会比较，以产生更多的积极情绪体验，低自尊者则是以上行社会比较居多[2]等等，都可以成为探索刻板印象内容补偿现象关系或者发挥补偿现象应用价值的研究发展方向。

第四，建立刻板印象内容调节情绪的作用机制。其实，情绪影响刻板印象的研究已经并不新鲜，情绪本身对个体的感知、判断、推理等认知加工就具有一定的作用[3][4][5][6]，刻板印象作为认知的组成部分，

[1] Crocker J. , Major B. Social Stigma and Self – esteem: The Self – protective Properties of Stigma. Psychological review, 1989, 96 (4): 608.

[2] Aspinwall L. G. , Taylor S. E. Effects of Social Comparison Direction, Threat, and Self – esteem on Affect, Self – evaluation, and Expected Success. Journal of Personality and Social Psychology, 1993, 64 (5): 708.

[3] Forgas J. P. , Fiedler K. US and Them: Mood Effects on Inter – group Discrimination. Journal of Personality and Social Psychology, 1996, 70 (1): 28 – 40

[4] 张敏、卢家楣、谭贤政、王力: "情绪调节策略对推理的影响", 载《心理科学》2008 年第 4 期, 第 805 ~ 808 页。

[5] Isen A. M. , Means B. The Influence of Positive Affect on Decision – making Strategy. Social Cognition, 1983, 2 (1): 18 – 31.

[6] Murphy S. T. , Zajonc R. B. Affect, Cognition, and Awareness: Affective Priming with Optimal and Suboptimal Stimulus Exposures. Journal of Personality and Social Psychology, 1993, 64 (5): 723.

情绪与刻板印象威胁❶❷、包括性别、种族、年龄在内的各类刻板印象❸❹❺均有一定的关系。基于原有刻板印象内容模型发展起来的偏差地图，已经将刻板印象认知与情绪唤醒相结合，并由 Harris、Fiske、Cikara 等人通过多主题的 fMRI 研究，从认知神经科学佐证不同刻板印象内容的群体所唤醒情绪的差异。刻板印象与情绪之间越来越多地表现出相互影响的关系，所以，未来的研究可以从刻板印象内容的变化规律着手，比如本书所获得补偿现象，分析其调节群体或个体情绪的功能性作用，甚至是实现消除消极情绪的效果。

第五，置于现实情境完善刻板印象内容及变化规律，以健全解决现实问题和干预能力的作用机制。一直以来，关于刻板印象内容模型和偏差地图的研究过多停留于模型建构和方法验证❻，虽然在这两方面确实存在一定的问题，并且也从特定群体的现实问题着手反观模型与方法的不足，但没有发挥模型作为理论用于指导实践的根本性作用，而这恰恰应该是所有理论诞生与发展的重要目标。所以，将刻板印象内容置于现实情境予以验证的同时，不应忽视相关理论解读和干预现实方面的研究。本书所获得刻板印象内容的补偿现象为其如何发挥理论的指导和干预作用提供了工具性指向的研究契机。在未来的研究过程中，一方面完善现实情境影响刻板印象内容的因素，一方面将模型与现实中普遍存在的偏见和歧视等不利于群体和谐的现象进行对接，结合多种方法检验刻板印象内容及变化规律的干预效果，最终实现刻板印象内容相关研究的理论和实践价值。

❶ John M., Inzlicht M., Schmader T. Stereotype Threat and Executive Resource Depletion: Examining the Influence of Emotion Regulation. Journal of Experimental Psychology: General, 2008, 137 (4): 691.

❷ Bosson J. K., Haymovitz E. L., Pinel E. C. When Saying and Doing Diverge: The Effects of Stereotype Threat on Self - reported versus Non - verbal Anxiety. Journal of Experimental Social Psychology, 2004, 40 (2): 247 – 255.

❸ Robinson M. D., Johnson J. T. Is It Emotion or Is It Stress? Gender Stereotypes and the Perception of Subjective Experience. Sex Roles, 1997, 36 (3 – 4): 235 – 258.

❹ Fabes R. A., Martin C. L. Gender and Age Stereotypes of Emotionality. Personality and Social Psychology Bulletin, 1991, 17 (5): 532 – 540.

❺ Durik A. M., Hyde J. S., Marks A. C., Roy A. L., Anaya D., Schultz G. Ethnicity and Gender Stereotypes of Emotion. Sex Roles, 2006, 54 (7 – 8): 429 – 445.

❻ 管健："刻板印象从内容模型到系统模型的发展与应用"，载《心理科学进展》2009 年第 4 期，第 845 ~ 851 页。

参考文献

[1] 包蕾萍. 中国独生子女刻板印象：结构，来源和后果 [D]. 华东师范大学，2010.

[2] 陈丽. 大学生对刑满释放人员的刻板印象研究 [D]. 福建师范大学，2012.

[3] 程婕婷，管健，汪新建. 共识性歧视与刻板印象：以外来务工人员与城市居民群体为例 [J]. 中国临床心理学杂志，2012，20（004）：543 – 546.

[4] 崔红，王登峰. 中国人人格形容词评定量表（简式）的信度与效度 [J]. 第四军医大学学报，2006，27（4）：294 – 296.

[5] 崔红，王登峰. 中国人人格结构的确认与形容词评定结果 [J]. 心理与行为研究，2003，1（2）：89 – 95.

[6] 董华. 大学生对农民工的刻板印象研究 [D]. 中南大学，2010.

[7] 风笑天. 社会调查中的问卷设计 [M]. 天津：天津人民出版社，2002：87.

[8] 高明华. 刻板印象内容模型的修正与发展——源于大学生群体样本的调查结果 [J]. 社会，2010，30（5）：195 – 216.

[9] 管健. 社会认同复杂性与认同管理策略探析 [J]. 南京师大学报：社会科学版，2011，（2）：96 – 102.

[10] 管健. 刻板印象从内容模型到系统模型的发展与应用 [J]. 心理科学进展，2009，17（4）：845 – 851.

[11] 管健，程婕婷. 刻板印象内容模型的确认，测量及卷入的影响. 中国临床心理学杂志，2011，19（2）：184 – 188.

[12] 管健，程婕婷. 系列再生法：探讨刻板印象的新思路 [J]. 心理科学进展，2010，18（9）：1511 – 1518.

[13] 管曙光. 诸子集成（一）（二）[M]. 长春：长春出版社，1999.

[14] 侯杰泰，温忠麟，成子娟. 结构方程模型及其应用：Structural equation model and its applications [M]. 北京：教育科学出版社，2004.

[15] 贾磊，罗俊龙，肖宵，等. 刻板印象的认知神经机制 [J]. 心理科学进展，2010，18（12）：1909 – 1918.

[16] 库利坎. 卢家楣等（译）.（2011）. 心理学研究方法导论 [M]. 重庆：重庆大学出版社，2011.

［17］梁漱溟. 人心与人生［M］. 上海：上海人民出版社，2011：202.

［18］李琼，刘力. 低地位群体的外群体偏好［J］. 心理科学进展，2011，19
（7）：1061 – 1068.

［19］吕小康. 中国心理学的本土化：源起、流变与展望［J］. 南开学报（哲学
社会科学版）. 2014，（6）：151 – 160.

［20］任娜，佐斌，侯飞翔，等. 情境效应或自动化加工：大学生对老年人的内
隐态度［J］. 心理学报，2012，44（6）：777 – 788.

［21］孙炯雯，郑全全. 在社会比较和时间比较中的自我认识［J］. 心理科学进
展，2004，12（2）：240 – 245.

［22］孙利. 大学生城乡刻板印象的内隐和外显研究［J］. 湖南工业大学学报：社
会科学版，2011，16（4）：135 – 138.

［23］汪新建，柴民权. 中国本土心理学：理论导向、核心框架与主要挑战［J］.
南开学报（哲学社会科学版）. 2014，（6）：144 – 150.

［24］王登峰，崔红. 中国人人格量表的信度与效度［J］. 心理学报，2004，36
（3）：347 – 358.

［25］王登峰，崔红. 中国人人格量表（QZPS）的编制过程与初步结果［J］. 心
理学报，2003，35（1）：127 – 136.

［26］王登峰，方林，左衍涛. 中国人人格的词汇研究［J］. 心理学报，1995，27
（4）：400 – 406.

［27］温芳芳，佐斌. 无偏见目标对内隐与外显相貌偏见的调节效应——基于 IAT
与 AMP 的测量［J］. 中国特殊教育，2013，（1）：73 – 78.

［28］乐国安. 社会心理学（修订版）［M］. 北京：中国人民大学出版社，2011.

［29］乐国安. 社会心理学理论新编［M］. 天津：天津人民出版社，2009.

［30］张敏，卢家楣，谭贤政，等. 情绪调节策略对推理的影响［J］. 心理科学，
2008，31（4）：805 – 808.

［31］张庆. 特质推理中的内容效应及性别刻板印象的影响［D］. 山东师范大
学，2012.

［32］张庆，王美芳. 社会判断内容的基本维度研究［J］. 心理科学，2011，34
（4）：899 – 904.

［33］张莹瑞，佐斌. 社会认同理论及其发展［J］. 心理科学进展，2006，14
（3）：475 – 480.

［34］张智勇，王登峰. 论人格特质"大七"因素模型［J］. 心理科学，1997，
20（1）：48 – 51.

［35］朱洁琼. 大学生群体的民族刻板印象研究［D］. 中央民族大学，2011.

［36］佐斌，张阳阳，赵菊，等. 刻板印象内容模型：理论假设及研究［J］. 心理

科学进展, 2006, 14 (1): 138 – 145.

[37] Abrams D. , Hogg M. A. Comments on the Motivational Status of Self – esteem in Social Identity and Intergroup Discrimination [J]. European Journal of Social Psychology, 1988, 18 (4): 317 – 334.

[38] Albert S. Temporal Comparison Theory [J]. Psychological Review, 1977, 84 (6): 485.

[39] Allport G. W. The Nature of Prejudice [M]. Reading, MA: Addison – Wesley, 1954.

[40] Allport G. W, Postman L. The Psychology of Rumor [M]. Oxford: Henry Holt. 1947.

[41] Amodio D. M. , Kubota J. T. , Harmon – Jones E. , Devine P. G. Alternative Mechanisms for Regulating Racial Responses According to Internal vs. External Cues [J]. Social Cognitive and Affective Neuroscience, 2006, 1: 26 – 36.

[42] Amodio D. M. , Harmon – Jones E. , Devine P. G. , et al. Neural Signals for the Detection of Unintentional Race Bias [J]. Psychological Science, 2004, 15: 88 – 93.

[43] Anderson S. W. , Bechara A. , Damasio H. , et al. Impairment of Social and Moral Behavior Related to Early Damage in Human Prefrontal Cortex [J]. Nature Neuroscience, 1999, 2 (11): 1032 – 1037.

[44] Andersen S. M. , KJatzky R. L. , Murray J. Traits and Social Stereotypes: Efficiency Differences in Social Information Processing [J]. Journal of Personality and Social Psychology, 1990, 59: 192 – 201.

[45] Ashmore R. D. , Del Boca F. K. Sex Stereotypes and Implicit Personality Theory: Toward a Cognitive—Social Psychological Conceptualization [J]. Sex Roles, 1979, 5 (2): 219 – 248.

[46] Aspinwall L. G. , Taylor S. E. Effects of Social Comparison Direction, Threat, and Self – esteem on Affect, Self – evaluation, and Expected Success [J]. Journal of Personality and Social Psychology, 1993, 64 (5): 708.

[47] Bartholow B. D. , Pearson M. A. , Gratton G. , et al. Effects of Alcohol on Person Perception: A Social Cognitive Neuroscience Approach [J]. Journal of Personality and Social Psychology, 2003, 85: 627 – 638.

[48] Bartlett F. A. Remembering: A Study in Experimental and Social Psychology [M]. Cambridge: Cambridge University Press, 1932.

[49] Beer J. S. , John O. P. , Scabini D, et al. Orbitofrontal Cortex and Social Behavior: Integrating Self – monitoring and Emotion – cognition Interactions [J]. Jour-

nal of Cognitive Neuroscience, 2006, 18 (6): 871 – 879.

[50] Bodenhausen G. V. Stereotypic Biases in Social Decision Making and Memory: Testing Process Models of Stereotype Use [J]. Journal of Personality and Social Psychology, 1988, 55 (5): 726 – 737.

[51] Bodenhausen G. V. , Lichtenstein M. Social Stereotypes and Information Processing Strategies: The Impact of Task Complexity [J]. Journal of Personality and Social Psychology, 1987, 52: 871 – 880.

[52] Bosson J. K. , Haymovitz E. L. , Pinel E. C. When Saying and Doing Diverge: The Effects of Stereotype Threat on Self – reported versus Non – verbal Anxiety [J]. Journal of Experimental Social Psychology, 2004, 40 (2): 247 – 255.

[53] Brambilla M. , Carnaghi A. , Ravenna M. Status and Cooperation Shape Lesbian Stereotypes: Testing Predictions from the Stereotype Content Model [J]. Social Psychology, 2011, 42 (2): 101.

[54] Brambilla M. , Rusconi P. , Sacchi S. , et al. Looking for Honesty: The Primary Role of Morality (vs. Sociability and Competence) in Information Gathering [J]. European Journal of Social Psychology, 2011, 41 (2): 135 – 143.

[55] Brambilla M. , Sacchi S. , Rusconi P. , et al. You Want to Give a Good Impression? Be Honest! Moral Traits Dominate Group Impression Formation [J]. The British Psychological Society, 2012, 51 (1): 149 – 166.

[56] Brewer M. B. A Dual Process Model of Impression Formation [J]. In R. S. Wyer, Jr. , T. K. Srull (Eds.), Advances in Social Cognition (Vol. 1, pp. 1 – 36). Hillsdale, NJ: Erlbaum, 1988.

[57] Brown S. L. , Schwartz G. E. Relationships between Facial Electromyography and Subjective Experience during Affective Imagery [J]. Biological Psychology, 1980, 11 (1): 49 – 62.

[58] Bush G. , Luu P. , Posner M. I. Cognitive and Emotional Influences in Anterior Cingulate Cortex [J]. Trends in Cognitive Sciences, 2000, 4 (6): 215 – 222.

[59] Carlsson R. , Björklund F. Implicit Stereotype Content: Mixed Stereotypes Can Be Measured with the Implicit Association Test [J]. Social Psychology, 2010, 41 (4): 213.

[60] Cikara M. , Botvinick M. M. , Fiske S. T. Us versus Them Social Identity Shapes Neural Responses to Intergroup Competition and Harm [J]. Psychological Science, 2011, 22 (3): 306 – 313.

[61] Cikara M. , Fiske S. T. Stereotypes and Schadenfreude Affective and Physiological Markers of Pleasure at Outgroup Misfortunes [J]. Social Psychological and Per-

sonality Science, 2012, 3 (1): 63 – 71.

[62] Cikara M., Fiske S. T. Bounded Empathy: Neural Responses to Outgroup targets' (mis) Fortunes [J]. Journal of Cognitive Neuroscience, 2011, 23 (12): 3791 – 3803.

[63] Clausell E., Fiske S. T. When Do Subgroup Parts Add up to the Sstereotypic Whole? Mixed Stereotype Content for Gay Male Subgroups Explains overall Ratings [J]. Social Cognition, 2005, 23 (2): 161 – 181.

[64] Correll J., Urland G. R., Ito T. A. Event – related Potentials and the Decision to Shoot: The Role of Threat Perception and Cognitive Control [J]. Journal of Experimental Social Psychology, 2006, 42: 120 – 128.

[65] Craig A. D. How Do You Feel—now? the Anterior Insula and Human Awareness [J]. Nature Reviews Neuroscience, 2009, 10 (1): 59 – 70

[66] Crocker J., Major B. Social Stigma and Self – esteem: The Self – protective Properties of Stigma [J]. Psychological Review, 1989, 96 (4): 608.

[67] Cuddy A. J., Fiske S. T., Glick P. Warmth and Competence as Universal Dimensions of Social Perception: The Stereotype Content Model and the BIAS Map [J]. Advances in Experimental Social Psychology, 2008, 40: 61 – 149.

[68] Cuddy A. J. C., Fiske S. T., Glick P. The BIAS Map: Behaviors from Intergroup Affect and Stereotypes [J]. Journal of Personality and Social Psychology, 2007, 92: 631 – 648.

[69] Cuddy A. J., Fiske S. T., Glick P. When Professionals Become Mothers, Warmth Doesn't Cut the Ice [J]. Journal of Social Issues, 2004, 60 (4): 701 – 718.

[70] Cuddy A. J., Fiske S. T., Kwan V. S., et al. Stereotype Content Model across Cultures: Towards Universal Similarities and some Differences [J]. British Journal of Social Psychology, 2009, 48 (1): 1 – 33.

[71] Cuddy A. J. C., Frantz C. M. Legitimating Status Inequalities: The Effect of Race on Motherhood Discrimination Manuscript Submitted for Publication [J]. Cuddy, A. J. C, Fiske, S. T. & Glick P. (2008). Warmth and Competence as Universal Dimensions of Social Perception: The Stereotype Content Model and the BIAS Map. Advances in Experimental Social Psvchology, 2007, 40: 61 – 147.

[72] Cuddy A. J., Norton M. I., Fiske S. T. This Old Stereotype: The Pervasiveness and Persistence of the Elderly Stereotype [J]. Journal of Social Issues, 2005, 61 (2): 267 – 285.

[73] Cunningham W. A., Johnson M. K., Raye C. L., et al. Separable Neural Components in the Processing of Black and White Faces [J]. Psychological Science,

2004, 15: 806 - 813.

[74] Darley J. M. , Gross P. H. A Hypothesis - confirming Bias in Labeling Effects [J]. Journal of Personality and Social Psychology, 1983, 44 (1): 20 - 33.

[75] Deaux K. , Lewis L. L. Structure of Gender Stereotypes: Interrelationships among Components and Gender Label [J]. Journal of Personality and Social Psychology, 1983, 46 (5): 991.

[76] Durik A. M. , Hyde J. S. , Marks A. C. , et al. Ethnicity and Gender Stereotypes of Emotion [J]. Sex Roles, 2006, 54 (7 - 8): 429 - 445.

[77] Eagly A. H. , Steffen V J. Gender Stereotypes Stem from the Distribution of Women and Men into Social Roles [J]. Journal of Personality and Social Psychology, 1984, 46 (4): 735.

[78] Eckes T. Paternalistic and Envious Gender Stereotypes: Testing Predictions from the Stereotype Content Model [J]. Sex Roles, 2002, 47: 99 - 114.

[79] Forgas J. P. , Fiedler K. US and Them: Mood Effects on Inter - group Discrimination [J]. Journal of Personality and Social Psychology, 1996, 70 (1): 28 - 40.

[80] [美] 埃里克·H. 埃里克森, 同一性: 青少年与危机 [M], 孙名之译, 杭州: 浙江教育出版社, 2000. 79 - 127.

[81] Esses V. M. , Dovidio J. F. The Role of Emotions in Determining Willingness to Engage in Intergroup Contact [J]. Personality and Social Psychology Bulletin, 2002, 28 (9): 1202 - 1214.

[82] Fabes R. A. , Martin C. L. Gender and Age Stereotypes of Emotionality [J]. Personality and Social Psychology Bulletin, 1991, 17 (5): 532 - 540.

[83] Fiske S. T. Social Beings: A Core Motives Approach to Social Psychology [M]. John Wiley Sons, 2004, 398 - 400.

[84] Fiske S. T. , Cuddy A. J. , Glick P. Universal Dimensions of Social Cognition: Warmth and Competence [J]. Trends in Cognitive Sciences, 2007, 11 (2): 77 - 83.

[85] Fiske S. T. , Cuddy A. J. C. , Glick P. S. , et al. A Model of (often mixed) Stereotype Content: Competence and Warmth Respectively Follow from Perceived Status and Competition [J]. Journal of Personality and Social psychology, 2002, 82: 878 - 902.

[86] Fiske S. T. , Neuberg S. L. A Continuum Model of Impression Formation from Category - based to Individuating Processes: Influences of Information and Motivation on Attention and Interpretation [J]. In M. P. Zanna (Ed.), Advances in Experimental Social Psychology (Vol. 3, pp. 1 - 74). San Diego, CA: Aca-

demic Press, 1990.

[87] Fiske S. T., Taylor S. E. Social Cognition, 1991 [J]. Social Cognition (2nd Ed.). Xviii, 717 Pp. New York, NY, England: Mcgraw – Hill Book Company, 1991.

[88] Forbes C. E., Grafman J. The Role of the Human Prefrontal Cortex in Social Cognition and Moral Judgment [J]. Annual review of Neuroscience, 2010, 33: 299 – 324.

[89] Gallagher H. L., Frith C D. Functional Imaging of "Theory of Mind" [J]. Trends in Cognitive Sciences, 2003, 7 (2): 77 – 83.

[90] Gilbert D. T., Fiske S. T., Lindzey G. (Eds.) Handbook of Social Psychology [M]. Boston: McGraw – Hill, 1998, 2: 357 – 411.

[91] Goodman R. L., Webb T. L., Stewart A. J. Communicating Stereotype – relevant Information: Is Factual Information Subject to the same Communication Biases as Fictional Information? [J]. Personality and Social Psychology Bulletin, 2009, 35 (7): 836 – 852.

[92] Greene J. D., Sommerville R. B., Nystrom L. E., et al. An fMRI Investigation of Emotional Engagement in Moral Judgment [J]. Science, 2001, 293 (5537): 2105 – 2108.

[93] Guan Y., Deng H., Bond M. H. Examining Stereotype Content Model in a Chinese Context: Inter – group Structural Relations and Mainland Chinese's Stereotypes towards Hong Kong Chinese [J]. International Journal of Intercultural Relations, 2010, 34 (4): 393 – 399.

[94] Gusnard D. A., Akbudak E., Shulman G. L., et al. Medial Prefrontal Cortex and Self – referential Mental Activity: Relation to a Default Mode of Brain Function [J]. Proceedings of the National Academy of Sciences, 2001, 98 (7): 4259 – 4264.

[95] Haque A., Sabir M. The Image of the Indian Army and Its Effects on Social Remembering [J]. Pakistan Journal of Psychology, 1975, (8): 55 – 61.

[96] Harding J., Proshansky H., Kutner B., et al. Prejudice and Ethnic Relations [J]. In G. Lindzey (Ed.), Handbook of Social Psychology (Vol. 5). Reading, MA: Addison – Wesley, 1969.

[97] Harris L. T., Fiske S. T. Dehumanizing the Lowest of the Low Neuroimaging Responses to Extreme Out – groups [J]. Psychological Science, 2006, 17 (10): 847 – 853.

[98] Harris L. T., Todorov A., Fiske S. T. Attributions on the Brain: Neuro – ima-

ging Dispositional Inferences, beyond Theory of Mind [J]. Neuroimage, 2005, 28 (4): 763 – 769.

[99] Holoien D. S., Fiske S. T. Downplaying Positive Impressions: Compensation between Warmth and Competence in Impression Management [J]. Journal of Experimental Social Psychology, 2013, 49 (1): 33 – 41.

[100] Isen A. M., Means B. The Influence of Positive Affect on Decision – making Strategy [J]. Social Cognition, 1983, 2 (1): 18 – 31.

[101] Ito T. A., Thompson E., Cacioppo J. T. Tracking the Timecourse of Social Perception: The Effects of Racial Cues on Event – related Brain Otentials [J]. Personality and Social Psychology Bulletin, 2004, 30: 1267 – 1280.

[102] John O. P., Angleitner A., Ostendorf F. The Lexical Approach to Personality: A Historical Review of Trait Taxonomic Research [J]. European Journal of Personality, 1988, 2 (3): 171 – 203.

[103] John M., Inzlicht M., Schmader T. Stereotype Threat and Executive Resource Depletion: Examining the Influence of Emotion Regulation [J]. Journal of Experimental Psychology: General, 2008, 137 (4): 691.

[104] Johnson S. C., Baxter L. C., Wilder L. S., et al. Neural Correlates of Self – reflection [J]. Brain, 2002, 125 (8): 1808 – 1814.

[105] Jost J. T., Banaji M. R. The Role of Stereotyping in System – justification and the Production of False Consciousness [J]. British Journal of Social Psychology, 1994, 33 (1): 1 – 27.

[106] Jost J. T., Kay A. C. Exposure to Benevolent Sexism and Complementary Gender Stereotypes: Consequences for Specific and Diffuse Forms of System Justification [J]. Journal of Personality and Social Psychology, 2005, 88 (3): 498.

[107] Judd C. M., James – Hawkins L., Yzerbyt V., et al. Fundamental Dimensions of Social Judgment: Understanding the Relations between Judgments of Competence and Warmth [J]. Journal of Personality and Social Psychology, 2005, 89 (6): 899 – 913.

[108] Karasawa M., Asai N., Tanabe Y. Stereotypes as Shared Beliefs: Effects of Group Identity on Dyadic Conversations [J]. Group Processes Intergroup Relations, 2007, 10 (4): 515 – 532.

[109] Kashima Y. A Social Psychology of Cultural Dynamics: Examining how Cultures are Formed, Maintained, and Transformed [J]. Social and Personality Psychology Compass, 2008, 2 (1): 107 – 120.

[110] Kashima Y., Kashima E., Chiu C. Y., et al. Culture, Essentialism, and A-

gency: Are Individuals Universally Believed to Be more Real Entities than Groups? [J]. European Journal of Social Psychology, 2005, 35 (2): 147 – 169.

[111] Kashima Y. , Yeung V. W. L. Serial Reproduction: An Experimental Simulation of Cultural Dynamics [J]. 心理学报, 2010, 42 (1): 56 – 71.

[112] Katz D. , Braly K. W. Racial Prejudice and Racial Stereotypes [J]. The Journal of Abnormal and Social Psychology, 1935, 30 (2): 175.

[113] Kay A. C. , Jost J. T. Complementary Justice: Effects of "Poor but Happy" and "Poor but Honest" Stereotype Exemplars on System Justification and Implicit Activation of the Justice Motive [J]. Journal of Personality and Social Psychology, 2003, 85 (5): 823.

[114] Kay P. , Kempton W. What Is the Sapir – Whorf Hypothesis? [J]. American Anthropologist, 1984, 86 (1): 65 – 79.

[115] Kervyn N. , Bergsieker H. B. , Fiske S. T. The Innuendo Effect: Hearing the Positive but Inferring the Negative [J]. Journal of Experimental Social Psychology, 2012, 48 (1): 77 – 85.

[116] Kerns J. G. , Cohen J. D. , MacDonald A. W. , et al. Anterior Cingulate Conflict Monitoring and Adjustments in Control [J]. Science, 2004, 303 (5660): 1023 – 1026.

[117] Kervyn N. , Judd C. M. , Yzerbyt V. Y. You Want to Appear Competent? Be Mean! You Want to Appear Sociable? Be Lazy! Group Differentiation and the Compensation Effect [J]. Journal of Experimental Social Psychology, 2009, 45 (2): 363 – 367.

[118] Kervyn N. , Yzerbyt V. Y. , Demoulin S. , et al. Competence and Warmth in Context: The Compensatory Nature of Stereotypic Views of National Groups [J]. European Journal of Social Psychology, 2008, 38 (7): 1175 – 1183.

[119] Kervyn N. , Yzerbyt V. Y. , Judd C. M. When Compensation Guides Inferences: Indirect and Implicit Measures of the Compensation Effect [J]. European Journal of Social Psychology, 2011, 41 (2): 144 – 150.

[120] Kervyn N. , Yzerbyt V. , Judd C. M. Compensation between Warmth and Competence: Antecedents and Consequences of a Negative relation between the Two Fundamental Dimensions of Social Perception [J]. European Review of Social Psychology, 2010, 21 (1): 155 – 187.

[121] Kervyn N. , Yzerbyt V. Y. , Judd C. M. , et al. A Question of Compensation: The Social Life of the Fundamental Dimensions of Social Perception [J]. Journal of Personality and Social Psychology, 2009, 96 (4): 828 – 842.

[122] Koriat A, Goldsmith M. Memory Metaphors and the Real – life/laboratory Controversy: Correspondence versus Storehouse Conceptions of Memory [J]. Behavioral and Brain Sciences, 1996, 19 (2): 167 – 188.

[123] Krueger J., Rothbart M. Use of Categorical and Individuating Information in Making Inferences about Personality [J]. Journal of Personality and Social Psychology, 1988, 55 (2): 187 – 195.

[124] Lamm C, Singer T. The Role of Anterior Insular Cortex in Social Emotions [J]. Brain Structure and Function, 2010, 214 (5 – 6): 579 – 591.

[125] Langford T., MacKinnon N. J. The Affective Bases for the Gendering of Traits: Comparing the United States and Canada [J]. Social Psychology Quarterly. 2000.

[126] Lattner S., Friederici A. D. Talker's Voice and Gender Stereotype in Human Auditory Sentence Processing – evidence from Event – related Brain Potentials [J]. Neuroscience Letters, 2003, 339 (3): 191 – 194.

[127] Leach C. W., Ellemers N., Barreto M. Group Virtue: The Importance of Morality (vs. Competence and Sociability) in the Positive Evaluation of In – groups [J]. Journal of Personality and Social Psychology, 2007, 93 (2): 234 – 249.

[128] Lee T. L., Fiske S. T. Not an Outgroup, not yet an Ingroup: Immigrants in the Stereotype Content Model [J]. International Journal of Intercultural Relations, 2006, 30 (6): 751 – 768.

[129] Lin M. H., Kwan V. S., Cheung A., et al. Stereotype Content Model Explains Prejudice for an Envied Outgroup: Scale of Anti – Asian American Stereotypes [J]. Personality and Social Psychology Bulletin, 2005, 31 (1): 34 – 47.

[130] Lippmann W. Public Opinion [M]. Transaction Publishers, 1932.

[131] Lyons A., Clark A., Kashima Y., et al. Cultural Dynamics of Stereotypes: Social Network Processes and the Perpetuation of Stereotypes [J]. Stereotype Dynamics: Language – based Approaches to the Formation, Maintenance, and Transformation of Stereotypes, 2007, 59 – 92.

[132] Lyons A., Kashima Y. Maintaining Stereotypes in Communication: Investigating Memory Biases and Coherence – seeking in Storytelling [J]. Asian Journal of Social Psychology, 2006, 9 (1): 59 – 71.

[133] Lyons A., Kashima Y. How Are Stereotypes Maintained through Communication? The Influence of Stereotype Sharedness [J]. Journal of Personality and Social Psychology, 2003, 85 (6): 989.

[134] Kashima Y. Maintaining Cultural Stereotypes in the Serial Reproduction of Narratives

[J]. Personality and Social Psychology Bulletin, 2000, 26 (5): 594 - 604.

[135] Lyons A, Kashima Y. The Reproduction of Culture: Communication Processes tend to Maintain Cultural Stereotypes [J]. Social Cognition, 2001, 19 (3: Special Issue): 372 - 394.

[136] MacIntyre A. After Virtue: A Study in Moral Theory (2nd Edition) [M]. Notre Dame: University of Notre Dame Press, 1984.

[137] Mackie M. Arriving at "truth" by Definition: The Case of Stereotype Inaccuracy [J]. Social Problems, 1973, 20: 431 - 447.

[138] Maddux W. W, Galinsky A. , Cuddy A. J. C. , et al. When Being a Model Minority Is Good... and Bad: Realistic Threat Explains Negativity toward Asian Americans [J]. Personality and Social Psychology Bulletin, 2008, 34: 74 - 89.

[139] Markus H. , Zajonc R. B. The Cognitive Perspective in Social Psychology [J]. Handbook of Social Psychology, 1985, 1: 137 - 230.

[140] Mason M. , Hood B. , Macrae C. N. Look into My Eyes: Gaze Direction and Person Memory [J]. Memory, 2004, 12 (5): 637 - 643.

[141] Martin J. The Tolerance of Injustice [C] //Relative Deprivation and Social Comparison: The Ontario Symposium. Hillsdale, NJ: Erlbaum, 1986, 4: 217 - 242.

[142] McIntyre A. , Lyons A. , Clark A. , et al. The Microgenesis of Culture: Serial Reproduction as an Experimental Simulation of Cultural Dynamics [J]. The Psychological Foundations of Culture, 2004, 227 - 258.

[143] Mesoudi A. Using the Methods of Experimental Social Psychology to Study Cultural Evolution [J]. Journal of Social, Evolutionary, and Cultural Psychology, 2007, 1 (2): 35 - 38.

[144] Mesoudi A. , Whiten A. The Multiple Roles of Cultural Transmission Experiments in Understanding Human Cultural Evolution [J]. Philosophical Transactions of the Royal Society B: Biological Sciences, 2008, 363 (1509): 3489 - 3501.

[145] Mesoudi A. , Whiten A. , Dunbar R. A Bias for Social Information in Human Cultural Transmission [J]. British Journal of Psychology, 2006, 97 (3): 405 - 423.

[146] Milham M. P. , Banich M. T. , Webb A. , et al. The Relative Involvement of Anterior Cingulate and Prefrontal Cortex in Attentional Control Depends on Nature of Conflict [J]. Cognitive Brain Research, 2001, 12 (3): 467 - 473.

[147] Mitchell J. P. , Ames D. L. , Jenkins A. C. , et al. Neural Correlates of Stereotype Application [J]. Journal of Cognitive Neuroscience, 2009, 22: 594 - 604.

[148] Mitchell J. P. , Banaji M. R. , MacRae C. N. The Link between Social Cognition and Self – referential Thought in the Medial Prefrontal Cortex [J]. Journal of Cognitive Neuroscience, 2005, 17 (8): 1306 – 1315.

[149] Murphy S. T. , Zajonc R. B. Affect, Cognition, and Awareness: Affective Priming with Optimal and Suboptimal Stimulus Exposures [J]. Journal of Personality and Social Psychology, 1993, 64 (5): 723.

[150] Nietzsche F. On the Genealogy of Morals (Translated by W. Kaufmann R. J. Hollingdale, originally published 1887) [M]. New York: Random House, 1967.

[151] Ochsner K. N. , Knierim K. , Ludlow D. H. , et al, Ramachandran T. , Glover G. , Mackey S. C. Reflecting upon Feelings: An fMRI Study of Neural Systems Supporting the Attribution of Emotion to Self and Other [J]. Journal of Cognitive Neuroscience, 2004, 16 (10): 1746 – 1772.

[152] Oldmeadow J. , Fiske S. T. System – justifying Ideologies Moderate Status Competence Stereotypes: Roles for Belief in a Just World and Social Dominance Orientation [J]. European Journal of Social Psychology, 2007, 37 (6): 1135 – 1148.

[153] Osterhout L. , Bersick M. , Mclaughlin J. Brain Potentials Reflect Violations of Gender Stereotypes [J], Memory Cognition, 1997, 25: 273 – 285.

[154] Phelps E. A. , O'Connor K. J. , Cunningham W. A. , et al. Performance on Indirect Measures of Race Evaluation Predicts Amygdala Activation [J]. Journal of Cognitive Neuroscience, 2000, 12 (5): 729 – 738.

[155] Quadflieg S. , Turk D. J. , Waiter G. D. , et al. Exploring the Neural Correlates of Social Stereotyping [J]. Journal of Cognitive Neuroscience, 2009, 21 (8): 1560 – 1570.

[156] Rilling J. K. , Dagenais J. E. , Goldsmith D. R. , et al. Social Cognitive Neural Networks during In – group and Out – group Interactions [J], NeuroImage, 2008, 41 (4): 1447 – 1461.

[157] Robinson D. N. Aristotle's Psychology. Columbia University Press, 1989.

[158] Robinson M. D. , Johnson J. T. Is It Emotion or Is It Stress? Gender Stereotypes and the Perception of Subjective Experience [J]. Sex Roles, 1997, 36 (3 – 4): 235 – 258.

[159] Rosenberg S. , Nelson C. , Vivekananthan P. S. A Multidimensional Approach to the Structure of Personality Impressions [J]. Journal of Personality and Social Psychology, 1968, 9 (4): 283 – 294.

[160] Ross M. , Wilson A. E. It Feels like Yesterday: Self – esteem, Valence of Personal Past Experiences, and Judgments of Subjective Distance [J]. Journal of

Personality and Social Psychology, 2002, 82 (5): 792.

[161] Ruscher J. B. Prejudice and Stereotyping in everyday Communication [J]. Advances in Experimental Social Psychology, 1998, (30): 241 - 307.

[162] Russell A. M., Fiske S. T., Moore G. Applying the Stereotype Content Model to Perceptions of Mental Illnesses [M]. Manuscript under Review, 2007.

[163] Saenger G. The Social Psychology of Prejudice [M]. New York: Harper, 1953.

[164] Satpute A. B., Lieberman M. D. Integrating Automatic and Controlled Processes into Neurocognitive Models of Social Cognition [J]. Brain Research, 2006. 1079 (1): 86 - 97.

[165] Saxe R., Wexler A. Making Sense of Another Mind: The Role of the Right Temp oro - parietal Junction [J]. Neuropsychologia, 2005, 43 (10): 1391 - 1399.

[166] Schacter D. L., Addis D. R. Constructive Memory: The Ghosts of Past and Future [J]. Nature, 2007, 445 (7123): 27.

[167] Schäfer A., Schienle A., Vaitl D. Stimulus Type and Design Influence Hemodynamic Responses towards Visual Disgust and Fear Elicitors [J]. International Journal of Psychophysiology, 2005, 57 (1): 53 - 59.

[168] Sebastian C. L., Fontaine N. M, Bird G., et al. Neural Processing Associated with Cognitive and Affective Theory of Mind in Adolescents and Adults [J]. Social Cognitive and Affective Neuroscience, 2012, 7 (1): 53 - 63.

[169] Secord P. F., Bevan W., Katz B. The Negro Stereotype and Perceptual Accentuation [J]. The Journal of Abnormal and Social Psychology, 1956, 53 (1): 78.

[170] Sherif M. The Robbers Cave Experiment: Intergroup Conflict and Cooperation [M]. Wesleyan University Press. 1961.

[171] Simmons W. K., Avery J. A., Barcalow J. C., et al. Keeping the Body in Mind: Insula Functional Organization and Functional Connectivity Integrate Interoceptive, Exteroceptive, and Emotional Awareness [J]. Human brain mapping, 2013, 34 (11): 2944 - 2958.

[172] Simpson G. E., Yinger J M. Racial and Cultural Minorities (rev. ed.) [M]. New York: Harper Row, 1965.

[173] Snyder M., Tanke E. D., Berscheid E. Social Perception and Interpersonal Behavior: On the Self - fulfilling Nature of Social Stereotypes [J]. Journal of Personality and Social Psychology, 1977, 35 (9): 656 - 666.

[174] Stangor, C., McMillan, D. Memory for Expectancy - congruent and Expectancy - incongruent Information: A Review of the Social and Social Developmental

Literatures ［J］. Psychological Bulletin, 1992, (111): 42 - 61.

［175］ Tajfel H. Human Groups and Social Categories: Studies in Social Psychology ［M］. CUP Archive. 1981.

［176］ Tajfel H. Cognitive Aspects of Prejudice ［J］. Journal of Social Issues, 1969, 25: 79 - 97.

［177］ Tajfel H. , Turner J. C. The Social Identity Theory of Inter - group Behavior ［J］. In S. Worchel L. W. Austin (Eds.), Psychology of Intergroup Relations. Chigago: Nelson - Hall, 1986.

［178］ Tajfel H. , Turner J. C. An Integrative Theory of Intergroup Conflict ［J］. The Social Psychology of Intergroup Relations, 1979, 33: 47.

［179］ ［加］查尔斯·泰勒. 自我的根源: 现代人认同的形成 ［M］, 韩震译, 南京: 译林出版社, 2001: 37.

［180］ Vinacke W. E. Stereotypes as Social Concepts ［J］. The Journal of Social Psychology, 1957, 46 (2): 229 - 243.

［181］ Volpato C. , Durante F. , Fiske S. T. Using the Stereotype Content Model to Examine the Evils of Fascism: An Archival Approach. Unpublished Manuscript ［M］, Universita di Padova, 2007.

［182］ Wallis J. D. Orbitofrontal Cortex and Its Contribution to Decision - making ［J］. Annual Review of Neuroscience, 2007, 30: 31 - 56.

［183］ Whetten D. A. , Godfrey P. C. (Eds.). Identity in Organizations: Building Theory through Conversations ［M］. Sage. 1998.

［184］ Wilson A. E. , Ross M. The Frequency of Temporal - self and Social Comparisons in People's Personal Appraisals ［J］. Journal of Personality and Social Psychology, 2000, 78 (5): 928.

［185］ Young L. , Cushman F. , Hauser M. , et al. The Neural Basis of the Interaction Between Theory of Mind and Moral Judgment ［J］. Proceedings of the National Academy of Sciences, 2007, 104 (20): 8235 - 8240.

［186］ Yzerbyt V. Y. , Kervyn N. , Judd C. M. Compensation versus Halo: The Unique Relations between the Fundamental Dimensions of Social Judgment ［J］. Personality and Social Psychology Bulletin, 2008, 34 (8): 1110 - 1123.

［187］ Yzerbyt V, Provost V, Corneille O. Not Competent but Warm... Really? Compensatory Stereotypes in the French - speaking World ［J］. Group Processes Intergroup Relations, 2005, 8 (3): 291 - 308.

附　录

附录说明：近年来，本书中所涉及的刻板印象内容系列问卷受到一些研究者的关注，也接收到他们借鉴问卷内容与格式的需求，在多次提供相应问卷之后，我萌生了一个想法，即总结这些系列问卷的构成元素特征，现正好借此书出版的契机来实现。其实，通过本书中的内容，再结合一些基础性的问卷或量表编制知识与经验，读者完全可以拼凑出各问卷的结构。只是，即使能够拼凑出完整的问卷，向问卷开发者或使用者本人借鉴问卷，依然是每一个研究者都会采用的行动，这就是严谨的态度。

1. 问卷指导语

纵览整本书的问卷指导语虽然不尽相同，但核心突出一个关键特点，即向被试强调研究者并不关注被试本人的个人想法，而是在其本人看来，认为社会上大多数人的看法如何。围绕这一特点组织问卷指导语的常用表达或语言即可，比如，"这里我们关注的不是你自己个人的观点和想法，而是在你看来身边大多数人他们的看法。所得数据仅于科学研究，我们会按照《统计法》严格保密，请您放心作答。衷心感谢您的支持与合作！"，除此之外，再无过多的指导语内容。

2. Likert 量表形式

Likert 量表形式是心理学量表的常用模式之一，本书所涉及的刻板印象内容系列问卷普遍采取五点计分法，根据问题的提问方式选择"同意"、"符合"、"赞成"、"高与低"、"弱与强"等多种态度与评价词汇，程度副词主要为"非常"、"很"和"中等"，以"同意"为例，即"非常不同意"、"很不同意"、"中等"、"很同意"、"非常同意"。

计分方法的展现形式主要有两种，一种是置于量表的表格内容之前，单独呈现，然后被试在量表中的相应单元格内填写数字，如下表所示：

1	2	3	4	5
非常低（弱）	很低（弱）	中等	很高（强）	非常高（强）

或者：

完全不赞成　1——2——3——4——5　完全赞成

另一种形式为融入量表的表格之中，所有被试仅需在相应表述处标记"√"即可，如下表所示：

有能力的	非常低	很低	中等	很高	非常高
待人热情的	非常低	很低	中等	很高	非常高

量表的具体展现内容以问句形式引起被试的思考，采取固定问题主干，依次搭配刻板印象内容及偏差地图所用的形容词，即普遍设问"在社会上大多数人看来，该群体成员是＊＊＊?"或者"在社会上大多数人看来，城市人是＊＊＊?"这两种形式，然后由"有能力的"、"待人热情的"等形容词单独成列，告知被试将这些形容词替代"＊"组成完成描述后进行判断。

若被试需要在一份量表中依次对不同群体进行评价，主要结合第一类的计分方式，量表具体呈现形式如下：

项目		农民	农民工	农民工子女
在社会上大多数人看来，该群体成员是＊＊＊?	有能力的			
	待人热情的			

若被试需要在一份量表中仅对单一群体进行评价，主要结合第二类的计分方式，量表具体呈现形式如下：

在社会上大多数人看来，城市人是＊＊＊?	有能力的	非常不同意	很不同意	中等	很同意	非常同意
	待人热情的	非常不同意	很不同意	中等	很同意	非常同意

3. 被试的基本信息

基本信息的设置完全依据研究者的需要，可以设置也可以不设置，一般为了便于初步检验样本的代表性，而设置年龄、性别及其他不同的测量变量。

4. 特定情境的描述

当需要获取在特定情境的启动中，被试对相应群体的评价时，一般情况下，也无需在量表之前陈述过多的情境类信息，简单概括即可。原因在于这类情境信息的提供，最好采取面对面的施测形式，由主试酌情介绍指导语和情境，直接向被试告知相应内容。

后　记

　　第一次以独著的身份承担整本书的内容，说实话，没有丝毫喜悦，唯有惶恐。原因很简单，对自己的成果并不满意。无论是懒惰战胜研究者该有的钻研精神，还是阅历丰富之后的自我效能感危机，自己未曾全力以赴地付出，换来的，就是不敢自豪且自信地展现劳动成果，即使它们帮我通过了本硕博的学位申请答辩，即使它们受到了国内心理学领域的主要期刊认可，我依然深知，自己的能力处在何种水平，更清晰记得，两位导师和各位同门对于我的成果所倾注的心血和帮助。

　　如此一番深（jiǎo）思（qíng）的结果，一定是老老实实地继续做研究，过去的就让它们过去，只将过去的印迹放在眼前与脑海中，时刻提醒自己把握当下，先创造让自己满意的未来。为何还能让这些成果再次集体面世？原因也很简单，来自一次损友间的对话：

　　"我想把本硕博的论文攒到一起，出本书，可是，自己写过的东西，自己都不忍直视啊，我要不要出？"

　　"不出。"

　　"但是，好多人都把学位论文出成书了。"

　　"别人是别人，你是你，不能中了阿希的计。"（请参考 Solomon Asch 的从众研究）

　　"可是，阿希恰好也能治疗我的选择焦虑啊……"

　　"那你就释放本我给自我放个假让超我睁只眼闭只眼！"（如实记录，该损友此时已不给标点符号的存在空间，请揣测其情绪和表情，不要吐槽我的小学语文课上一直都是体育老师在教数学。）

　　"我的论文真的很差吗？"

　　"你知道，这个世界上广义概念的教材分为几类吗？两类，一类是正面教材，一类是反面教材。"

　　"出！"

　　这本书涵盖了我的本硕博三个阶段的毕业论文，每每向别人提起本硕博始终从事一个领域的研究，都能换来一丝丝羡慕或者膜拜的眼神，最起码，我认为是这样的眼神……能在未延期毕业的情况下，专注于特定主题的研究长达六年有余，这完全要感谢三位老师，周详老师、管健老师、汪新建老师，他们全部以尊重研究者本人意愿的学者心态和引导学生逐步产生研究意识的导师责任，在不同阶段给予我最大的支持和帮助。

　　周详老师是我的学年论文和毕业论文的指导老师，即使在大三之前就已经写过课程论文，但直到学年论文开始，在周详老师一次次温暖而坚定的严格铁律面前，我才知道什么是论文，什么是严谨的研究态度，所以，当学年论文侥幸过关后，毕业论文写作之时，我毫不犹豫地继续跟随周详老师，希望通过一回生二回熟的实践箴言，继续以周详老师严格的标准提升自己。然而，此时的我，接触到了一个知识，刻板印象内容模型，清晰记得看了那篇 Fiske 在 2002 年发表的论文时，自己的内心独白是"哇，人家怎么能想到这个？"外显行为则是"嗯，有点儿意思……"当时，我竟直接与跟周详老师表白说，自己想研究刻板印象内容模型，是另外一位老师在带着学生做毕业论文的内容，是否可以偶尔征询那位老师的一些论文指导意见，周详老师丝毫没有犹豫便同意了。后来，我才逐渐意识到自己的鲁莽。然而，碰到这样以学生成长为己任的老师，当其是学生的荣幸！

　　前面所提的另一位老师，就是我的硕士研究生导师，管健老师。当时，她所研究的领域集中于社会心理学中的社会认同和社会表征，刻板印象内容模型即为一个可进行深入研究的具体领域，再结合我国社会发展阶段所特有的农民工群体，是兼具可行性、创新性、重要性的研究主题，加之我本人对群体心理和行为的兴趣远大于个体层面的探索。管健老师选择学生时相信每个学生都会做到勤能补拙。颇为庆幸，投入管健老师门下，一切水到渠成。在攻读硕士研究生的两年期间，管健老师从文献资料、论点假设、论据证明、被试获取、研究工具编制、具体实验操作、文章发表等所有与论文写作有关的环节，都给予了我最大程度的协助，使我在两年的时间里，快速学习课堂之外的大量研究知识和技巧，延续本科论文的思路完成刻板印象内容模型的应用研究。

　　以我的水平，能在管健老师的教育之下，拿到硕士学位，已属不易，为何还要继续浪费国家教育资源以及为难另一位老师？用博士论文致谢中开篇的一段话，即可表明：

　　2011 年 4 月，在一份安逸体面的工作和读博之间，可以说，我是怀着担忧与犹豫的心态选择了后者，着实深知自己才薄智浅按理不应觊觎红色的流苏，然而，却终究按捺不住来自内心深处的某种蠢蠢欲动，也是在那一刻，备受着师长的肯定与鼓励，我才意识到自己看似安分的性格，实则更为向往充满挑战与未知的将来。

　　有幸拜入汪新建老师门下，要感谢管健老师的极力推荐，而当时的我仍处在工作与读博的人生岔路口，被选择焦虑折磨着，乃至专门与汪老师探讨读博问题时，还直言不讳地表达了自己的迷茫，理由是自己没有陈浩师兄、姚琦师姐、吕小康师兄这三位留校任教的师兄师姐的水平，就不应该选择博士这条路，估计汪老师当时的内心是无语的，因为我清晰记得汪老师略带释然的语气说："他们那都是博士里的尖子"。瞬间，我也彻底释然了，原来，自己选错了目标，原来，汪老师也是相信我可以做到勤能补拙（上述内容完全是我自己的解读，从未向老师求证过，请各位看客莫过多揣测）。就这样，我拥有了三年的博士研究生身份，期间，仍然固执坚持自己的研究方向，期待能把硕士阶段发现的可研究内容在博士阶段予以完成。当然，我又直接向导师发难了，只是，这次经过了一番深思熟虑，不再像本科时那样无知无畏。如愿的结果，是汪老师对学生的尊重，也是汪老师对学生的信任，尽管当时他希望我展开对其他主题的研究，却从未强求，表面上看似不了解我的论文进展情况，但实际上总能在每次见面聊天时给予潜移默化的指导。而汪老师的这些举动，我却浑然不知，直到临近毕业的一次日常聊天时，才感受到汪老师对每一个学生都因材施教、倾其所有。

　　在如此幸运的成长道路上，我这本书的所有内容诞生了。

　　在步入工作岗位接近三年的时候，所有内容集结成了这本书，而且还列入我们学院法政文丛出版项目，万分荣幸。

　　写这篇后记时，再一次回顾了学习与研究之路上的点滴与重要转折，无处不凸显三个关键词：良师、损友、勤能补拙。虽然对损友重要性的描述不多，但是，三人行，必有吾师，亦必有损友，足以概括之。三个关键词，于我的帮助之大，想必有此经历的人均能感同身受。对于尚未体验过三者巨大能量的人，我的经验是，可以先从成为他人的损友开始……

2017 年 4 月 23 日

程婕婷记

玛珈山法政文丛书目

第一辑

1. 孙希尧　著　　国际海事私法统一研究：条约角度
2. 弭　维　著　　道德之维：自然法和法律实证主义视角下的德法关系研究
3. 刘　洋　著　　现代政治价值体系建构：西方国家的探索之路
4. 孙卓华　著　　乔治·弗雷德里克森的公共行政思想研究——以社会公平思想为主线
5. 范广垠　著　　政府管理主体的行为互动逻辑
6. 马艳朝　著　　制度规则与公共秩序：当代中国信访违规行为的惩罚问题研究
7. 张景明　著　　和谐理念下环境法律关系研究
8. 武　飞　等著　社会主义法治理念与法律方法研究
9. 赵　沛　著　　政治与社会互动：西汉政治史的视角
10. 孙光宁　等著　网络民主在中国：互联网政治的表现形式与发展趋势

第二辑

11. 王瑞君　著　　量刑情节的规范识别和适用研究
12. 刘　军　著　　性犯罪记录制度的体系性构建——兼论危险评估与危险治理
13. 张传新　著　　实现法治的逻辑基础研究
14. 姜世波　著　　跨境救灾的国际法问题研究
15. 贾乾初　著　　主动的臣民：明代泰州学派平民儒学之政治文化研究

16. 周　颖　　著　　循环消费信用民法问题研究
17. 程婕婷　　著　　道德之重：社会群体刻板印象内容的维度变化
18. 赵　沛　　著　　秦汉胶东：行政制度与社会经济
19. 孙光宁　等著　　中国法律方法论研究报告（2011—2016）
20. 刘　军　　著　　网络犯罪治理刑事政策研究

第三辑

21. 张传新　　著　　自适应道义逻辑研究
22. 吴丙新
　　苏　凯　等著　　法律概念的解释
23. 安玉萍　　著　　劳动合同理论与操作实务
24. 张伟强　　著　　法律制度的信息费用问题